ARMEER
Karasee
Barentssee
Lap
RUSSLAND
Ochotskisches Meer
LETTLAND
/LITAUEN
Moskau
Kaunas
Samara
Sol Ilezk
Warschau
Uralsk
KASACHSTAN
POLEN
Bischkek
Shymkent
KIRGISISTAN
von Vancouver, Kanada
Tokio
JAPAN
Osaka
CHINA
Himalaja
Neu-Delhi
Kunming
Ruili
INDIEN
Hongkong
LAOS
Visakhapatnam
THAILAND
Bangkok
Philippinensee
Arabisches Meer
Nakhon Si Thammarat
MALAYSIA
Kuala Lumpur
INDISCHER
OZEAN
0 1000 1500 2000 km
N
W
O
S

Hansen Hoepner · Paul Hoepner

ZWEI UM DIE WELT – IN 80 TAGEN OHNE GELD

HANSEN HOEPNER · PAUL HOEPNER

mit Marie-Sophie Müller

ZWEI UM DIE **WELT***

*In 80 Tagen ohne Geld

Mit 32 farbigen Fotos, sechs Filmlinks
und einer Karte

MALIK

Mehr über unsere Autoren und Bücher:
www.malik.de

Am Ende jedes Kapitels befindet sich ein QR-Code (www.hoepner-hoepner.de/videos80days), der zu zusätzlichem Film- und Bildmaterial führt.

FSC
www.fsc.org
MIX
Papier aus verantwortungsvollen Quellen
FSC® C014496

ISBN 978-3-89029-469-8

Redaktion: Antje Steinhäuser, München
Fotos im Bildteil: Hansen und Paul Hoepner
Karte: Marlise Kunkel, München
Satz: Kösel Media GmbH, Krugzell
Gesetzt aus der Joanna
Litho: Lorenz & Zeller, Inning am Ammersee
Druck und Bindung: GGP Media GmbH, Pößneck
Printed in Germany

INHALT

NACH HAUSE
VON NEU-DELHI BIS BERLIN

Per Anhalter nach Amerika

26. MAI, TAG 21, LISSABON, PORTUGAL, KONTOSTAND: € 688,34

Hansen

Es quietscht, brummt, saust, rauscht, tuckert, heult und hupt. Ich habe die Autobahn im Rücken, die Einflugschneise haarscharf überm Scheitel und die Landebahn direkt vor meinen Augen, links und rechts Ab- und Auffahrt einer Schnellstraße, die ins Zentrum von Lissabon führt.

Niemals hätte ich gedacht, dass ich so selig an einem so unruhigen Ort schlafen kann. Aber zusammen erzeugen all diese grässlichen Geräusche einen wohligen Einheitsbrei, der vom Gehirn nach kurzer Zeit einfach ausgeblendet wird. Was übrig bleibt ist: Stille. Absolute Stille.

Vielleicht bin ich auch einfach schon verrückt geworden, was nicht ganz auszuschließen ist, wenn man bedenkt, dass mein Zwillingsbruder Paul und ich gerade in einem auf einer Verkehrsinsel am Lissabonner Flughafen aufgestellten Zelt aufgewacht sind und gleich herauskriechen werden, um bereits den zweiten Tag in Folge das Unmögliche zu versuchen: nach Kanada zu trampen – mit dem Flugzeug, versteht sich.

Nachdem bisher keiner der hier vorbeifahrenden Piloten uns einen Klappsitz in seiner Maschine angeboten hat, hatte Paul gestern die glorreiche Idee, es zusätzlich zum ausgestreckten Daumen und Pappschild mit einer E-Mail zu versuchen:

Verehrter Präsident der SATA-Fluggesellschaft,

Ich schreibe Ihnen, um Sie höflichst um Unterstützung für ein einzigartiges und höchst ungewöhnliches Projekt zu bitten: Mein Zwillingsbruder und ich wagen ein Experiment. Wie schon Phileas Fogg aus dem Buch »In 80 Tagen um die Welt« von Jules Verne versuchen wir in ebendieser Zeit den Erdball zu umrunden. Im Unterschied zu Phileas Fogg, der 20 000 Pfund für sein Vorhaben hatte, haben wir unser Zuhause in Berlin ohne einen einzigen Pfennig in der Tasche verlassen. Bisher haben wir es per Anhalter bis nach Lissabon geschafft, und nun möchten wir auf dem Luftweg unser Glück versuchen und vom Airport Lissabon in die USA oder nach Kanada trampen. Wäre Ihr Unternehmen daran interessiert, unser Projekt zu unterstützen? Sie können mich jederzeit unter meiner Handynummer erreichen.

Herzliche Grüße
Paul Hoepner

»Und, hat er dich schon angerufen?«, witzele ich, während mein Bruder mich aus seinem vom Schlaf zerknautschten Gesicht durch zwei schmale Schlitze anschaut, dann die Äuglein aufreißt und wie wild unter dem Schlafsack nach seinem Handy kramt. Der hat noch nicht mal die Ironie in meiner Stimme bemerkt. Wahrscheinlich hat uns die Sonne schon das Hirn verbrannt, und trotzdem: Heimlich hoffe auch ich, dass uns SATA über Nacht eine E-Mail mit zwei Tickets im Anhang zugeschickt hat. First Class natürlich.

»Nichts«, sagt Paul, nachdem er auch den Spam-Ordner gecheckt hat. Ich seufze. Also kein Wunder. Kein Wunder bedeutet, dort weitermachen, wo wir gestern aufgehört haben. Zelt wieder abbauen, Daumen raus, Schild raus, hoffen und lächeln. Entweder darauf, dass uns einfach jemand in seinem Privatjet mitnimmt, ein Ticket spendiert oder sonst irgendwie weiterhilft. Zum Beispiel, indem er oder sie uns eins unserer selbst gemachten Schmuckstücke abkauft und auf diese Weise unsere Flugkasse füllt.

Heute ist Tag 21 unserer Reise, und wir sind schon ganze 13 im Verzug. Wir sind immer noch in Europa und wollen schon in 60 Tagen wieder zurück sein – allerdings nachdem wir zumindest Kanada, Japan, China, Myanmar, Indien, Kasachstan, Russland und Polen bereist haben. Ohne Reisekasse wohlgemerkt. Nur mit dem Geld, das wir etwa mit Hilfsarbeiten, dem Verkauf von selbst gemachten Schmuckstücken oder Zaubertricks zusammensammeln können. Das macht meistens Spaß, kann aber auch frustrierend sein, vor allem, wenn man meint festzustecken. Andererseits – kaum hat man das Gefühl, es ginge nicht weiter, passiert doch immer irgendetwas ... Ich denke an Lotti, den verrückten Dänen, der uns in seiner Lissabonner Dachgeschosswohnung aufgenommen hat, oder den französischen Straßenkünstler Elie, der uns in den letzten Tagen immer wieder wie ein rettender Engel beim Verkauf half oder uns Essen oder ein Bier vorbeibrachte. Man nimmt die Welt völlig anders wahr, wenn man auf die Hilfe fremder Menschen angewiesen ist, lernt Länder, die man als zahlungskräftiger Tourist bereist hat, aus einer ganz anderen Perspektive kennen. Bequem ist das nicht, aber aufregend.

Mir knurrt der Magen. »Paul, einer von uns muss zum Supermarkt, wir haben nichts mehr.«

»Ich check hier gerade Flugpreise, geh du!«, murrt Paul.

Das war ja klar, dass der keine Lust hat. Wir sind eineiige Zwillinge, seit knapp zwei Monaten 33 Jahre alt, sehen uns immer noch zum Verwechseln ähnlich, aber es gibt auch Unterschiede: Paul ist heute Morgen noch muffeliger als ich. Wir zanken eine Weile, dann fummle ich mit der einen Hand einen 20-Euro-Schein aus unserer Kasse, mit der anderen das Klamottenhäuflein vom Fuß der Isomatte und krieche aus dem Zelt. Es ist noch nicht mal halb acht, aber die Sonne schon hellwach. Ich schnuppere an Socken und T-Shirt. Erstere sind ekelhaft – egal, Zweiteres geht noch in Ordnung. Also Badeshorts und Schuhe an und los in Richtung Stadt, wo ich den Supermarkt gesehen habe.

Auf halbem Wege schaue ich noch mal auf mein Handy-Navi und stelle fest, dass ich den Abzweig Richtung Supermarkt verpasst habe und viel zu weit gelaufen bin. Entnervt drehe ich um und kürze meinen Weg ab, indem ich diagonal durch ein kleines Waldstück auf den richtigen Weg zurückkehre.

Von hier ist es nicht mehr weit. Das letzte Stück schlendere ich gemütlich am Straßenrand entlang, den Blick fest auf den Boden geheftet, immer auf der Suche nach verwertbaren Dingen, einem interessanten Stück Metall oder Plastik, die ich in Gedanken zu Produkten verbastele, die wir später verkaufen könnten. Das ist mir schon in Fleisch und Blut übergegangen: Der Sachensucherblick und im Supermarkt das Scannen der günstigsten Preise. Kein Cent darf verschwendet werden. Als ich ankomme, muss ich jedoch feststellen, dass die Preise ziemlich gepfeffert sind, es ist ein Biomarkt. Aber die anderen machen erst um zehn Uhr auf, so lange kann ich nicht warten.

Eine Menschenschlange zieht sich quer durch den Laden bis zur Kasse. Die Kassiererin lässt sich davon nicht aus der in Portugal allgegenwärtigen Ruhe bringen, jeder Kunde wird in einen netten Plausch verwickelt. Mir knurrt der Magen.

Als ich endlich an der Reihe bin, kann ich den Geldschein nicht finden. Panisch fahre ich mit der flachen Hand in alle Taschen, sogar in den stinkenden Socken suche ich (im sogenannten Disko-Portemonnaie). Die Menschenschlange wirft helfend suchende Blicke um sich, und ich laufe die Gänge ab, vergeblich.

Habe ich sie überhaupt eingesteckt? Ich rufe Paul an, der wütend wird, weil er sich angeblich genau erinnert, wie ich mit dem Zwanziger in der Hand weggelaufen bin. »20 Euro, Hansen!«, brüllt er mich aus dem Telefon an. »Weißt du, was das bedeutet?«

»Was denkst du denn? Meinst du nicht, ich würde einfach meine EC-Karte zücken, wenn ich nicht wüsste, was das bedeutet? Und kannst du jetzt bitte mal einen konstruktiven Vorschlag machen und mir entgegenkommen, damit ich nicht alles zweimal laufen muss?«

Meine Stimme überschlägt sich. Die Leute im Supermarkt müssen denken, ich sei nicht ganz dicht. Paul hängt einfach auf. Ich ärgere mich über ihn, aber vor allem über mich selbst. Wie konnte ich nur so fahrlässig sein? Ich renne, immer den Boden nach einem blauen Schein absuchend, den gesamten Weg – inklusive des Umwegs – zurück zum Zelt, schnappe mir wortlos erneut 20 Euro und laufe wieder zurück in Richtung Supermarkt.

Mit jedem Schritt lässt mein Ärger nach. Nachdem ich, schneller als gedacht, angekommen bin, stelle ich zu meiner Überraschung fest, dass ich gerade sechs Kilometer gerannt sein muss. So mancher Passant hat mich in meiner Badehose und mit den Laufschuhen und dem bösem Blick vielleicht für einen rekordsüchtigen Läufer gehalten. Diese Extrapower habe ich nicht nur Hunger und Wut, sondern auch der Tatsache zu verdanken, dass ich ausnahmsweise ohne den 30 Kilo schweren selbst gebauten Wanderanhänger unterwegs bin, den ich seit mittlerweile 21 Tagen hinter mir her ziehe.

Die Kassiererin überreicht mir die Tüte, die sie für mich aufbewahrt hat, und ich mache mich mit besänftigtem Gemüt auf den Rückweg. Es ist inzwischen fast halb zehn. Das Thermometer, an dem ich jetzt schon zum vierten Mal vorbeilaufe, zeigt 28 Grad an, es wird ein heißer Tag werden.

Paul und ich frühstücken wortkarg, danach wechseln wir uns halbstündlich ab mit Daumenraushalten. Vor uns stehen, dekorativ positioniert, unsere zwei selbst gebauten Gepäckrollkoffer mit der Aufschrift *In 80 days around the world*. Ich weiß, ich weiß, es müsste heißen: *Around the world in 80 days,* aber dafür war es schon zu spät. Und irgendwie passt das Denglish auch ganz gut zu zwei deutschen Landstreichern, oder?

Wir werden von einem Taxifahrer angehupt, der uns schon gestern hier hat stehen sehen. Er schreit: »Guten Morgen, Jungs, bleibt ihr noch ein bisschen? Morgen früh kann ich euch Kaffee mitbringen!«

Wir lachen. »Hoffentlich sind wir dann weg. Wünsch uns Glück!«

Schon der zweite Tag am Flughafen, schon der zehnte Tag in Lissabon. So haben wir uns das nicht vorgestellt. In unserer 80-Tage-Planung sollten wir schon längst in Kanada und so gut wie auf dem Weg nach Japan sein. Niederschmetternd. Ich beobachte, wie an Pauls Rücken ein Schweißrinnsal auf seinem hellgrauen T-Shirt sichtbar wird. Das kleine Radlerkäppi aus Jeansstoff, das er trägt, seitdem er zehn Jahre alt ist, lässt ihn auch mit 33 Jahren aussehen wie einen zu groß gewachsenen Teenager.

Wieder und wieder blickt er prüfend auf sein Telefon und lässt dann die Schultern hängen. »Ich halte es nicht aus, hier rumzustehen und nichts zu machen«, sagt er. »Ich gehe jetzt ins Terminal und frag die Frau von der SATA-Information, ob sie mir den direkten Kontakt zu ihrem Chef geben kann.«

»Ja, mach nur«, antworte ich. So bin ich seine schlechte Laune wenigstens mal eine halbe Stunde los. Er stapft in Richtung Terminal. Die Sonne knallt, der Koffer steht mit der bemalten Vorderseite gut sichtbar für die Autos aufrecht am Straßenrand. Eine der beiden Teleskopstangen, mit denen wir normalerweise, an den Hüften befestigt, den Rollkoffer hinter uns her ziehen, ist ausgefahren, und am oberen Ende steckt ein Regenschirm als Sonnenschutz. Das Ganze sieht aus wie eine kleine Mini-Strandbar – ein echter Hingucker. Ich stelle mich daneben und halte mit tapfer gut gelaunter Miene den Daumen raus.

Dies ist schon unser zweites großes Abenteuer. Vor genau drei Jahren um diese Zeit saßen wir beide auf Fahrrädern und durchquerten die kasachische Steppe in Richtung China. 13 600 Kilometer mit dem Rad von Berlin nach Shanghai. Sechs Monate hatten wir uns dafür gegeben, am Ende wurden sieben daraus. Geld hatten wir gerade so viel, wie wir brauchten. Wir schliefen im Zelt oder bei Menschen, die uns zu sich nach Hause einluden, fast nie im Hotel. Ein riesiger Kraftakt, am Ende bis zu 230 Kilometer am Tag. Insbesondere in Kasachstan gab es Strecken, auf denen wir tagelang keiner Menschenseele begegnet sind. Das Einzige, das immer da war, war das eigene Spiegelbild. Der Bruder. Wir haben uns viel gestritten, wieder vertragen, uns umeinander gesorgt, uns gegenseitig in den Arsch getreten, all das, was man unter Geschwistern eben so macht, vor allem in Momenten, in denen es niemanden anderen gibt auf der Welt.

In den letzten Tagen musste ich oft zurückdenken an diese Tour. Ich vermisse den Sattel unterm Hintern. Wenn man ein Rad dabeihat, kann das zwar Ballast sein, aber wenigstens kommt man immer irgendwie weiter. Manchmal sogar richtig zügig. Jetzt, zu Fuß mit unseren Rollkoffern, fühle ich mich oft schwerfällig und irgendwie unvollständig. Wir müssen uns noch gewöhnen an die andere Art des Unterwegsseins.

Während der Radtour haben wir Filmaufnahmen gemacht und abends ein Tagebuch geschrieben. Aus diesem Material entstanden im Anschluss an die Reise eine TV-Dokumentation und ein Buch. Das war irre! Wir hatten nicht damit gerechnet, dass sich irgendjemand für unsere Abenteuer interessieren würde, aber ganz im Gegenteil: Während der letzten eineinhalb Jahre sind wir in Lesungen, Vorträgen und Fernsehauftritten die Strecke im Kopf wieder und wieder abgefahren, wie ein Perpetuum mobile, ein permanentes In-der-Vergangenheit-Leben. Und jedes Mal stellten wir uns die Frage: Was kommt als Nächstes?

*

Es war genau zwei Jahre und zehn Tage her, dass wir unser Zuhause in Berlin-Neukölln auf den harten Sätteln unserer Räder in Richtung Shanghai verlassen hatten, als ich am 16. April 2014 auf einer ziemlich bequemen Couch im Warteraum eines TV-Studios in Köln saß. Mir gegenüber Paul, von dem ich in dem Moment nur ein paar lange dünne Unterschenkel sah. Er hatte seine Füße auf die Sitzfläche gestellt und war dahinter, über sein Handy gebeugt, tief in den schwarzen Sessel gerutscht. Wie ein schmaler Schutzwall, dachte ich und griff zum gefühlt hundertsten Mal in den Keksteller vor mir.

Paul und ich warteten darauf, dass die nette Assistentin an die Tür klopfte und uns in das Studio führte, wo wir einem Fernsehmoderator von unserer Tour erzählen würden. Es konnte nicht mehr lange dauern, auf dem Bildschirm im Warteraum sah man uns gerade im Zeitlupentempo die Berge des Himalaja hochkraxeln, die Fahrräder bewegten sich kaum von der Stelle. Paul schaute nicht einmal hin, er war viel zu sehr mit der Gegenwart beschäftigt. Er wartete auf die erlösende Nachricht von seiner Freundin Isabel. Die beiden kannten sich seit ein paar Monaten und hatten gerade ihren ersten Streit.

Ich schaute von seinem wettergegerbten Gesicht auf dem Fernseher in das viel weichere, blassere hinter seinen Knien. »Paul, wir sind gleich dran. Leg doch mal das Handy weg.«

Er brummte, reagierte aber nicht. Wie ich hatte er das Video unserer Tour schon unzählige Male gesehen. Im Schnitt, im Fernsehen, bei all den Vorträgen, die uns, seitdem das Buch zur Tour erschienen war, quer durch Deutschland geführt hatten. Gütersloh statt Yushu, Sitzen und Quatschen statt Fahren und Schweigen. Menschen und immer gleiche Fragen statt Einöde und Sprachlosigkeit.

Was ist besser? Manchmal sehnte ich mich so nach der Weite und Fremde, manchmal wünschte ich mir nichts mehr, als endlich meinem Alltag wieder entfliehen zu können. Der Jetztzustand war ein ständiges Dazwischensein. Ein monatelanger Rückblick, bei dem einem der Zauber der Reise schon fast abhandenkam.

Moment, stimmte das überhaupt? Gerade sah ich uns durch die staubigen Betonwüsten der Vorstädte von Shanghai radeln und hatte Gänsehaut am ganzen Körper. Paul schaute jetzt auch auf den Bildschirm. Fühlte er dasselbe?

Damals, da auf dem Sattel, konnten wir es gar nicht mehr abwarten, endlich anzukommen. Obwohl hundemüde, hungrig und erschöpft von den Bergen und mit einem brennenden Muskelkater, hatten wir an den letzten drei Tagen jeweils mehr als 200 Kilometer hinter uns gebracht. Sechs Stunden Schlaf, 18 Stunden radeln, nur noch ankommen, ankommen – wie in

Trance. Endlich das schaffen, was uns zwischendurch unmöglich vorgekommen war. Etwa als Paul tagelang im Fieberwahn in Kirgisistan gelegen hatte, in der Taklamakanwüste schwer gestürzt war oder wir die Nacht auf der chinesischen Polizeistation verbringen mussten …

Es klopfte. »Seid ihr so weit, Jungs?«, fragte eine helle Frauenstimme. »Ihr seid gleich dran, ich checke noch kurz eure Mikros.« Paul faltete seinen 1,95-Meter-Körper aus dem Sessel, ich stellte mich neben ihn. Wir waren (immer noch) exakt gleich groß, gleich alt und hatten uns beide seit der Reise von unserem fusseligen Oberlippenbart nicht verabschieden können. Paul grinste mich an. »*Ready*, Brüderchen?«

Im Studio wartete der Moderator auf uns. Neben ihm standen unsere Räder, an denen noch immer der Dreck von über 13 000 Kilometer Wüste, Straße und Bergpässen klebte. Wir erklärten unseren selbst gebauten, mit Kamelkacke betriebenen Ofen, beschrieben, wie Heuschrecken schmeckten, wie es war, tagelang durch Sandstürme zu fahren, wie es sich anfühlte, beinah aufgeben zu müssen, und wie, endlich anzukommen. Und natürlich, wie es war, das Ganze mit dem Zwillingsbruder – engster Freund, ärgster Feind, größte Nervensäge und liebster Mensch – zu durchleben.

Am Ende, als die Kamera auf den Moderator umschwenkte und er sich mit seinen Karteikarten schon für die Ankündigung des folgenden Beitrags in Position brachte, sagte er noch: »Wenn die beiden Köpfe nicht schon etwas Neues aushecken, sollte mich das wundern …«

Ich schaute Paul an, Paul schaute mich an. Die Show war vorbei.

»Hansen, mal im Ernst. Was hecken wir denn eigentlich Neues aus?«, fragte mich Paul. Wir saßen in einer Pommesbude in der Nähe des Fernsehstudios und tranken ein Bier.

»Ich bin hin- und hergerissen«, antwortete ich. »Erst gestern hab ich die Nachricht bekommen, dass das mit dem Atelier klappt, deshalb würde ich am liebsten alle Lesetermine absagen und mich für die nächsten sechs Monate ins Atelier verkriechen und nur bauen und schmieden, verstehst du?«

»Ja, klar, verstehe ich das. Aber juckt es dich nicht, wenn du die Bilder von der Reise siehst? Die Räder sehen schon aus wie Museumsinventar, das ist doch ein total unbefriedigender Zustand!«

»Na klar, Mann! Natürlich will ich wieder weg. Dann gäb's auch endlich mal was Neues zu erzählen.« Ich schaute auf meine leicht schwarz gefärbten Handwerkerhände und drehte an einem angerosteten Ring, den ich mir aus einem Nagel gebastelt hatte. Denselben habe ich Paul in Silber geschenkt. Er trägt ihn am linken Daumen, ich am rechten.

»Aber es muss was anderes sein. Irgendein neues Abenteuer«, sagte er und runzelte nachdenklich die Stirn. Wir standen auf und wollten bezahlen.

»Geht aufs Haus, Jungs!«, sagte da der Mann mit der fettbespritzten Schürze.

»Was ... warum?«

»Damit ihr mal wieder was auf die Knochen kriegt. Ihr seid doch die Radfahrer aus dem Fernsehen, oder?«

»Ja, genau.«

»Finde ich super, Jungens. Ich bin mal mit'm Moped nach Moskau. Aber das ist lange her ...«, sagte er und streifte sich die Hände an der Schürze ab.

Ja, verdammt, dachte ich. Wir müssen wieder los.

Wir liefen nachdenklich zurück zum Hotel. Immer wieder machte einer einen Vorschlag, aber nichts war dabei, das uns wirklich packte. Später im Hotelzimmer schlug ich meinem Bruder vor: »Lass uns doch diesmal ohne Geld losfahren und gucken, wie weit wir kommen.«

»Ohne Geld?«, fragte Paul.

»Dann sind wir ganz frei und unabhängig von Sponsoren und der ganzen Finanzierungsplanung. Einfach los!«, rief ich begeistert.

Nachdenkliche Stille. Paul schien angebissen zu haben, war aber noch skeptisch. »Und wie sollen wir essen, trinken, übernachten? Ganz ohne Geld geht das doch gar nicht«, warf er nach einer Weile ein.

»Hm, also vieles bekommt man umsonst, schlafen kann man im Zelt, Wasser können wir abkochen, zu essen findet man sicher auch was, und alles andere können wir uns vielleicht dazuverdienen, indem wir Dinge auf der Straße verkaufen.«

»Was denn für Dinge?«

»Zum Beispiel Sachen, die wir aus Schrott selber basteln!«

»So kommen wir maximal bis an den Bodensee!«, winkte Paul ab.

»Quatsch, Bodensee – einmal um die Welt!«, sagte ich, und mein Bruder lachte laut auf. »Wie willst du denn um die Welt, ohne Zug- oder Flugtickets bezahlen zu können?«

»Indem wir uns das Geld unterwegs verdienen, Alter!«

»Du willst mal eben auf der Straße tausend Euro für 'nen Flug in die USA verdienen, oder was?«

»Paul, hör zu. Als ich in Maastricht gekellnert habe, gab's diesen Penner, der hat mit unerträglich schlechtem Mundharmonikaspiel einen besseren Tagessatz gemacht als ich bislang in meinem ganzen Leben!«

»Ja, klar. Woher willst du das wissen?«

»Na, weil der jeden Abend mit einem Riesenhaufen Kleingeld in die Bar kam, um zu wechseln. Wir brauchten Kleingeld, er brauchte Scheine.«

»Und wie viel war das?«, fragte Paul.

»300!«, rief ich aufgeregt. »Der hat täglich 300 gemacht, sein Bierchen getrunken und mir ein saftiges Trinkgeld gegeben. Der Typ ist bald Millionär, wenn er nicht alles versäuft!«

Paul staunte nicht schlecht.

»Und erinnerst du dich an Yichang, als wir kein Geld abheben konnten und uns wildfremde Menschen 350 Yuan geschenkt haben?«, sagte ich.

»Wie könnte ich das vergessen …«, antwortete Paul nachdenklich.

»Du hast ja recht, eigentlich cool die Idee. Unwahrscheinlich, dass man es schafft, aber gerade das ist ja der Ansporn. War bei der letzten Tour genauso.«

»Ohne Geld um die Welt!«

Für einen Moment war es still im Hotelzimmer, dann stand ich auf und suchte in der Minibar nach etwas, mit dem wir darauf anstoßen konnten, dass wir ein neues Abenteuer planten. Schokomilch in Dosen war das Feierlichste, was der Kühlschrank zu bieten hatte. Es klackte, als wir den Verschluss öffneten. Paul und ich stießen an.

»Einmal um die Welt!«, rief Paul.

»In 80 Tagen!«, antwortete ich.

»Und ohne Rad«, sagte Paul.

»Ohne Rad?«, fragte ich. »Okay, darüber reden wir morgen.«

Paul leerte die Dose in einem Zug und warf sich aufs Bett.

Das ist jetzt schon wieder ein Jahr her. In der Zwischenzeit hat Paul seinen Master in Human Factors an der TU Berlin gemacht, ich habe mein Produktdesign-Atelier aufgebaut, wir haben endlich unsere gemeinsame Wohnung aufgegeben, sind auseinandergezogen (man muss schließlich nicht alles teilen) und haben die letzten Monate damit verbracht, unser nächstes Abenteuer zu planen: In 80 Tagen um die Welt ohne Geld. Damit es ein richtiges Abenteuer wird, musste es einen Wettbewerbscharakter, ein klar definiertes Ziel haben und nicht einfach eine Unternehmung mit Open End sein. So etwas gibt uns den nötigen Ansporn und hilft uns dabei, die Reise zu planen. Außerdem hätte sich keine unserer Freundinnen auf ein Abenteuer ohne Zeitlimit eingelassen.

Doch jetzt stehe ich hier, und alles ist anders, als wir es uns vorgestellt hatten.

Ich sehe Paul, wie er vom Terminal zurückkommt. An seinem schnellen und beschwingten Gang kann ich erkennen, dass er gute Neuigkeiten mitbringt.

»Hansen, halt dich fest. Die haben mir nach ein paar Anrufen die direkte E-Mail-Adresse des Chefs vom Sponsoring Department gegeben und die E-Mail an ihn weitergeleitet. Es sieht nicht schlecht aus …«

Er schaut mich erwartungsvoll an, aber bevor ich in Jubel ausbreche, soll er erst mal mit der guten Nachricht herausrücken. »Wie meinst du ›nicht schlecht‹?«

»Na ja, keine Absage jedenfalls. Sie wollen das Ganze prüfen und sich in einer Stunde zurückmelden.«

»Dann einfach mal abwarten und Tee trinken, oder?«

»Nee nee, Freundchen«, lacht Paul. »Noch haben wir die Tickets nicht. Du trampst jetzt weiter oder verkaufst zumindest was aus deinem Bauchladen. Wer weiß, ob wir in Kanada was davon losbekommen.«

Grrr. Aber er hat recht. Wir haben noch einige »Sterni-Ringe«, Schmuck, den wir aus Sternburg-Kronkorken, einem in Berlin unter Studenten und Pennern beliebten Bier, gebastelt haben. Außerdem Armreifen aus gebogenem Draht und eine zum Halsschmuck umfunktionierte Fahrradkette. Hier in Lissabon kamen diese Sachen ganz gut an, aber wer weiß, ob irgendjemand in Kanada daran Gefallen finden wird.

Es hupt, wieder ein Taxifahrer, den wir schon seit Tagen vorbeifahren sehen. Er winkt uns zu und streckt den Daumen hoch. »Weitermachen!« soll das wohl heißen. Seitdem wir hier mit unserem Schild mit der Aufschrift »Canada/USA« stehen, sind uns Sympathie und Lacher sicher. Die Leute hupen und winken. Halten an, um uns die Hand zu schütteln oder ein Foto zu machen. Sogar die Polizisten, die uns am ersten Tag wegschicken wollten, waren am Ende von der Idee so begeistert, dass sie uns alles Glück der Welt wünschten und ab und zu neugierig vorbeifahren, um zu sehen, ob es wohl geklappt hat oder wir schon die Geduld verloren haben.

Eigentlich lautet eine unserer Regeln, dass wir nicht betteln und es für jede Spende immer eine Gegenleistung geben muss, hier im Vorbeifahren am Flughafen erweist sich das allerdings als schwierig. Die meisten wollen nichts aus unserem Bauchladen und haben keine Zeit für einen Witz – unser Angebot an Leute, die schon alles haben. Aber das Geld abzulehnen, das uns manche zustecken wollen, nachdem sie von unserem Reiseplan erfahren haben, geht dann irgendwie auch nicht, das wäre fast unhöflich von uns. Und wir können es doch so verdammt gut gebrauchen …

Erst um 19 Uhr kommt die erlösende Mail. »SATA schreibt!«, ruft Paul aufgeregt. Ich zücke die Kamera und filme Pauls Gesicht, um die Freude in seinen Augen in diesem Moment festhalten zu können, die hoffentlich gleich folgt. Aber leider verzieht sich sein Gesicht zu einer fragenden Grimasse. »Hä? Das ist dann wohl eine Absage, schätze ich …«

Ich lasse die Kamera sinken. »Was sagen sie denn?«

»Sie sind grundsätzlich bereit, uns den Flug zu sponsern, aber es gibt einen Haken. Wegen der Einreisebestimmungen in Kanada muss es auch einen Rückflug geben.«

»Aber wir brauchen doch gar keinen Rückflug, wir müssen doch weiter!«

»Klar, das ist das Problem, das wissen die ja auch.«

»Also sollen die uns eben einen Weiterflug buchen.«

»Die fliegen aber nicht nach Asien.«

Nach reichlich Überlegen kommen wir zu dem Schluss, dass die letzte Chance, die wir haben, darin besteht, ehrlich zu sein, und SATA anzubieten, die Verantwortung für den Rückflug selbst zu übernehmen, indem wir ihn einfach buchen und dann gleich wieder stornieren. Die Buchungsbestätigung ist ja alles, was man für die Einreise benötigt. Ob man storniert hat oder nicht, prüfen die an der Grenze gar nicht.

Als die Mail raus ist, lässt sich Paul neben mir auf den Boden plumpsen und nimmt einen tiefen Schluck aus dem Wasserkanister, den wir morgens immer in den Waschräumen des Terminals auffüllen. »Mal abwarten.«

»Ich weiß nicht, ob es nötig war, ehrlich zu sein«, überlege ich laut.

»Hansen, erstens ist die Mail jetzt schon raus, und zweitens: Die wissen doch, dass wir weiter nach Japan wollen, außerdem will ich den Leuten, die uns helfen, nichts vormachen.«

»Das sind keine Leute, das ist eine fette Fluggesellschaft!«

»Natürlich sind das Leute. Es ist die Frau am Infostand, der Chef vom Sponsoring Department, ich kenne ihre Namen!«

Bevor wir uns jetzt in einen Grundsatzstreit verwickeln, winke ich ab. Eine Minichance gibt es noch. Vielleicht lassen sie sich ja darauf ein. Da es schon langsam dunkel wird, beschließen wir, für heute abzubrechen und auf das Beste zu hoffen. Zum Abendessen gibt es zum gefühlt zwanzigsten Mal Reis mit Butter, dann bauen wir das Zelt auf.

»Morgen müssen wir eine Entscheidung treffen und so oder so einen Flug buchen. Kein Flughafentrampen mehr«, sagt Paul als Wort zum Dienstag. »Noch eine Nacht bleibe ich hier nicht.«

»Amen, Bruder«, sage ich und schlafe trotz Flugzeug- und Straßenlärm wenig später ein.

Als wir am nächsten Morgen mit routinierten Handgriffen noch im Halbschlaf das Zelt einpacken, ist die Stimmung verhalten. »Hansen«, sagt Paul nachdenklich, als wir wenig später beide auf dem Boden sitzen und die letzten Karotten kauen, die vom gestrigen Einkauf noch übrig geblieben sind. Der Spiritus zum Kaffeekochen ist leer. »Was erwarten wir eigentlich? Wir standen in Sevilla eineinhalb Tage an der Straße, ohne mitgenommen zu werden. Dachten wir etwa, dass es am Flughafen einfacher werden würde als auf einer Autobahnauffahrt? Wir können doch wohl kaum erwarten, dass wir hier innerhalb von zwei Tagen mitgenommen werden?«

»Gestern Nacht klang das aber noch ganz anders«, sage ich.

»Ich hab mir das noch mal durch den Kopf gehen lassen. Lass uns noch einen dranhängen, aller guten Dinge sind drei, das wird sicher hart heute, aber nur die Harten kommen in den kanadischen Garten!«, versucht er die Stimmung aufzulockern.

Ich nicke nachdenklich. »Du hast recht, wir müssen weitermachen. Aber wenn die Fluggesellschaft endgültig absagt und wir von niemandem mitgenommen werden, müssen wir den Flug buchen, da gibt es schon jetzt nur noch wenige Plätze. Was machen wir, wenn der dann ausgebucht ist?«

»Okay, lass uns bis heute Mittag eine Entscheidung treffen«, sagt Paul. »So, wie ich das sehe, haben wir vier Möglichkeiten. Erstens: Wir finden jemanden, der uns mitnimmt. Zweitens: SATA sponsert uns den Flug, wir können von Toronto direkt weitertrampen und erreichen mit knapp 500 Euro Vancouver, bräuchten also nur noch 500 für den Flug nach Japan. Dritte Möglichkeit: Die Fluggesellschaft sponsert uns nicht, wir kriegen noch zwei Plätze für 490 Euro in dem Billigflieger am Freitag nach Toronto, können mit den übrigen knapp 200 bis nach Vancouver weiter und müssten da genug verdienen, um nach Japan zu kommen. Oder viertens, die schlechteste Variante: Gar nichts passiert, SATA sagt ab, auch der billige Flug ist bis heute Mittag ausgebucht, und dann sind wir gearscht.«

»O Gott, bitte nicht«, jammere ich. »Warum haben wir uns diese Scheißregeln aufgehalst. Warum kann man nicht mal die paar Euro, die uns fehlen, vom Konto drauflegen? Der teurere Flug kostet 760! Die haben wir doch fast.«

»Weil wir damit schon die allererste Hürde nicht geschafft hätten. Das war nicht der Deal!« Paul schaut mich böse an. Er kann so ein Prinzipienreiter sein. Amtsschimmel auf Abenteuerreise, denke ich, reiße mich aber gleich zusammen. Es stimmt ja, sobald wir zum Bankautomaten gehen, ist die Reise gelaufen.

»Dann warten wir jetzt bis 14 Uhr, ob ein Wunder geschieht und uns einer mitnimmt oder ein paar Hunderter zusteckt, hoffen auf SATA, und wenn die absagen, buchen wir den billigen Flug.« Ich klinge gespielt optimistisch. »Den es dann ganz bestimmt noch gibt.«

Paul ist schon längst wieder in sein Handy vertieft. »Keine Nachricht von SATA«, sagt er. Und ein paar Klicks später: »Und nur noch zwei Plätze im billigen Flieger.«

Ich versuche, gar nicht hinzuhören, baue unseren Hitchhiker-Altar auf und rücke unseren Talisman, einen kleinen Globus, dekorativ in Position. Irgendetwas muss einfach passieren.

Europa

VON BERLIN BIS LISSABON

Nur weg hier

6. MAI, TAG 1, BERLIN, DEUTSCHLAND, KONTOSTAND: € 0,00

PAUL

So verlasse ich normalerweise das Haus: Handy – check, Schlüssel – check, Geldbörse – check. Und heute? Handy – check, Schlüssel – check, Geldbörse nicht dabei – check. Wir verdienen uns unser Reisebudget auf dem Weg. Das ist alles so schön gedacht, aber was es wirklich bedeutet, keinen einzigen Cent in der Tasche zu haben, nichts abheben zu können, sich nichts leihen zu dürfen, aus nichts, das vor Tag X, unserem Abreisetag, passiert ist, Kapital zu schlagen oder Hilfe annehmen zu dürfen, das begreift man erst, wenn man wirklich in der Situation ist.

Um Viertel nach fünf im Morgengrauen des 6. Mai 2015 machen mein Zwillingsbruder Hansen und ich uns auf den Weg in die weite Welt hinaus. Zu Fuß. Hinter uns ziehen wir zwei selbst gebaute, einrädrige Kästen aus weißem Plastik her, die exakt so groß sind, dass sie nicht als Sperrgepäck gelten, beide in den Kofferraum eines Golf passen und Zelt, Schlafsäcke, Kocher und Klamotten für 80 Tage darin verstaut werden können. Das bedeutet: zwei Unterhosen – eine zum Tragen, eine zum Waschen und Trocknen –, eine Jeans, ein Hemd, ein T-Shirt, eine Badeshorts und eine Regen- und eine Fleecejacke, die unsere Mutter uns geschenkt hat.

Als wir die Kästen über das Kopfsteinpflaster der Friedelstraße in Berlin-Neukölln ziehen, rattern sie ziemlich, danach lassen sie sich ganz smooth über den glatten Asphalt ziehen. »Haben wir gut gemacht«, stupse ich meinen Bruder an. Um ehrlich zu sein, war Hansen derjenige, der darauf bestanden hatte, die Wanderanhänger selbst zu bauen. Von mir aus hätten wir auch welche kaufen können, aber das fand mein Bruder falsch. Erst dick Geld für allerlei Hightechkram ausgeben und dann mittellos reisen fühlt sich komisch an. »Außerdem wären die Standardanhänger für unsere speziellen Bedürfnisse niemals so gut gewesen wie die von mir konstruierten!«, wird Hansen nicht müde zu betonen. Es stimmt. Mein Bruder ist ein handwerkliches Genie. Ich bin auch nicht übel, aber er hat noch mehr drauf. Für ihn als Produktdesigner und im letzten Jahr gelegentlich auch Hausmeister und Aushilfsdachdecker gibt es nichts, was er nicht reparieren könnte, und meistens baut er sich das Werkzeug dazu auch noch selbst. Scheinbar unlösbare Aufgaben sind ihm die liebsten, das war schon immer so. In den kommenden Tagen wird dies unser Ass im Ärmel sein.

Die Idee ist, aus Gefundenem Neues zu basteln und es dann zu verkaufen, uns selbst als Hilfsarbeiter anzubieten, als Babysitter, Entertainer, Möbelpacker – und auf wundersame Gelegenheiten zu hoffen. Hauptsache, es bringt uns weiter. Nur unsere Körper dürfen wir nicht verkaufen, eine Bedingung unserer Freundinnen, die unser Vorhaben erschwert.

Unser erstes Ziel ist der Alexanderplatz. Wir laufen am Kiosk vorbei, an dem ich vorgestern noch Bier und Chips gekauft habe, aus der Eckkneipe fallen die letzten betrunkenen Gäste, und ein paar Meter weiter duftet es köstlich nach frisch gebackenen Brötchen und aufgebrühtem Kaffee. »Mmmhhhh«, macht Hansen und denkt ganz sicher dasselbe wie ich. Könnte man doch jetzt einfach da hineinspazieren und einen heißen schwarzen Kaffee kaufen! Aber leider: Nein. Nicht möglich. Um die Ecke hält die U-Bahn, vier Stationen, und man ist am Alexanderplatz. Auch die müssen wir an uns vorbeiziehen lassen und zu Fuß laufen. Das einzige Geld, das wir mit uns herumtragen, ist der Glückspfennig, den unser Vater uns mit auf den Weg gegeben hat. Der baumelt durchbohrt an einer Kette neben dem Talisman, den unsere Mutter für uns geschmiedet hat: ein kleiner goldener Kreis, auf dem siebenmal die Rune Algiz eingearbeitet ist, ein keltisches Zeichen, das uns vor Unholden schützen soll.

Ach, unsere lieben Eltern, denke ich und hoffe inständig, dass sie auf dieser Tour nicht wieder tausend Tode sterben. Trotz dieser Qualen. Immer unterstützen sie unsere Pläne, vertrauen uns blind. Nie sagen sie: »Ihr seid 33, wollt ihr nicht endlich mal ein anständiges Leben führen?!« Dabei stelle ich mir selbst manchmal diese Frage. Ich habe erst vor einigen Monaten die Uni abgeschlossen und könnte jetzt so richtig loslegen und mir einen spannenden Job suchen. Außerdem habe ich seit einem Jahr eine Freundin, die ich in den kommenden drei Monaten fürchterlich vermissen werde. Was zieht mich eigentlich weg aus Berlin?

Hansen und ich stapfen die Heinrich-Heine-Allee entlang in Richtung Jannowitzbrücke. Die Gegend sieht trostlos aus. Um diese Uhrzeit machen sich die ersten müden Gesichter auf den Weg zur Arbeit. Meine Straße in Neukölln wacht erst so gegen neun Uhr wirklich auf. Bis dahin ist nur in den Bäckereien oder 24-Stunden-Kneipen Betrieb. Während ich noch ganz in Gedanken versunken bin, scannt Hansens Blick schon fleißig die Straße nach Brauchbarem ab. Am Alex wollen wir heute aus den Dingen, die wir auf dem Weg dorthin finden konnten, Schmuck basteln und verkaufen, um uns das erste Geld für etwas Essbares und eine S-Bahn-Fahrt in Richtung Autobahn zu leisten. Am besten natürlich noch viel mehr.

»Wir müssen heute so richtig reinhauen, Paul«, versucht Hansen mich aus meiner Träumerei zu wecken. »Hier in Berlin sind wir zu Hause, wir können uns verständigen, am Alex tummeln sich Tausende Touristen, wenn wir uns ein bisschen anstrengen, können wir dort schon das Geld für den ersten Flug zusammenkriegen!«

»Das wären 500 Euro!«

»Wenn nicht hier, wo dann?«

Ich bin etwas skeptisch, was dieses Tagesziel betrifft, will aber nicht schon auf den ersten Metern die Stimmung verderben, sage deshalb: »Vielleicht hast du ja recht …« und lenke meinen Blick auf den Boden.

Wir sammeln Kronkorken, Schrauben, Nägel und Drähte und stecken alles in einen Umhängebeutel. Eine herrenlose Fahrradkette, ein Regenschirm und ein paar Pfandflaschen finden wir auch. Sogar Geld! 43 Cent insgesamt.

Mitten auf der Jannowitzbrücke bleibt Hansen stehen. »Paul, hier hängt ein altes Zahlenschloss mutterseelenallein! Das könnte ich knacken und auf null stellen!«

»Wenn's niemandem gehört?«

»Also, so wie ich das sehe, wird das ganz sicher niemand vermissen.«

Hansen kniet schon vor dem Schloss, hinter ihm taucht gerade die aufgehende Sonne die Spree in zarte Rottöne. Ach, Berlin. Du wirst mir fehlen. Nach ewigen Gefummel tönt es von der Brücke: »Zack, ich hab's!« Hansen hält das Schloss triumphierend in die Luft. Zum Glück hat mein Bruder keine kriminelle Ader, sonst wäre kein mit Zahlenschloss gesichertes Rad vor ihm gefeit.

Jedem Radfahrer, der uns entgegenkommt, hält Hansen die kostbare Ware entgegen. »Brauchen Sie vielleicht ein Fahrradschloss?«

Und tatsächlich, schon der dritte schlägt in den Handel ein und gibt uns 10 Euro dafür. Unser erstes selbst verdientes Reisegeld!

Etwa zwölf Stunden später sitzen wir im Tiergarten und sind völlig frustriert. Die Aktion am Alexanderplatz war ein absoluter Reinfall.

»Es lag an den verdammten Regenjacken!«, schimpft Hansen. »Du rot, ich blau. Damit sehen wir aus wie die Leute, die einem ein Zeitungsabo andrehen wollen.«

»Es liegt an diesem fürchterlichen Platz und den muffigen Berlinern!«, antworte ich.

Geschlagene zehn Stunden haben wir unsere Fundstücke und den selbst gebastelten Schmuck feilgeboten und den Menschen von unserem Vorhaben erzählt, aber meistens kam bloß ein blöder Spruch oder ein angewiderter Blick. Etwa drei Stunden davon saß Markus, ein mitteilungsbedürftiger Mittvierziger, neben uns, der jeden Handgriff, die ungünstige Wetterlage, die Weltpolitik und anderes kommentierte und sich nicht zum Weiterziehen entschließen konnte. Als Markus endlich »mal für kleine Alexianer« musste, nutzten wir die Gelegenheit für einen taktischen Stellungswechsel. An einer anderen Stelle begannen wir in Ruhe, eine kleine Serie aus Ringen zu fertigen. Ich spezialisierte mich auf Ringe aus Kronkorken von Sternburg-Bier und Fahrradketten-Teilen, Hansen bog aus Draht Spiralen und Ringe.

Danach lief es besser, aber der ganze Aufwand brachte unsere Kasse am Ende des Tages zusammen mit dem Fahrradschloss auf gerade mal 56 Euro und die Laune schon am ersten Abend in den Keller. Außerdem fühlte es sich irgendwie unangenehm an, nur wenige Meter von zu Hause und einer bequemen Wohnung mittellos zu sein. Theoretisch hätten wir ja jederzeit zurückgekonnt. Aber damit wäre es dann auch gleich vorbei gewesen.

An einer uneinsichtigen Stelle im Tiergarten schlagen wir jetzt unser Zelt auf, essen Spaghetti mit pürierten Tomaten aus der Dose und kriechen in die Schlafsäcke.

Keine sechs Kilometer entfernt von meiner Freundin, die ich für mindestens 80 Tage nicht sehen werde. Ich höre Hansen seufzen, ihm geht bestimmt dasselbe durch den Kopf. Trotz allem fühlt es sich gut an, wieder unterwegs zu sein, denke ich noch und schlummere ein.

*

Ich bin platt. Es sind erst zwei Tage rum, und wir sind gerade einmal bis Nikolassee am westlichen Rand von Berlin gekommen.

Der Tag fing schon nicht allzu vielversprechend an. Nachdem wir die halbe Nacht vom Seelöwengeheul aus dem Zoo wachgehalten wurden, sind wir erst um sieben aufgestanden. Als wir dann endlich unterwegs waren, war es schon halb elf. Entlang der S-Bahn-Gleise sind wir über Bahnhof Zoo in Richtung Avus gestartet, um von dort aus nach Lissabon – oder sagen wir erst mal Köln? – zu trampen. Vor unseren Augen wurde das Zeltlager der Obdachlosen entlang der S-Bahn-Gleise, das wir am Tag zuvor schon auf dem Weg zum Supermarkt gesehen hatten, von einer Ordnungsamt-Armee niedergemäht. Alle Zelte in großen Containern entsorgt. Wie entwürdigend. Gestern Abend hatten sie alle auf ihren selbst gebauten Stühlen und Bänken gesessen und Musik gemacht. Heute hockten die meisten resigniert vor ihrem Lagerplatz, manche diskutierten wild mit den Beamten.

Entsprechend bedrückt waren Hansen und ich auch, bis wir beschlossen, uns endlich einfach in das Abenteuer hineinzustürzen und loszufahren, einfach mal unseren Plan aufzugeben, in Berlin den Flug nach Kanada zu verdienen. »Scheiß drauf, ob wir genug Geld haben, wir stellen uns jetzt an die Autobahn und fahren los«, sagte ich, und Hansen stimmte mir zu: »Hauptsache raus aus Berlin!« In diesem Moment fühlte sich der zweite Tag mehr wie der tatsächliche Abreisetag an. Jetzt sollte uns nichts mehr aufhalten.

Unsere Euphorie hielt allerdings nicht lange. Nachdem wir den gesamten Ku'damm entlang bis zur Avus-Raststätte beim Dreieck Funkturm abgelaufen sind, mussten wir dort feststellen, dass der Ort sich überhaupt nicht zum Trampen eignete: Wer macht schon Pause auf der ersten Raststätte, wenn er dazu auch noch umständlich abfahren muss? Wir haben also schlicht keine Autos gefunden, die in Richtung Köln fuhren – oder überhaupt aus Berlin raus. Um noch rechtzeitig von Berlin wegzukommen, beschlossen wir, die S-Bahn bis Nikolassee zu nehmen und dort den Verkehrsstrom Richtung Magdeburg abzufangen. Gesagt, getan – und wenige Minuten später, dummerweise, nachdem wir die zwei Tickets à 2,70 Euro schon abgestempelt hatten, wurden auch wir Opfer des längsten Bahnstreiks der Geschichte. »Aufgrund eines Streiks ist der S-Bahn-Betrieb derzeit eingestellt«, plärrte eine ironisch-heitere Stimme aus den knackenden Lautsprechern. Vielleicht kam sie uns auch nur ironisch vor, weil sie derart schlechte Neuigkeiten verbreitete.

Nach fast eineinhalb Stunden Busfahrt anstelle von zehn Minuten S-Bahn kamen wir endlich an einer Stelle an, die zum Trampen mehr als geeignet schien. »Stell dich in Position, Hansen«, rief ich. »Hier dauert es keine zehn Minuten, und wir sind weg.«

»Länger wäre auch schlecht, es wird bald dunkel«, antwortete Hansen und kritzelte in großen Buchstaben KÖLN auf unser multifunktionales Whiteboard, das wir zum Trampen und als Ablage zum Schmuckverkauf verwenden und immer wieder neu bemalen können.

Immerhin einige, die ich währenddessen auf dem Rastplatz ansprach, wollten uns gern mitnehmen, hatten aber keinen Platz für zwei lange Jungs plus Reisegepäck. Plötzlich hupte hinter mir ein Bus. Ich sprang zur Seite und sah einen Fernbus, in dem außer dem Fahrer kein Mensch saß. »Hansen, das ist unsere Chance, der muss uns mitnehmen!«, rief ich meinem Bruder zu.

Der Fahrer, ein gemütlicher Mann mit imposantem Schnauzbart, öffnete die Tür, hörte sich interessiert meine Geschichte an und fragte: »Wohin wollt ihr denn eigentlich, Jungelchen?«

Ich sagte: »Westen, Portugal, erst mal Köln oder so!«

»Aber ich fahr doch nach Berlin!«, antwortete er mit bedrückter Miene. So ein Mist. Hätte ich doch gleich fragen können. Als ich mich gerade enttäuscht wegdrehen wollte, rief er mir noch hinterher: »Das hier kann ich euch geben. Hat jemand vor ein paar Tagen liegen lassen.« Er hielt ein dickes Buch in der Hand: *Die Tochter des Hirsch-Clans*. Dankend nahm ich das schwere Geschenk entgegen. »Ein E-Book wäre praktischer gewesen«, nörgelte Hansen. »Aber dieses hier können wir ja vielleicht verkaufen.«

Eine Stunde später gesellte sich dann Peer, ein Zimmermann auf der Walz, zu uns, der von der gleichen Stelle nach Leipzig trampen wollte. Netter Typ, der uns, kaum, dass wir ihm von unserem Plan erzählt hatten, erst mal ein paar Bier von der Tankstelle holte. Zwar war die Situation in der Konstellation »Drei Typen stehen mit viel Gepäck und Bier am Straßenrand und wollen trampen« dann wirklich hoffnungslos, aber dafür haben wir mit dem lustigen Peer unsere erste richtige Reisebekanntschaft gemacht.

Was haben wir heute verdient? Nichts. Bloß Geld ausgegeben. Fürs Essen, für die Busfahrt. Aller Anfang ist schwer.

»So, Jungs, wo betten wir denn heute unsere bierschweren Häupter?«, fragt Peer in die Runde.

Wir schauen uns um. Ein Stück weiter hinten ist die Spinnerbrücke, Berlins größter Bikertreff, und vor dem Clubhaus ein einladend grüner Rasen … Perfekter Zeltuntergrund.

»Sollen wir die Typen einfach mal fragen?«, schlage ich vor.

»Die werden uns schon nicht auffressen«, sagt Hansen und stapft los. Bald darauf kommt er lachend zurück. »Davor ist nicht okay, denn wir könnten ihre Kollegen, die morgen früh hier arbeiten, erschrecken, aber dafür hinter dem Pavillon!«

»Die haben Angst vor *uns*?«, frage ich ungläubig.

»Sag ich ja, Jungs«, witzelt Peer. »Männer in Lederjacken haben die dünnste Haut.«

Nach einer bitterkalten Nacht haben wir uns schon um 4 Uhr 45 aus den Schlafsäcken gepellt. Peer war schon weg. Um ihn nicht mit unserem Zelt hinter'm Pavillon zu erschrecken, laufe ich zu einem komplett tätowierten Mann, der in kurzer Hose und Lederweste damit beschäftigt ist, das Laub wegzublasen. Statt des erwarteten Anschiss' kommt eine Entschuldigung: »Wenn ick jewusst hätte, dat ihr da drinne pennt, wär ick leiser jewesen, wa?« Schon lustig, diese Missverständnisse.

Keine Stunde nachdem wir an der Autobahn stehen, hält ein kleiner Hyundai an. »Das gibt's ja nicht!«, ruft eine junge Frau durch das heruntergelassene Fenster. »Wir haben euch vorgestern am Brandenburger Tor vorbeilaufen sehen. Wir fahren nach Frankfurt, können wir euch mitnehmen?« Zwar steht auf unserem Schild Köln, aber in Richtung Lissabon macht das keinen Unterschied. Lena und ihr Freund Ben müssen mindestens 20 Minuten das gesamte Auto umpacken, um unsere doch etwas sperrigen Anhänger in dem kleinen Kofferraum unterzubringen, aber dann geht es raus aus Berlin.

»Ihr seid unsere Rettung!«, jubelt Hansen auf der Rückbank zwischen Bergen von Taschen und Hemden. »Endlich geht es wirklich los!«

Tommy

14. MAI, TAG 9, LA JONQUERA, SPANIEN, KONTOSTAND: € 66,90

Hansen

Es gibt diese Tage, an denen man aufwacht und mit dem ersten Augenaufschlag weiß, dass ein guter Tag bevorsteht. Dann sucht man in seinem Hirn nach Hinweisen für dieses unerklärliche Hochgefühl: Habe ich Geburtstag? Ist Samstag? Kommt jemand zu Besuch? Moment mal …, ich liege in La Jonquera direkt hinter der spanischen Grenze in einem Zelt, ich fröstele, keine 20 Zentimeter neben mir schnarcht mein Zwillingsbruder, es riecht nach ungewaschener Wäsche, keine Kaffeemaschine weit und breit. Kein Grund für gute Laune. Angestrengt versuche ich, sie dennoch festzuhalten.

Klar, wir sind auf einer Weltreise und kommen viel langsamer voran, als wir dachten. Verdienen weit weniger Geld, als wir gehofft hatten, aber andererseits gab es so viele schöne Überraschungen in den letzten Tagen: Tim, der einen Umweg von mehr als tausend Kilometern gemacht hat, um uns von

Saarbrücken nach Lyon zu fahren. Kann man sich das vorstellen? Die Jugendlichen an einer französischen Raststätte, die uns eine Riesenpackung mit tausend Keksen geschenkt haben, und nicht zu vergessen Francine, die über und über tätowierte Hippiefrau, die uns in ihrem schrottreifen VW-Bulli in einem Wahnsinnstempo nach Montpellier mitgenommen hat.

Paul saß vorne neben Francine und hätte ihr am liebsten ins Lenkrad gegriffen, wenn sie mal wieder mitten in einem waghalsigen Überholmanöver irgendwas hinter sich in der Tasche suchte. Das sah witzig aus. Die kleine, drahtige, plappernde Französin am Lenkrad zwischen lauter herumbaumelnden buddhistischen Glücksbringern und daneben der große Paul, der sich wie eine ängstliche Großmutter am Handgriff an der Decke festkrallte ... und ihn prompt aus der Verkleidung riss! Bei der Erinnerung daran fange ich laut an zu lachen und wecke Paul damit auf.

»Warum lachst du?«, murmelt er schläfrig.

»Ach, ich musste an Francine denken«, antworte ich.

»O je, Francine ... der Handgriff ...« Paul stützt sich grinsend auf seine Unterarme. Trotz der witzigen Erinnerung, mit der er geweckt wurde, scheint seine Laune heute Morgen eher bewölkt zu sein. Entgegen der üblichen Aufteilung, in der Paul den optimistischen und ich den pessimistischen Part übernimmt, ist es heute umgekehrt. »Ach, Hansen«, sagt er, »wir wollten bis Lissabon 2000 Euro verdient haben, um uns den Flug nach Toronto leisten und etwas Budget für die ärmeren Länder zurücklegen zu können. Und wo sind wir und wie viel haben wir?«

»Exakt 66,90«, antworte ich in meiner Funktion als Schatzmeister.

»Genau ...«, sagt Paul und seufzt tief. »Nichts läuft wie geplant. Wie wollen wir das denn nur schaffen?«

»Paul, hör mal zu. Wie langweilig wäre es, wenn alles nach Plan verlaufen würde? Wir wollen doch improvisieren! Wir können ja ein bisschen abkürzen und statt nach Lissabon von Barcelona aus fliegen. Das ist zwar gegen die Regel, immer nur den kürzesten Flugweg zu nehmen, aber scheiß drauf. Lass uns einfach mit dem Geld, das wir haben, bis Barcelona trampen, uns dann da an den Flughafen stellen und ein Schild malen: ›Amerika‹. Wir brauchen eh ein Wunder, um das Ganze zu schaffen, also warum nicht eins provozieren? Wir müssen doch nur über den Atlantik kommen.«

»Nur über den Atlantik, genau!« Paul muss lachen. An seinen Augen kann ich aber erkennen, wie sich seine Verzweiflung in Aktionismus verwandelt. »Es ist komplett idiotisch, aber einen Versuch ist es wert«, stimmt er mir zu. »Aber was, wenn es nicht klappt?«

»Das überlegen wir uns dann«, antwortete ich und krieche aus dem Zelt.

Frankreich war ein Tramperparadies, genau wie es im Hitchwiki, einem Netzwerk für Autostoppreisende, beschrieben steht. Erstens nehmen die Franzosen einen gerne mit, zweitens sind die Autoraststätten oft besser ausgestattet als ein Campingplatz. Mit Duschen, gepflegtem Rasen, Steckdosen und allem, was man braucht. Hier, direkt hinter der spanischen Grenze, sieht das ganz anders aus. Vor dem Schlafengehen haben wir uns gestern die Spanieninfos auf Hitchwiki gegenseitig vorgelesen, und das klang nicht gerade nach Spaß: Die Autobahnen sind gesetzlich tabu, die Schnellstraßen so schlecht, dass man nur langsam vorankommt, und außerdem sind die Spanier Tramper nicht gewohnt und diesen gegenüber sehr skeptisch. Um wegzukommen, bevor uns die Polizei beim illegalen Trampen auf Autobahnraststätten erwischt, beobachte ich die einfahrenden Autos und scanne sie nach »Potenziellen«. Genug Platz – richtiges Kennzeichen? Nebenher beginne ich, einen neuen Ring zu schmieden.

Die Anzahl der Potenziellen hält sich in Grenzen, und da es der Erste ist, den ich heute ansprechen werde, mache ich mir bei dem gelben Transporter mit spanischem Kennzeichen, der gerade eingefahren ist, keine große Hoffnung. Nachdem Paul mit seinem Schulfranzösisch in Frankreich dran war, probiere ich es jetzt in Spanien mit meinen nicht vorhandenen Spanischkenntnissen: »*Pardonne, yo no habla español, hablas english?*«, versuche ich mein Glück.

»Du bist Deutscher, oder?«, kommt es prompt von dem etwa vierzigjährigen Mann im ausgewaschenen, schwarzen T-Shirt zurück. Froh über die nun wesentlich leichtere Frage, wohin er denn fahre und ob er noch Platz für zwei Tramper in Richtung Barcelona habe, setze ich mein freundlichstes Lächeln auf. Seine Antwort ist entmutigend: »Ich hab leider den ganzen Transporter voll beladen, eure zwei Minikühlschränke werden da wohl kaum reinpassen.«

Ich nicke und will mich schon umdrehen, da fügt er hinzu: »Aber wir können es ja mal versuchen.«

Irre! Erster Versuch, erster Erfolg. Die Erfahrung zeigt: Wird erst einmal »versucht«, Platz zu machen, dann geht es schon irgendwie. Und wenn wir beide aufeinandersitzen müssen.

Ich pfeife Paul zu und rudere wild mit den Armen. Er springt auf und fängt an, die Sachen zu packen. Jedes Mal wenn wir eine Zusage bekommen, geraten wir in helle Aufregung. Wir stopfen alles in die Anhänger, was rumliegt, und versuchen, so schnell wie möglich fertig zu sein, als ob der Fahrer auf einmal sagen könnte: »Also, wenn ihr so lange braucht … kann ich euch leider doch nicht mitnehmen.«

In diesem Fall hat Tommy aber eine Engelsgeduld. Während wir die Sachen holen, beginnt er schon, im Laderaum herumzuräumen. Als ich einen Blick hineinwerfe, verstehe ich seine Zweifel. Der gesamte Transporter ist bis unter das Dach mit Tierfutter, Käfigen, Decken und anderem nicht identifizierbarem Zeug vollgestopft. Ganz oben hat er uns schließlich eine Ecke freigeschaufelt. Unsere Anhänger passen genau rein. Auch die Rucksäcke müssen hinten verstaut werden, da vorne in der Fahrerkabine Schnittlauch und Petersilie den Fußraum füllen.

Wir setzen uns beide neben ihn, jeder ein paar Pflanzen auf dem Schoß, muss ein lustiges Bild abgeben. »Ich fahre nicht direkt durch Barcelona durch. Würde euch dann da irgendwo in der Gegend rauslassen«, sagt er und dreht den Zündschlüssel im Schloss.

»Wohin geht's denn weiter?«, fragt Paul, und ich weiß schon, worauf er hinauswill.

»Málaga.«

Wir werden hellhörig. Eine kurze Google-Maps-Recherche ergibt, dass es sogar ganz schön weit südlich ist und ganze 600 Kilometer näher an Lissabon.

»Hansen, sollen wir nicht doch nach L–«, beginnt Paul und ich antworte über die Petersilie hinweg: »Also, ich finde ja! Irgendwie ist das doch ein Schicksalswink, oder?«

Natürlich müssen wir erst mal Tommy fragen, ob er uns überhaupt länger als Barcelona ertragen will, aber der nickt nur. Tommy ist kein Mann vieler Worte oder Gesten, aber was er zugesagt hat, das erfüllt er total zuverlässig, das werden wir auf den nächsten über tausend Kilometern noch mehrmals am eigenen Leib erfahren.

Die nächsten Stunden im Transporter vergehen wie im Flug. Tommy erzählt uns von seiner Tierstation Esperanza, die er vor zwanzig Jahren in Spanien gegründet hat. Für sie hat er jetzt 1,4 Tonnen Futter geladen, die er bei Tierschutzvereinen in Deutschland eingesammelt hat. Er fährt diese Strecke alle drei Monate. Auf dem Weg nach Deutschland nimmt er junge Hunde und Katzen mit in die Schweiz, die dort ein neues Zuhause bekommen.

Es ist halb zwölf, als Tommy uns an einer Raststätte zum Kaffee einladen will. Als wir am Buffet vorbeilaufen, fragt er uns beiläufig, ob wir auch etwas essen möchten. Vor uns liegen die – für uns wegen der Eintönigkeit der letzten Mahlzeiten – leckersten Häppchen, die man sich nur vorstellen kann.

Aus Höflichkeit lehnen wir ab, aber Tommy knufft Paul in die Seite und sagt: »So und jetzt noch mal und schau mir dabei in die Augen: Möchtet ihr nicht vielleicht auch etwas essen?« Er lacht.

»Ja!«, rufen wir wie aus einem Mund und entscheiden uns für ein Schinken- und ein Hähnchenbaguette mit Salat und Gemüse. Am Tisch kann ich mich nicht zusammenreißen und schlinge so gierig, dass Paul mir heimlich gegen das Schienbein tritt, um mir klarzumachen, dass ich mich gefälligst benehmen solle. Es fällt mir schwer, aber um der Busladung blassbleuhaariger Kaffeetanten, die uns interessiert beobachten, keine Angst einzujagen, zügele ich mein barbarisch anmutendes Verhalten und versuche, den Leckerbissen langsamer zu genießen. Ich denke dabei an früher, als Paul und ich nimmersatte, zu schnell wachsende Jungs waren. Unsere Mutter konnte gar nicht so viel kochen, wie wir in uns hineinschaufeln konnten. Trotzdem waren wir dünn wie Spargelstangen. Ich beobachte Paul, wie er ein schönes Stück Hähnchenfleisch aus dem Sandwich beiseitelegt. Das sieht für Unwissende so aus, als würde er es verschmähen, das Gegenteil ist aber der Fall. Was auch immer Paul als das Leckerste auf seinem Teller empfindet, legt er an den Rand, um es sich ganz zum Schluss feierlich mit einem leisen genüsslichen Schmatzen einzuverleiben.

Als wir wieder in Tommys Transporter sitzen, kündigt dieser an, heute nur noch bis Murcia zu fahren und morgen die Fahrt nach Málaga fortzusetzen.

»Kein Problem, wir müssen nur ein Fleckchen Rasen für unser Zelt finden«, sage ich.

Tommy fährt dazwischen: »Auf gar keinen Fall!«

»Was … wieso?« Paul schreckt aus seinem Verdauungsschlummer auf. »Nerven wir dich? Hast du es dir anders überlegt?«

Tommy legt eine kleine dramatische Pause ein und lacht dann laut. »Ihr schlaft natürlich im Hotel, so wie ich. Das geht auf mich!«, fügt er hinzu.

»Das können wir unmöglich anneh–«, versucht Paul einzuwenden, wird aber von einem resoluten »Doch! Müsst ihr aber. Ich würde das ja nicht anbieten, wenn ich es nicht wollte« gestoppt.

Wir sind von so viel Großzügigkeit peinlich berührt und ein paar Minuten ziemlich schweigsam.

»Dann könnt ihr auch mal wieder duschen«, versucht Tommy die Stimmung zu lockern.

»So schlimm?«, frage ich und schnuppere vorsichtig unter meiner Achsel.

»Haha, nein! Glaub mir. Jemand, der mit verwahrlosten Tieren arbeitet, ist weiß Gott anderes gewohnt!«

Neben dem Kilometerzähler klettert auch das Thermometer auf unglaubliche 42 Grad Celsius. Als wir in La Jonquera losfuhren, waren es noch 22 Grad. Am Horizont sieht man die Flammen eines riesigen Waldbrandes in den Himmel zucken. Im Rauch fliegen die Löschhelikopter.

»Spanien ist in dieser Region sehr trocken, und regnen wird es hier wohl erst im Herbst wieder«, erzählt Tommy, der schon seit seinem 29. Lebensjahr in dieser Gegend zu Hause ist.

Ganze acht Stunden später und 800 Kilometer weiter erreichen wir schließlich das kleine Hotel, in dem wir schlafen werden. Wir laden unsere Sachen aus und bringen sie mit dem kleinsten Lift, den ich in meinem Leben je gesehen habe, aufs Zimmer.

»Sollen wir uns morgen gegen halb neun zum Kaffee unten an der Rezeption treffen?« Mit diesen Worten, die schon die nächste Einladung ankündigen, verschwindet Engel Tommy hinter der Tür mit der Nummer fünf.

Kaum im Zimmer, nutzen Paul und ich die kurzfristige häusliche Infrastruktur bis aufs Letzte aus: Handys, Kamera-Akkus und iPad aufladen. Per Wifi die Blogposts verschicken, Wäsche waschen und zu guter Letzt auch uns selbst. »Glaubst du, du könntest dich schon mal für die nächsten Wochen im Voraus waschen, oder was brauchst du so lange?«, rufe ich ins Bad, aus dem Pauls Summen, begleitet von emsigen Schrubbgeräuschen, zu hören ist. Kurz darauf kommt er rosig vom heißen Wasser und blitzeblank geputzt aus dem Bad und wirft sich aufs Bett.

»Ah! Tut das gut, auf einer Matratze zu liegen!«, tönt er, bevor er sich die Bettdecke bis zur Nase hochzieht.

»Ob Tommy klar ist, was für ein unbezahlbares Geschenk er uns hier gerade macht?«, frage ich noch, aber mein Bruder scheint schon zu schlafen.

Ich schaue mich um: Wir haben innerhalb kürzester Zeit alles, was wir dabei haben, im ganzen Raum ausgebreitet und es herrscht Chaos. Überall blinken die diversen Ladelämpchen und trocknet die Wäsche, die wir vorhin wie Weinbauern ihre Trauben in der Badewanne saubergetrampelt haben. Und im Waschbecken stapelt sich das gespülte Kochgeschirr. Ich liege noch ein wenig wach und denke über die letzten Tage nach. Schon komisch, wenn ich unsere Tramperfahrungen auf einen Nenner bringen will, dann müsste der lauten: Je schrottiger und vollgepackter ein Auto ist, desto höher die Wahrscheinlichkeit, dass darin Platz für uns zwei gemacht wird. Die fetten BMWs oder Mercedesmodelle, in denen nur ein gelangweilter Fahrer saß, haben nie angehalten.

Vielleicht lässt sich dieses Bild auf die Herzen der Menschen übertragen. Je mehr sie strapaziert wurden, desto mehr sind sie in der Lage zu lieben? Der Gedanke bleibt noch ein paar Minuten in meinen Kopf hängen. Ergibt das überhaupt einen Sinn? Je länger ich darüber nachdenke, desto müder werde ich. Morgen wartet schon der zweite gute Tag in Folge, denn er beginnt mit einem Kaffee mit Tommy.

Fast hoffe ich, dass sein Transporter morgen auf der Fahrt einen Plattfuß hat, damit wir uns auch nur ansatzweise bei ihm revanchieren können. Irgendwas müssen wir uns jedenfalls überlegen …

Gute Aussichten
17. MAI, TAG 12, LISSABON, PORTUGAL,
KONTOSTAND: € 8,08

PAUL

Wir haben es nach Lissabon geschafft! Noch gestern hatte ich nicht mehr damit gerechnet, denn nach zwei Tagen in Sevilla, in denen kein einziges Auto auch nur angehalten, geschweige denn uns mitgenommen hat, fürchtete ich wirklich, wir müssten uns zu Fuß auf den Weg in die portugiesische Hauptstadt machen.

Nachdem wir Tommy und kurz darauf Carlos kennengelernt hatten, dachten wir schon, dass wir das Hitchwiki-Kapitel über Spanien komplett umschreiben müssten. In beiden Fällen war es gleich das erste Auto, dem wir den Daumen entgegenstreckten, das uns mitnahm. Ach, Tommy. Ich hoffe, wir sehen ihn einmal wieder. Als wir am Morgen nach der Hotelübernachtung weiter in Richtung Málaga fuhren, polierte Hansen während der kompletten sechs Fahrstunden ununterbrochen einen Ring, den er am Morgen aus einer Speiche angefertigt hatte. »Na, is' schon Sterlingsilber draus geworden?«, stichelte ich mehrmals, bis Hansen ihn am Ende der Fahrt Tommy überreichte. »Ist nicht wertvoll, steckt aber Liebe und Handarbeit drin«, sagte mein Bruder und umarmte unseren Lieblingsfahrer. »Das hab ich gesehen …«, antwortete der sichtlich gerührt.

Von der Stelle, an der Tommy sich von uns verabschiedet hatte, nahm uns Carlos, der Feuerwehrmann, mit nach Sevilla. Er kam gerade von einer Schulung in Málaga, bei der er Bürgern beigebracht hatte, wie man Propangasbrände löscht. Die Ladefläche seines Vitos war voll mit Feuerlöschern und einem riesigen Gerät, das bis zu zwölf Meter hohe Flammen erzeugen kann. Carlos hat auf jeden Fall den richtigen Beruf gewählt, die ganze Fahrt über redeten wir über nichts anderes als Feuer, darüber wie Hansen und ich mit vier Jahren beinahe das Haus unserer Tagesmutter angezündet haben, über Waldbrände in Spanien und das Feuer in dem Dörfchen Pego, an dem wir kurz zuvor mit Tommy vorbeigefahren waren.

So hätte es weitergehen können, aber ab Sevilla war der Ofen sprichwörtlich aus. Nachdem wir am nächsten Morgen schon ab fünf Uhr morgens trampten und nachmittags immer noch keinen Meter vorwärtsgekommen waren, gefror mir das Lächeln im Gesicht. Ich grinste nicht mehr nur, wenn ein Auto kam, sondern durchgehend – zu müde und erschöpft, meine Mimik zu ändern. Das muss *spooky* ausgesehen haben. Kein Wunder, dass keiner mehr hielt.

Hansen starrte irgendwann fassungslos in mein Gesicht und sagte trocken: »Mir reicht's, ich buche uns eine Mitfahrgelegenheit.« Bevor ich groß protestieren konnte (und das wollte ich längst nicht mehr), hatte er uns etwas organisiert. Und einen Tag später erreichten wir um 52,80 Euro ärmer und mit verbleibenden 8,08 Euro in der Tasche unser erstes großes Reiseziel.

Wir fahren über die große Hängebrücke, die Ponte 25 de Abril, von der aus man einen atemberaubenden Blick über den Tejo und die Bucht hat, und werden am Rossio, auch Praça de Dom Pedro genannt, dem größten Platz im Zentrum Lissabons, aus dem Bus gelassen. Bei der Verabschiedung bittet uns Nikil, der indische Medizinstudent aus Yale, mit dem ich mich die Fahrt über unterhalten habe, noch um einen Gefallen. »Solltet ihr es wirklich bis nach Indien schaffen, und ich hoffe, das werdet ihr, ladet hiervon einen Inder, dem ihr begegnet, auf ein Bier ein.« Und dann drückt er mir einen 500-Rupien-Schein in die Hand.

Die Sonne strahlt von einem unwirklich blauen Himmel herab, wir ziehen unsere Anhänger über das wellenförmige Muster des Platzes bis zu dem zentralen Brunnen und setzen uns auf dessen breiten Rand. »Das hätten wir geschafft«, seufzt Hansen, stützt sich links und rechts mit den Armen ab und hält das Gesicht in die Sonne. Ich bin nicht ganz so entspannt und google, nachdem ich mich in ein öffentliches Wifi eingeloggt habe, schon mal unsere Flugoptionen.

»Der nächste günstige Flug geht diesen Freitag und kostet 246 Euro pro Person«, teile ich Hansen kurz darauf mit. »Das ist in vier Tagen, wir haben exakt 8 Euro. Wie willst du den buchen?«

»Hmm, ja. Es sind auch nur noch sieben Plätze frei und wir müssten in spätestens zwei Tagen buchen.«

»Dann müssen wir 500 Euro in zwei Tagen machen. Das schaffen wir niemals!« Ich winke ab. »Lass uns ein paar Tage hierbleiben und erst nächste Woche abfliegen.«

»Das bedeutet aber, dass wir wertvolle Zeit verlieren!«, gibt Hansen zu bedenken.

»Was ist daran wertvoll, wenn wir ohne Geld in Kanada ankommen und nicht einmal wissen, ob wir da auch nur einen Cent verdienen können?«

»Zeit oder Geld, Paul?«

»Im Moment haben wir beides nicht. So, wie ich das sehe, bleibt uns überhaupt nichts anderes übrig, als erst einmal hier zu bleiben, bis wir *überhaupt* einen Flug buchen können.«

Wir streiten noch eine Weile sinnlos weiter, eigentlich ist aber auch Hansen längst klar, dass wir frühestens den Flug in einer Woche schaffen können. Erst jetzt fällt uns auf, dass eine kleine Gruppe Menschen vor uns stehen geblieben ist und unsere Anhänger studiert. *»In 80 days around the world«*, liest ein älterer Mann mit deutschem Akzent laut vor und schaut uns dann interessiert und fragend an: »Wie macht ihr das?«

Mir ist es peinlich, dass der Mann unsere Streiterei verstanden haben muss, und ich fange an, ihm zu erklären, was wir machen, während der schlaue Hansen die Schmuckstücke auspackt, die wir in den letzten beiden erfolglosen Tagen in Sevilla geschmiedet haben. Im Handumdrehen haben wir die ersten kleinen Werke verkauft und 30 Euro verdient. Und das, ohne dass wir überhaupt auf jemanden zugehen müssen. Die Menschen kommen von selbst!

Plötzlich winkt ein Polizist, der zusammen mit einem jungen Mann ohne Uniform etwas weiter unten auf dem Platz steht, Hansen zu sich. *»Oh shit«*, sagt der. »Jetzt gibt's Ärger.«

Es passiert das Gegenteil. Auch der Polizist und sein Kumpel Kruno sind bloß neugierig und wollen wissen, was da drüben los ist. Als Hansen ihm unsere »Polizisten-Erklärung« gibt, in der das Wort »Verkauf« nicht vorkommen darf, ist der Mann Feuer und Flamme und knufft Hansen anerkennend in die Seite: »Alle Achtung, Junge. Kann sein, dass das nicht einwandfrei legal ist, was ihr da macht, aber mir soll's recht sein. Weißt du was? Ich lasse auch die Straßendealer ihren Mist verkaufen, denn das, was die verkaufen, hat mit Kokain nichts zu tun, also sind es auch keine Drogen, oder?!« Hansen weiß nicht genau, was er darauf antworten soll. Erstaunlicher Typ. Aber es wird noch wilder. Der Schutzmann, dessen Namen wir hier besser nicht nennen, erzählt von seiner Passion, dem Base-Jumping. Er und sein Kumpel Kruno gehören einer Gang an, die mit Fallschirmen von Brücken, Statuen und anderen urbanen Bauten in die Tiefe springt. Demnächst, so ihr Plan, wollen sie die 75 Meter der Christo-Rei-Statue erklimmen. Da das, insbesondere für einen Polizisten, höchst illegal ist, wissen seine Kollegen nichts von seiner Passion. Für seine Basejumperfreunde, die Polizisten hassen, ist er Bäcker. »Ich führe ein Doppelleben«, lacht er. Dafür hat er extra zwei Facebook-Profile angelegt. Dann gibt uns der Freund und Helfer noch einige Tipps, wie man Ärger vermeiden kann, wo man am besten draußen schläft et cetera. Während er munter daherplappert, pfeift er zwischendurch gelegentlich in die Trillerpfeife, die ihm vor der Brust baumelt, und lacht, wenn die Leute bei Rot über die Ampel fahren. »*Such idiots*«, kommentiert er immer wieder.

Hansen verabschiedet sich, und als er wieder in Richtung Brunnen läuft, wo sich ein nettes Rentnerpaar gerade bei mir nach unserer Aktion erkundigt, ruft der Polizist ihm noch hinterher: »Morgen wird hier übrigens die Hölle los sein. Ligapokalfinale Benfica Lissabon gegen Maritimo Funchal!«

»Was will er uns damit sagen?«, frage ich Hansen. »Dass wir uns besser einen anderen Platz suchen?«

»Was er sagen will, ist mir schnurz, was ich verstanden habe, ist: Wir verbringen den Abend damit, Fanschmuck zu basteln!

Das ist unsere Chance, einen Reibach zu machen!«, jubiliert mein Bruder.

»Wer war das jetzt noch mal … Benfica was?«

Wir sind beide absolute Fußballschwachmaten, das letzte Spiel, das ich gesehen habe, war das WM-Finale vor einem Jahr. Nachdem wir ein paar Leute auf der Straße angesprochen haben, sind aber alle wichtigen Infos – Vereinsnamen, -farben und -logos – ausgekundschaftet und wir legen los. Suchen die Straße nach Kronkorken und anderem Verwertbaren ab.

»*Hey guys, wanna join me for a beer?*«, sagt eine Stimme mit französischem Akzent, und vor uns steht Eloi, ein drahtiger, hübscher junger Mann, und hält uns zwei Flaschen Bier entgegen. Wir nehmen dankbar an, und schon bald sitzen wir zusammen mit Eloi auf einem der kleinen belebten Plätze in der wunderschönen verwinkelten Altstadt und unterhalten uns wie alte Freunde. Eloi ist Streetartist und bietet Stadttouren zu den unentdeckten Orten Lissabons an. Er verschönert unsere Koffer mit Spray und einer Schablone und bastelt dann eine mit dem Benfica-Logo, sodass wir mit Goldspray, das er uns schenkt, das Vereinslogo auf die Kronkorken sprühen können. Die ersten Fans sind natürlich schon da, und so versuchen wir gleich am selben Abend noch unser Glück, aber die Fans sind schon zu besoffen, um zu begreifen, was wir da im Angebot haben, also verkaufen wir nur wenig.

Als wir etwas später vor einer kleinen Bar stehen, gibt uns immer wieder irgendwer ein Getränk aus, und wir verkaufen tatsächlich noch unsere restlichen Schmuckstücke an Passanten und Barbesucher, ohne überhaupt aktiv auf die Leute zuzugehen. »100 Euro schon!«, raune ich Hansen zu, als ob es laut ausgesprochen den Zauber brechen könnte.

Irgendwann haben wir selbst schon ein paar Biere zu viel getrunken und beschließen, uns auf die Suche nach einem Schlafplatz zu machen. Erstaunlicherweise ist es abends ziemlich kalt geworden. »*Excuse me*«, spreche ich einen jungen Mann an, der gerade aus der nächstgelegenen Bar kommt, »weißt du, wo wir hier den nächsten Park finden?«

»Park, was wollt ihr spät nachts im Park?«, kommt es auf Deutsch zurück, diesmal wieder mit einem leichten Akzent, den ich aber nicht zuordnen kann.

»Schlafen!«, ruft Hansen von weiter hinten. Der groß gewachsene Typ mit langen Haaren, die er sich hinten zu einem Zopf geknotet hat, guckt mich erstaunt an. Wir erzählen ihm unsere Geschichte und plötzlich regt sich etwas in seinem leicht angetrunkenen Blick. Er greift nach meinem Arm: »Kein Park. Ihr kommt mit zu mir!« Und schon stapft er los und wir hinter ihm her, denn ein solches Angebot kann man nicht ausschlagen.

»Ich habe eine Apartment mit *rooftop, I'll show you*«, sagt der Mann, der sich uns als Lotti vorgestellt hat, aus Dänemark stammt und leicht schwankt. »Wenn ihr wollt, könnt ihr auf dem *rooftop* schlafen. *Beauuuutiiiiful view. Come!*« Und schon wieder mixt er Englisch und Deutsch. Aber was er uns in Aussicht stellt, hört sich nur allzu verlockend an, und wir folgen ihm wie zwei Lemminge und beschweren uns auch nicht, als es in einem sehr engen Treppenhaus fünf Stockwerke nach oben geht. Jeweils bepackt mit gut 30 Kilo wohlgemerkt.

Die Dachgeschosswohnung ist ein Platzwunder. Weil sie sehr klein ist, wurde alles maßgeschneidert eingebaut und der Raum perfekt genutzt. Außerdem ist die Wohnung voll mit Zeugs, Computern und daneben Keyboards, Kabel und Platinen. Lotti scheint, dezent ausgedrückt, ein Sammler zu sein.

In der Küche zeigt er auf das kleine Dachfenster in der Schräge. »Von dort kommt ihr aufs Dach«, sagt er, verschränkt die Finger und macht für den ersten von uns eine Räuberleiter. Schon komisch, dass seine Dachterrasse einen so unbequemen Zugang hat, aber wer weiß. Hansen klettert voraus und quetscht seinen langen Körper durch die Luke, die Schlafsäcke werden gleich hinterhergereicht. Dann folge ich und zuletzt Lotti über einen Tisch, den er sich unter das Fenster gezogen hat. Da sitzen wir dann alle drei betrunken auf der ziemlich steilen Dachschräge und blicken ehrfürchtig auf das unter uns liegende erleuchtete Lissabon. Was für ein Blick. Lotti erklärt uns ein paar besonders herausstechende Gebäude.

»Hier will ich leben«, seufzt Hansen, und an seiner Stimme merke ich, er meint es ernst.

»O ja, das solltest du!«, bestärkt ihn Lotti. »Das ist überhaupt kein Problem, du kannst hier haben, was du willst. In Lissabon stehen 650 000 Häuser leer.«

»650 000?«, hakt Hansen ungläubig nach.

»Ja, ganz bestimmt!«

Als wir unseren dänischen Gastgeber fragen, wo es zu der Dachterrasse geht, deutet er um sich. »Hier, ihr könnt hier schlafen«, und er zeigt auf die Regenrinne am Ende des steilen Daches, fünf hohe Stockwerke über einer engen, kopfsteingepflasterten Gasse. Wir lachen, aber Lotti scheint es ganz ernst zu meinen.

Hansen schaut mich mit einem Blick an, der sagt: »Entweder der hat kräftig einen an der Waffel, oder der ist einfach sturzbetrunken.« Wahrscheinlich beides. Wir überzeugen Lotti davon, dass es vielleicht gemütlicher wäre, in einem der beiden leeren Zimmer zu schlafen, und schließlich friemeln wir uns alle umständlich und mit Sack und Pack wieder zurück durch das kleine Dachfenster ins Innere der Wohnung.

Es folgt ein weiteres Trinkgelage am Küchentisch, dem wir nicht entgehen können. Wenn der Gastgeber noch nicht schlafen will, wird auch nicht geschlafen. Als wir alle nur noch lallen können und alle Bierflaschen leer sind, dreht sich plötzlich ein Schlüssel im Schloss. Lotti zuckt leicht zusammen, und schon steht eine junge Frau vor uns, Lottis Freundin, die gerade von der Arbeit kommt. Ihr entgeisterter Blick sagt uns, dass sie von unserer Anwesenheit und dem Zustand ihres Freundes nicht angetan ist. Sie sagt etwas auf Portugiesisch in einem scharfen Ton, und dann, in einem weitaus wärmeren, auf Englisch: »Nichts gegen euch, Jungs. Ich würde von meinem Freund nur gern vorgewarnt werden, was mich zu Hause erwartet.« Dann macht sie auf dem Absatz kehrt und verschwindet mit einem Türknallen im Schlafzimmer.

Die Situation ist uns mehr als unangenehm. Lotti hätte uns ruhig sagen können, dass wir eventuell nicht ganz willkommen sind. Vielleicht war das der Grund, warum er uns auf dem Dach unterbringen wollte? Ein seltsames Paar – hätte ich die beiden auf der Straße gesehen, hätte ich nie im Leben gedacht, dass sie zusammen sind. Charme hat er ja durchaus, und er sieht gut aus, aber auch wenn ich ihn nicht gut kenne, stelle ich es mir nach wenigen Minuten schon schwierig vor, mit ihm zu leben. Womöglich ist Lottis Freundin auch einfach entnervt von seinem unstillbaren Durst, der mit ihrem Auftauchen noch kein Ende nimmt, denn schon sucht Lotti alle Küchenregale nach einem aaaallerletzten Absacker ab. Dummerweise findet er eine Flasche Gin, die im Licht der Küchenlampe unheilvoll giftig leuchtet. Wir lehnen dankend ab – noch einen Schluck, und ich muss mich übergeben. Lottis Grenze scheint da etwas höher zu liegen, also fängt er an, den Gin allein zu trinken. Irgendwann verabschieden wir uns in unsere Betten. Ich wanke den engen Flur entlang. Lotti ist ein feiner Kerl, er hat uns diese Wohnung mit Bett und Dusche besorgt, war ein mehr als großzügiger Gastgeber, aber er wusste nicht, wann es genug ist.

*

Drei Tage später fühlen wir uns in Lissabon schon so zu Hause, dass Hansen immer wieder der Gedanke kommt, einfach hierzubleiben. Das liegt nicht nur daran, dass wir inzwischen so viele unglaublich hilfsbereite Leute kennengelernt haben, die uns in ihren Studentenzimmern schlafen oder im Garten zelten lassen, Leute, die wie Schutzengel immer wieder aus dem Nichts auftauchen und uns mit Bier oder Essen versorgen (der gute Eloi), oder Caféhausbesitzer, die ungefragt auf uns zukommen, um unsere Gratisbestellung aufzunehmen. Sondern das liegt auch daran, dass vorgestern Anka, Hansens Freundin, in Lissabon auftauchte. Ich wusste nichts davon, und wie man sich vorstellen kann: Es gab einen Riesenstreit.

Auch heute Morgen herrscht noch dicke Luft: »Wie kannst du nur so egoistisch sein? Es geht ums Prinzip, warum verstehst du nicht, dass mich das wütend macht. Wir haben gemeinsam klare Regeln aufgestellt, und du brichst sie einfach«, werfe ich ihm vor, anstatt ihm einen guten Morgen zu wünschen. Immerhin hat er die Nächte nicht mit Anka verbracht, aber er hat sie in den letzten zwei Tagen gelegentlich gesehen, oder sie saß mit ihren Freunden bei uns, als wir am Praça Martim Moniz verkauft haben. Das ist komplett gegen alle Regeln, und es fühlt sich einfach beschissen an, wenn ich zur selben Zeit kaum die Gelegenheit habe, mit meiner Freundin auch nur zu skypen.

»Paul, ich hab dir das verdammt noch mal erklärt. Sie reist heute Morgen ab, können wir das Thema endlich beenden?«

»Aber du wusstest davon und hast mir nichts gesagt!«

»Ich wusste es erst seit ein paar Tagen. Sie hat die Reise mit ihren Freunden schon vor Monaten gebucht, soll sie sie meinetwegen absagen?«

»Ja, genau. Das wäre eine ziemlich gute Idee gewesen.«

»Paul, ich musste sie sehen. Du weißt, dass wir gerade erst eine schwierige Zeit durchgemacht haben.«

»Das ist egal. Wenn wir diese Regel brechen, ist es wie ein Neustart. Dann lade ich jetzt auch all meine Freunde nach Lissabon ein und feiere noch mal Abschied.«

»Jetzt komm mal runter und sei nicht so ein elender Prinzipienreiter. Das hier ist doch keine Mathearbeit. Es ging in diesem Fall einfach nicht anders, und basta.«

»Okay, aber dann gib doch wenigstens zu, dass du die Regeln gebrochen hast, und das, ohne mir etwas davon zu sagen. Du musst doch verstehen, dass mich das ankotzt, oder?«

Ohne etwas zu antworten, pellt Hansen sich aus dem Schlafsack und schreit plötzlich: »*Fuck*, was ist das denn?« Dann Stille. Er schaut auf mich runter und auf seinen Schlafsack.

»Was ist?«, frage ich ihn angenervt. Ich hasse es, wenn er so dramatisch tut, und dann nicht sagt, was Sache ist.

»Hier sind überall kleine Schnecken!«, sagt er, jetzt wieder mit seiner normalen Hansen-Stimme. Ich schrecke auf, und wir entdecken auf unseren Schlafsäcken und leider auch zerquetscht darunter zig kleine klebrige Nacktschnecken. Wir versuchen mit allen Mitteln, ihren Schleim abzuwaschen, müssen dabei aber feststellen, dass er derart hartnäckig klebt, dass uns ein Rest davon wohl auch die nächsten Wochen noch begleiten wird.

In diesem ganzen Tumult von Streit, Schnecken und Schlafsäcken steht auf einmal wie aus dem Nichts Eloi vor uns. Seine Freundin hat unser Zelt anscheinend morgens gesichtet und ihm gesagt, wo wir sind. Lissabon ist in dieser Hinsicht echt ein Wunder. Man trifft alle Leute immer zufällig wieder. Eloi ist mal wieder der Retter. Er bringt neben Frühstück auch gute Laune mit und hat uns ein Hostel organisiert, in dem wir uns duschen dürfen. Und das ist auch bitter nötig, denn als wir uns im Badezimmer ausziehen, sind wir froh, dass die gesamte Etage des Hostels gerade leer steht.

Frisch geduscht und mit etwas im Magen geht es uns gleich viel besser, und wir können uns dem eigentlichen Problem widmen: Unsere Reisekasse muss dringend aufgefüllt werden, wenn wir am nächsten Freitag fliegen wollen. Wieder auf der Straße angekommen, entscheiden wir uns dafür, unser Glück am Torbogen am Praça do Comércio zu versuchen. Wir verkaufen eine Kette für 25 Euro an ein holländisches Pärchen und einen Ring an einen New Yorker mit breitem amerikanischem Akzent. Plötzlich kommt ein Furcht einflößender und bis an die Zähne bewaffneter Polizist auf uns zu. Ich erkläre ihm mit gespielter Seelenruhe unser Abenteuer und dass wir von Touristen »Spenden« entgegennehmen und ihnen dafür ein Dankeschön schenken. Quasi die legale Variante vom Straßenverkauf, die wir uns vor unserer Abreise zurechtgelegt haben. Der Polizist reagiert überraschend gelassen und sagt: »Na, wenn das so ist, kein Problem, ihr dürft hier nur nichts verkaufen.«

Später ziehen wir weiter zum Praça de Dom Pedro und treffen dort Thomas Panneck aus Deutschland, einen Vagabunden, der schon 60 000 Kilometer durch Europa gelaufen ist, sich *The Last Hobo* nennt und sehr viel zu erzählen hat. Dass er eigentlich reich ist, zum Beispiel. Dass er überall auf der Welt Freundinnen hat, die er immer wieder besucht. Dass er sich kein besseres Leben als das auf der Straße vorstellen könne. Schon winkt er einer Frau zu, die mit einem Lastenfahrrad die Gasse entlangfährt. »Hey, hier Jungs, die zum Beispiel. Wenn einer von euch will, ich bin da nicht kleinlich und sie auch nicht!« Mit seiner Gitarre, seinem weißen Bart und langem Haar erinnert er mich ein bisschen an Helge Schneider.

Er erzählt, dass ihm ein paar Leute seine Gitarre geklaut haben, und er jetzt eine neue braucht, dafür muss er sparen. Er ist Aussteiger, zu seinen Kindern hat er noch sporadisch Kontakt.

Zuerst ist es spannend, dann wird es zugegeben ein bisschen mühsam, und es ist unmöglich, sich auf das Verkaufen zu konzentrieren. Wir verabschieden uns von diesem Mann der Straße und ziehen zum nächsten Platz.

Die Verkäufe laufen schleppender als bei unserer Ankunft in Lissabon. Wir sprechen immer wieder darüber, wie wir unsere Strategie verändern müssten, so richtig passiert aber nichts. Als wir an einem staubigen Elektroladen vorbeikommen, sagt Hansen: »Guck mal, der kleine Globus, der wäre perfekt für uns, den könnten wir nachts mit unseren LED beleuchten.« Ich zögere. Das Ding soll 8 Euro kosten, das ist verdammt viel Geld für so einen Ball aus Pappe. Aber Hansen hat recht. Für Verkäufe in der Partyzone wäre das ideal, es ist ein Eyecatcher. Er läuft rein und kauft ihn, und wir installieren ihn auf unserem Bauchladen und ziehen mit Einbruch der Dunkelheit in die Pink Street im Bairro Alto. Und bam! Es läuft – ein Schweizer mit dickem Portemonnaie zahlt 20 für einen Ring, ein Taxifahrer zehn für einen Armreif und so weiter. Weil es sich so anfühlt, als ob das Glück jetzt auf unserer Seite ist, legen wir in einer Bar eine Pause ein und gönnen uns eine überteuerte Discoschorle mit Energydrink. Investition in verlängerte Öffnungszeiten sozusagen.

Als ich etwas später von der Toilette komme, unterhält Hansen sich angeregt mit einer Dame. Seine Augen leuchten. Was, denke ich kurz, kaum ist Anka weg, schon flirtet der schamlos?

Als ich näher komme, zieht mich Hansen zu sich heran und erklärt mir seine Euphorie. »Paul, du glaubst es nicht. Tania arbeitet am Flughafen, und ihr Freund ist Pilot bei Ryanair. Ich habe ihr von unserem Plan erzählt, per Anhalter zu fliegen, und sie meint, ihr Freund könnte uns vielleicht helfen!« Als wäre das sein Stichwort, kommt Tim hereinspaziert und gibt Tania einen Begrüßungskuss. Sie erklärt ihm unsere Lage, und Tim erzählt, dass unser Plan gar nicht so abwegig sei. Er selbst fliege nur in Europa, aber Freunde von ihm würden nächste Woche nach Brasilien fliegen und könnten uns mitnehmen. »Und zwar First Class!«, fügt er hinzu. Hansen kneift mich fest in den Unterarm. »Kommt nächste Woche auf meine Grillparty, da könnt ihr die Kollegen kennenlernen, und dann klappt das schon«, sagt Tim. Das ist zu gut, um wahr zu sein, aber heimlich will ich daran glauben. Der Pilot gibt uns seine Telefonnummer, und dann verabschieden sich die beiden mit einem »Bis Montag dann«.

Besser wird es nicht mehr, also beschließen wir, für heute Schluss zu machen, und begeben uns auf die Schlafplatzsuche. Plötzlich steht eine junge Frau vor uns und sagt: »Euch kenne ich!« Sie stellt sich als Simone vor und erzählt, wie sie letztes Jahr bei unserer Schwester Lilli gewohnt hat, während die in Brasilien war. Wir unterhalten uns angeregt, als der nächste Zufall sich zu uns gesellt, Jan, der bei unserer Lesung in der Neuköllner Stadtbibliothek war, und keine Minute später kommt noch eine Gruppe Berliner vorbei, die unsere Fernsehdoku gesehen haben. Drei Zufälle auf einem Platz und drei Uhr nachts in Lissabon, total verrückt!

So blöd wie der Tag angefangen hatte, so glücklich endete er. Simone nimmt uns mit zum Erasmushaus, damit wir dort im Garten unser Zelt aufschlagen, der entpuppt sich aber als so winzig klein, dass uns ihr Kumpel Michael in seinem Studentenzimmer auf dem Boden Platz macht.

Stadt der Engel

27. MAI, TAG 22, LISSABON, PORTUGAL, KONTOSTAND: € 688,34

Hansen

Unsere Tage in Lissabon sind endgültig gezählt. Wir stehen schon den dritten Tag am Flughafen und versuchen, nach Kanada zu trampen. Wenn es bis heute Mittag nichts wird, uns weder jemand in seinem Privatjet mitnimmt noch die Fluggesellschaft, die wir per E-Mail um einen Gratisflug gebeten haben, zusagt, buchen wir den billigen Flug, der übermorgen geht. Und wenn es den nicht mehr gibt – Geld abheben, abbrechen? Noch länger zu bleiben, wäre ganz schön daneben, auch wenn mir die Stadt wahnsinnig gut gefällt. Aber an der ersten großen Station aufzuhören, das war nicht der Deal. Dazu kommt: Wir sind schon jetzt ganze 14 Tage im Verzug mit unserem waghalsigen 80-Tage-Plan.

Immerhin haben wir jetzt das Geld zusammen, um nach Kanada zu fliegen, wonach es am Anfang ja nicht aussah. Ich weiß nicht, ob der Globus der Durchbruch war oder unsere businessmäßig ausbaldowerte dreistufige Verkaufsstrategie, die wir uns überlegt hatten: Aufmerksamkeit generieren, Interessierte aktiv ansprechen, Abschlussrate steigern.

Plötzlich lief es! Allein an Tag 19 haben wir beinah 300 Euro verdient und sind auf knapp 700 gekommen. Die beste Situation ist, wenn uns jemand fragend anschaut und wir dadurch einen Freischein haben, ihn anzusprechen, um zu erklären, was wir machen. Die Initiative kommt dann eigentlich von außen, und man ist nicht der aufdringliche Verkäufer. Es funktioniert: In den nächsten Stunden klingelte die Kasse. Eine Gruppe Kanadier, denen unser nächstes Ziel gefiel, haben uns ganze 55 Euro gegeben – für einen Witz und einen Armreif!

Damit war das Geld für den billigen Flug zusammen, aber als wir in der Lage waren, ihn zu buchen, fühlte es sich falsch an.

»Wir können doch jetzt nicht dieses ganze schöne Geld für zwei Flugtickets ausgeben und dann mit quasi nichts in einem Land ankommen, von dem wir überhaupt nicht wissen, was läuft!«, jammerte Paul, und so ähnlich fühlte sich die Situation auch für mich an.

Oder anders gesagt: Ich wollte einfach gern ausprobieren, ob es nicht möglich ist, mit anderen Verkehrsmitteln zu trampen. Was spricht dagegen, dass ein gut gelaunter Pilot uns in seinem Flugzeug mitnimmt? Wenn man nicht dran glaubt, passiert es auch nicht, aber andersherum? »Das hast du auch gedacht, als Tanias Freund, der Pilot, uns First-Class-Flüge nach Brasilien versprochen hat«, lachte Paul müde und erinnerte mich damit an die unschöne Episode, als ich voller Hoffnung den Mann angerufen hatte, der uns zu seinem Barbecue einladen wollte. Er nahm zwar ab, ächzte aber nur müde in den Hörer, dass wir nachher noch mal anrufen sollten, so als hätte man ihn gerade aus einem Rausch geweckt. Zu einem Nachher kam es dann nicht mehr, denn er nahm gar nicht mehr ab. »Trotzdem, Paul, das ist eine andere Geschichte. Lass es uns versuchen. Bitte!«

Paul willigte schließlich ein, und nun sind wir hier, und nichts will passieren. Das Verrückte an der Sache: Jetzt ist Paul derjenige, der die Hoffnung auf ein Wunder nicht aufgeben will. Munter steht er heute Morgen mit tapferem Grinsen in der Morgensonne am Rand der Verkehrsinsel.

Plötzlich hält ein Porsche Cayenne und lässt die getönten Scheiben herunter. Sollte das unser Glücksbringer sein? Ein schick gekleideter Mann schaut heraus und sagt: *»So how can I help you get to Canada?«*

Ich höre meinen Bruder stammeln: »Wir brauchen einen Flug oder zumindest Geld für einen Flug.«

Ohne mit der Wimper zu zucken, zückt der Mann eine pralle Geldbörse. Paul schickt mir aus dem Augenwinkel einen hoffnungsvollen Blick zu. Sollte das jetzt wirklich der Prinz auf dem weißen Pferd – pardon, im schwarzen Cayenne – sein? Der Mann öffnet die Geldbörse, die voll ist mit Scheinen, sucht etwas darin herum und zückt dann einen Zwanziger. »*Good luck, guys!*«, sagt er.

Obwohl es eine sehr großzügige Spende ist und wir glücklich sein sollten, kann unser Gesichtsausdruck wohl nicht ganz verheimlichen, dass wir noch immer auf ein Wunder hoffen.

Ein paar weitere Stunden stehen wir da, bis uns die Mail von SATA, der Fluggesellschaft, erreicht, die wir um ein Sponsoring gebeten haben. Paul liest vor: »*Unfortunately we can not support your project.*« Knapp und deutlich, damit ist alles klar.

Paul stellt sich stur wieder an die Straße. Ich warte zehn Minuten, dann reicht es mir. »Paul, komm mal rüber«, rufe ich aus dem Schatten unter der Palme und winke ihn zu mir herüber.

»Immer mit der Ruhe«, reagiert mein Bruder auf meine Aufforderung mit einer unwirschen Handbewegung. Er hasst es, wenn ich ihn im Befehlston herumkommandiere.

In Zeitlupentempo legt er das Schild auf den Verkaufstresen und kommt gemütlich rüber. »Sollen wir jetzt nicht einfach den Scheißflug buchen, wir haben das Geld dafür doch zusammen. Klar, wir sind gescheitert mit dem Trampen, aber war das nicht absehbar?«

»Das stört mich daran gar nicht«, antwortet er und schaut einem Flugzeug hinterher, das sich langsam in den Himmel erhebt. »Ich habe das Gefühl, dass seit Langem mal wieder unsere Erwartung erfüllt wurde. Natürlich haben wir erwartet, dass das nicht klappt, aber das haben wir schon so oft in letzter Zeit, und jedes Mal klappte es dann doch. Als wir zum Beispiel in der Pizzeria nach Resten gefragt haben und zwei Pizzen bekommen haben, als wir im Hostel duschen wollten, als wir in der Bäckerei um altes Brot gebeten und ein neues plus zwei Apfelschorlen bekommen haben, als uns die Polizei nicht weggeschickt, sondern uns Tipps gegeben hat, wie man besser Geld auf der Straße verdient. Nur diesmal ist es tatsächlich so eingetreten, wie auch jeder andere es vorhergesagt hätte.« Er gibt einem Tannenzapfen einen festen Tritt, sodass dieser quer über die Wiese fliegt. »Und das stört mich.«

»Hmm«, mache ich nur. »Aber sollen wir dann trotzdem den Flug jetzt buchen, bevor er weg ist …?« Nervös krame ich mein Handy raus, jedes Mal, wenn ich in den letzten Stunden nachgeschaut habe, ob noch Plätze frei sind, hat mir die App angezeigt, dass es noch genau zwei gibt. Natürlich kann das auch ein Trick sein, aber was, wenn nicht? Ich tippe die Strecke ein und ich starte die Suche. Gott sei Dank: Der Flug ist noch eingetragen, 490 für beide inklusive aller Steuern. »Ich mach das jetzt einfach. Bis mittags wollten wir's versuchen, das war die Abmachung.«

Paul sitzt nur neben mir und lässt seinen Kopf zwischen den Knien hängen. Vielleicht hat er auch einfach einen Sonnenstich.

Routiniert klicke ich mich bis zu der Bestätigungsseite durch, um sicher zu sein, dass wir den Flug auch noch buchen können. »Flug am 29.5. von Lissabon nach Toronto, 15 Uhr 40, zwei Personen …« Ich lese noch einmal die Übersichtsseite vor, und Paul hakt die Sache mit einem müden Nicken ab. »Okay, dann buche ich jetzt«, sage ich und drücke den Bestätigungs-Button. Ich bin erleichtert und zugleich enttäuscht. Das Geld hätten wir so gut gebrauchen können, tausend Euro für den Flug von Vancouver nach Japan zu verdienen wird kein Kinderspiel.

Trotzdem bleiben wir den Rest des Tages noch unter der Palme auf der Verkehrsinsel sitzen, reparieren Kleinigkeiten an unseren Anhängern und bereiten uns mit Checklisten auf den morgigen Tag vor, an dem wir vormittags alle organisatorischen Dinge erledigen wollen (Speicherkarten nach Hause schicken, Wäsche waschen, Akkus laden, Einreisebestimmungen nach Kanada checken, Anhänger so packen, dass sie genau 23 Kilo wiegen und den Rest ins Handgepäck …).

»Lass uns noch ein Abschiedsfest machen, wir können nicht abhauen, ohne uns bei unseren neuen Freunden zu bedanken«, schlägt Paul vor.

»Unbedingt!«, antworte ich, und wir überlegen, wie wir für 30 Euro, die wir dafür abzwacken wollen, am meisten rausholen können. »Bier und Pfannkuchen!«, fällt mir ein. Das habe ich schon einmal am Maas-Strand von Maastricht gemacht, und es war ein voller Erfolg. Pfannkuchen sind eh das Beste, wenn man mit wenig Geld etwas richtig Leckeres anbieten will.

Als es dunkel wird, verabschieden wir uns von den Piloten und Flugbegleiterinnen, die wir in den letzten Tagen kennengelernt haben, da sich der Personalzugang (strategisch günstig), direkt neben unserem kleinen Lager befindet.

Zum Abendessen gibt es trockenen Toast mit Ketchup und Ölsardinen. »Übermorgen Abend sind wir in Kanada«, sagt Paul mit vollem Mund und schaut mich dabei fast stolz an. »Und das Geld dafür haben wir uns in nur elf Tagen auf der Straße verdient.«

Ich proste ihm mit der mit chlorigem Wasser gefüllten Plastikflasche feierlich zu. »Siehst du, so kann man es auch sehen. Alles eine Frage der Perspektive.«

Nach der letzten Nacht am Flughafen steht am nächsten Tag der Abschied an. Erst gegen elf Uhr schaffen wir es endlich, uns auf den Weg zu Alina und Gus zu machen, die uns in den letzten Tagen mehrmals bei sich im Garten haben zelten lassen und ihn uns heute wieder öffnen, um dort alles für den Flug vorzubereiten. Anhänger ausmisten, Akkus laden, Tickets ausdrucken und Wäsche waschen stehen uns bevor.

Schon der Weg zurück in die Stadt gestaltet sich schwierig. Wir wollen diesmal statt mit der U-Bahn mit dem Bus fahren und uns das ganze Treppengeschleppe sparen. Das ist die Idee, allerdings will uns der Busfahrer gar nicht erst mitnehmen, denn er behauptet, unser Gepäck sei zu groß. Als die Türen sich schon wieder schließen und ich noch eine letzte bittende Geste mache, gibt er nach und lässt uns doch einsteigen. Wir fahren bis zum Praça Martim Moniz und laufen von dort die restlichen zwei Kilometer den Berg hinauf. Es macht sich mittlerweile deutlich bemerkbar, dass wir schon zwei Wochen hier sind. Viele Leute erkennen uns wieder, und an einem Stand von Tuk-

Tuk-Fahrern begrüßt man uns freundlich. Bei ihrer Wohnung angekommen, werden wir von Alina mit Kaffee empfangen.

Wir beginnen im Garten damit, die Anhänger komplett zu entleeren und den Müll und Dreck auszusortieren. Was sich da alles angesammelt hat!

»Brauchen wir die Sagres-Kronkorken noch?«, fragt Paul, als er unsere Materialsammlung ausmistet. »Die könnten wir doch eventuell in Kanada zu portugiesischen Souvenirs verbauen, vielleicht finden die Leute das ja spannend.«

»Irgendwas müssen wir aber wegschmeißen, sonst kommen wir nie auf die geforderten 23 Kilo!«

Ich überdenke unsere Ausmiststrategie. Es gibt einen Haufen »Mitnehmen«, einen »Eventuell«, einen »Zurückschicken«, einen, der »Müll« heißt, und einen mit »Geschenken für die Gastgeber«. Immer wieder wandert eines der Objekte von einem zum anderen Haufen, vom Müll zu Eventuell, von Geschenk zu Müll, von Zurückschicken zu Mitnehmen. Könnte uns die Spitzzange nicht doch noch nützlich sein?

Nach fast drei Stunden haben wir es schließlich geschafft. Der Müll ist beseitigt, die Gastgeber beschenkt und das Paket geschnürt. Jetzt geht es an die Vorbereitungen für den Abschiedsabend. Wir laden alle Leute ein, die uns hier in Lissabon geholfen haben, mit uns an dem kleinen Strand beim Praça do Comércio ein paar Bier zu trinken und Pfannkuchen zu essen. »Sollen wir auch dem netten Mann aus dem Park Bescheid sagen, der uns so erschreckt hat?«, witzelt Paul. Bei der Erinnerung muss ich lachen: Vor ein paar Nächten, als wir uns wieder im Park ablegen wollten, in dem wir schon in der zweiten Nacht geschlafen hatten, wurden wir ziemlich auffällig von einem Mann beobachtet. Wir hatten beide Angst, dass er vielleicht einer dieser Typen sein könne, die in Lissabon angeblich Penner überfallen. Falls dem so war, stellte er sich aber reichlich ungeschickt an, denn auffälliger als er konnte man nicht herumstarren. Paul entschied sich, in die Offensive zu gehen, lief rüber und fragte den Mann, wieso er uns beobachtete. Ich sah die beiden voreinander stehen, die Anspannung schien sich zu lösen, denn Paul schüttelte dem Typen die Hand und kam lachend zu mir zurück. »Das ist eine *cruising area*, Hansen! Hier treffen sich Leute zum Vögeln, und der hat sich offenbar gefragt, ob er bei uns mitmachen kann!«

Wir kommen auf zwölf Leute. Und das sind nur die, die uns bekocht, beherbergt, versorgt, unterstützt haben. Würden wir noch all diejenigen einladen, die uns unsere Reisekasse gefüllt haben, wäre der Strand schnell überfüllt (und die Kasse wieder leer). Um die Pfannkuchen zu machen, brauchen wir Spiritus. Das könnte sich als schwierig herausstellen, da ich schon kürzlich in mehreren Supermärkten mit dieser Anfrage gescheitert bin. In einem kleinen Laden an der Ecke werde ich allerdings fündig. Zwar ist es kein Spiritus wie man ihn in Deutschland kennt, aber ein 75-prozentiger Schnaps zum Flambieren. Das müsste auch funktionieren. Ich kaufe noch rund vierzig Bier, die gerade im Angebot sind, Mehl, Eier und Milch und frage auf den Rückweg in einem kleinen Fischladen, ob ich nachher Eis bei ihm kaufen könne, um das Bier am Strand zu kühlen.

Dann beginnt der Spaß, auf den ich mich schon den ganzen Tag gefreut habe. Paul macht den Pfannkuchenteig, während ich einen unserer Anhänger leer räume und ihn stattdessen mit Bierflaschen und den Kochutensilien fülle. Wir verlassen das Haus und laden den Anhänger im Fischladen randvoll mit Eis. Der ganze Anhänger hat sich in einen rollenden Kühlschrank verwandelt. Erst als ich die Griffe zum Ziehen anhebe, bemerke ich das Gewicht. Das Ding ist gnadenlos überladen und die Gummifederung, die wir eingebaut haben, läuft auf Anschlag. »Gaaanz vorsichtig jetzt«, mahnt Paul, und im Zeitlupentempo rollen wir die holprigen Straßen und Gassen bis zum Strand.

Langsam trudeln die Freunde ein, die wir hier kennengelernt haben: Eloi, der treue Begleiter, der immer wieder wie aus dem Nichts vor uns stand und uns Essen und Bier gekauft hat, Lara, die kleine Portugiesin, die uns das alternative Lissabon gezeigt und uns Unmengen an Ohranhänger-Rohlingen geschenkt hat,

Alina, Gus und Gerda, die uns in ihrer WG haben duschen und in ihrem Garten haben campen lassen, und viele andere. Stadt der Engel. Die untergehende Sonne taucht die gegenüberliegenden Felswände und die berühmte Hängebrücke der Bucht in ein rötliches Licht. Ich beobachte, wie die Straßenlaternen ihre Nachtschicht antreten. Ich schaue in die lieb gewonnenen Gesichter, von denen ich nicht weiß, ob ich sie so bald oder überhaupt je wiedersehen werde. Wie wird mir Eloi fehlen, wenn wir in Kanada auf dem Trockenen sitzen. Und auch so … Es ist traurig, hier wegzugehen.

Der Punkt, an dem das Meer den Horizont trifft: Da hinten, auf der anderen Seite, werden wir morgen ankommen. Ein neuer Kontinent, ein Land, das weder Paul noch ich je betreten haben. Das einzige Mal, dass ich in Nordamerika war, ist 14 Jahre her: Kalifornien, mit meinen Eltern. Es mag komisch klingen, aber Amerika ist mir fremder als Asien.

Am nächsten Morgen ist für Sentimentalität keine Zeit mehr, er beginnt mit einem ordentlichen Kater, Aufbruchsstimmung und nervöser Unruhe. Eigentlich ist es ein ganz normaler Flug nach Kanada, aber nachdem wir gestern Abend noch einmal die Einreisebestimmungen durchgelesen haben, haben wir etwas Bammel. Man wird laut Auswärtigem Amt getrennt befragt über den Sinn und Zweck des Aufenthaltes, und insbesondere wird wohl geprüft, ob man vorhat, in Kanada Geld zu verdienen. Außerdem braucht man seit Kurzem einen Rück- oder Weiterflug, ansonsten darf man nicht an Bord der Maschine in Lissabon. Wir haben also einen Weiterflug ab Vancouver gebucht und prompt wieder storniert, bevor überhaupt Geld geflossen ist. Kleiner Trick, aber nur so können wir eine Buchungsbestätigung vorzeigen, falls nötig.

Die Unmengen an Kameraausrüstung, die wir ohne eine Drehgenehmigung mit uns herumschleppen, sind allein schon Grund genug für unangenehme Fragen. Das ist hundertmal mehr als jeder technikbegeisterte Tourist dabei hat. Was ist, wenn die uns gar nicht erst mitnehmen?

Als wir endlich und viel zu spät in Richtung Flughafen aufbrechen, ist es schon elf Uhr und affenheiß. Das Hemd und die langen Hosen, die wir angezogen haben, um seriöser zu wirken, sind klatschnass geschwitzt.

Jetzt wird es knapp. Gerade als wir uns hinten in der Schlange vor der Sicherheitskontrolle anstellen, ertönt auch schon eine Durchsage: »*All passengers attending flight number A4327 to Toronto, please proceed to gate 41A immediately.*«

Natürlich müssen wir unsere gesamten Rucksäcke auspacken, weil die randvoll sind mit Batterien und Akkus, aber als auch wir endlich stolpernd und rennend am Abfluggate ankommen, steht noch eine kleine Schlange da. Keine 15 Minuten später sitzen wir im Flugzeug.

»SATA – *The Atlantic and you*«, äffe ich den Slogan der Airline nach, der auf dem Bildschirm im Vordersitz eingeblendet ist. »Das klingt nach einem einzelnen Menschen mitten im weiten Meer mit Schwimmweste und Trillerpfeife – nicht sehr ermutigend.« Wir prusten los. In das Lachen mischt sich die Erleichterung darüber, dass wir es tatsächlich bis auf diese zwei engen Sitze geschafft haben. Die Stewardess lächelt uns zu, als ob sie wisse, wie bedeutend dieser Flug für uns ist. Gar nicht so unwahrscheinlich, falls sie uns in den letzten Tagen bei unserem verzweifelten Trampversuch beobachtet haben sollte.

Aber das ist alles Schnee von gestern in diesem Moment. Die müden Muskeln lockern sich, und der schwere Airbus setzt sich langsam in Bewegung.

Film ab!

Nordamerika

VON TORONTO BIS VANCOUVER

Gastarbeiter

30. MAI, TAG 25, TORONTO, KANADA, KONTOSTAND: C$ 324,25

PAUL

Als Erstes riecht man den Unterschied. Schon in der Gangway ist die Luft irgendwie anders, Kanada duftet nach Holz und Weite und etwas altmodisch nach Bohnerwachs. Hier ist es halb sieben, in Lissabon schon kurz vor Mitternacht. Entsprechend verwirrt, aufgeregt und immer noch leicht beschwipst von den ganzen Gratisbieren, die uns die netten Stewardessen gebracht haben, reihen wir uns in die Menschenschlange vor der Grenzkontrolle ein. In meinem Kopf gehe ich die Rede durch, die Hansen und ich uns zurechtgelegt haben. Nur nicht erwähnen, dass wir Geld verdienen wollen, nicht erwähnen, dass wir gar keines dabeihaben, und falls sie fragen, die Buchung für den Weiterflug ab Vancouver vorzeigen. Die kroch vor 30 Stunden noch aus Alinas Drucker in Lissabon.

In Portugal hatten wir ein kleines funktionierendes soziales Netz und jetzt – das große Nichts. Wie wird uns Kanada aufnehmen? Wird man uns überhaupt aufnehmen? Hansen ist vor mir dran und stapft tapfer auf den Grenzbeamten zu, von dem man hinter der hellblauen Box, in der er sitzt, nur seinen feisten Oberkörper und das rötliche Gesicht mit Schnauzbart sehen kann. Er wirkt eher so, als verstehe er keinen Spaß. Während ich noch versuche, die Situation einzuschätzen, winkt mich eine Frau zu einer Box am anderen Ende der Halle. Ich will Hansen noch ein Zeichen geben, aber der ist bereits so in das Gespräch mit dem Beamten vertieft, dass er mich gar nicht bemerkt.

Mein Interview ist nach schätzungsweise 30 Sekunden vorbei. Grund der Reise, Weiterflug, Fingerabdrücke, willkommen in Kanada. Was habe ich mir bloß für Gedanken gemacht? Als ich in Richtung Sperrgepäckausgabe gehe, sehe ich, dass Hansen in einen Raum an der Seite geführt wird. Verdammt. Fünf Minuten später kommt er allerdings mit einem Grinsen wieder raus.

»Die wollten es ganz genau wissen!«

»Was denn?«

»Na, ob ich in Kanada Geld verdienen will.«

»Was hast du denn Falsches gesagt, um sie misstrauisch zu machen?«

»Gar nichts, Paul. Das war eine Stichprobe.«

Wie auch immer, Hauptsache, sie haben ihn nicht wieder zurückgeschickt. Es dauert nicht lange, und zwei vertraute Kästen, wie Mumien in Folie gewickelt, tauchen auf dem Band auf. Wir packen unser schweres Handgepäck in die Rollkoffer und ziehen los. Bloß, wohin?

»Lass uns erst mal in die Stadt fahren und einen Supermarkt finden«, schlägt Hansen vor.

»Nein, verdammt, wir müssen gleich weiter Richtung Westen und nicht nach Toronto rein. Unser Ziel ist Vancouver! Außerdem hast du doch eben noch im Flugzeug was gefuttert. Können wir nicht auch mal ohne Abendessen auskommen? Ich finde, wichtiger ist jetzt, dass wir einen sicheren Schlafplatz finden, bevor es dunkel wird.«

So zanken wir noch eine Weile weiter, aber da es schon langsam dämmert, lässt Hansen sich darauf ein, die Schlafplatzsuche vorzuziehen. Wir haben 227 Euro in der Tasche, aber keinen einzigen kanadischen Dollar (getauscht wären es C$ 324,25). Kaum realisiert man das, braucht man irgendetwas ganz dringend, im Moment ist es Wasser. Ich habe plötzlich unbändigen Durst. Eine Nacht ohne Essen, das geht. Aber ohne Wasser, das geht auch mir zu weit. Die Gegend um den Flughafen ist ziemlich trostlos. Hier ist normalerweise ja auch niemand zu Fuß unterwegs. Als wir an einem schicken Airporthotel vorbeikommen, fragen wir nach einer leeren Flasche, die wir dann auf der Toilette mit Wasser füllen wollen, und bekommen prompt eine volle und gekühlte geschenkt. Das war einfach.

»Vielleicht hätten wir noch nach einem Bett fragen sollen«, scherzt Hansen.

Es soll keineswegs so einfach bleiben. Zwar finden wir noch eine Wechselstube, aber von da an erleben wir nur noch Misserfolge: Beim Autovermieter American Cars werden wir vertrieben, bevor wir auch nur fragen können, ob wir unser Zelt auf dem Grundstück aufstellen dürfen: »*This is private property, you should not be here in the first place!*«, raunzt uns eine junge Blondine an. Und so geht es weiter. Überall dasselbe Schild mit der Aufschrift: »Privatgrundstück. Unbefugtes Betreten wird strafrechtlich verfolgt.«

»O Mann«, jammert Hansen. »Das kann ja heiter werden.« An einem leckenden Hydranten füllen wir die inzwischen leer getrunkene Wasserflasche auf und finden endlich einen geeigneten Schlafplatz neben einer Autobahnbrücke. Aus Angst vor Bären hängen wir alles, das sie anlocken könnte – Seife, Zahnpasta, Vitamintabletten und Gewürze, weit oben in einem Baum auf und können nicht gleich einschlafen. Wie verhält man sich, wenn ein Bär auftaucht? Gibt es hier überhaupt welche? In manchen Gegenden Kanadas soll Meister Petz eine regelrechte Plage sein. Ich lausche gebannt, kann aber nur das Rauschen der Autobahn hören. Das ist so eintönig, dass es entsetzlich müde macht. Unsere Mägen knurren, wir sind mitten im Nirgendwo und haben keine Aussicht auf ein Frühstück, wenn wir in einigen Stunden wieder wach werden. Die Ankunft in Kanada ist im wahrsten Sinne des Wortes ziemlich ernüchternd.

Am nächsten Morgen sieht es nicht danach aus, als habe sich auch nur eine Mücke für unser Lager interessiert, geschweige denn ein Bär. Zum ersten Mal seit Lissabon wachen wir auf, ohne neue Stiche zählen zu müssen. »*Good Morning, Canada!*«, brüllt Hansen aus dem Zelt in die Wildnis, und keine halbe Stunde später machen wir uns auf den Weg, das unbekannte Land zu entdecken. Das Wetter ist herrlich, es herrschen angenehme Temperaturen, und wenn man es einmal geschafft hat, aus dem Bett zu kommen, ist der frühe Morgen sowieso eine schöne Zeit.

Aus der Flugzeugperspektive sah Toronto sehr ordentlich und strukturiert aus. Alle Straßen verlaufen schnurstracks geradeaus und umschließen quadratische Blocks. Die meisten Gärten sind gepflegt, vor den fast immer einstöckigen Bürogebäuden stehen kleine Picknickbänke für die Mitarbeiter auf penibel gemähtem Rasen. Kein Zigarettenstummel, kein Müll, nirgendwo. Was für ein Unterschied zu Lissabon. Zweite Beobachtung aus unserer Fußgängerperspektive: Die Straßen sind breit, die Autos gigantisch. Fast jeder fährt hier einen SUV oder Pick-up, das wird uns hoffentlich beim Trampen entgegenkommen. Wir laufen beinah zwei Stunden, bevor wir in ein Wohngebiet kommen, in dem wir endlich auch einen Supermarkt finden. Leider ist der ziemlich teuer, aber für ein kleines Frühstück aus Toast, Margarine und Marmelade reicht es. Hansen schaut sich begeistert die Verpackungen an und äfft in einer Werbestimme nach, was auf der Margarinepackung steht: »*I can't believe it's not butter!*« Ich weiß ja nicht, wie Butter in Kanada schmeckt, aber das hier schmeckt weder nach Margarine noch nach Butter, sondern eher nach gar nichts.

Als wir ein McDonald's entdecken, setzen wir uns davor, um das freie WLAN zu nutzen. Wenn man ohne Roaming unterwegs ist, bekommt man einen anderen Blick – Starbucks, McDonald's oder Tim Hortons-Logos bedeuten für uns nicht Kaffee oder Fastfood, sondern kostenloses und zuverlässiges Internet.

Schon zum dritten Mal fährt ein Mann auf einem etwas zu kleinen Fahrrad an uns vorbei und mustert uns aufmerksam. Beim nächsten Mal traut er sich näher heran und stellt sich als Ajit vor. Ajit ist etwa sechzig Jahre alt, gebürtiger Kanadier mit indischen Wurzeln und zeigt sich begeistert von unserem Vorhaben. »Da ich der Erste bin, den ihr kennenlernt, möchte ich euch zeigen, wie wunderbar Kanada ist!«, sagt er und lädt uns prompt auf das größte Frühstück ein, das McDonald's zu bieten hat: Kaffee, Bagel, Rührei, Bacon und Salat. Da wir nach unserem Toast gar nicht mehr so hungrig sind, ist seine Großzügigkeit fast ein bisschen verschwendet, aber Ajit lässt sich nicht bremsen. Obwohl er wahrhaftig nicht danach aussieht, versichert er uns immer wieder, er sei ein wohlhabender Mann, der gar nicht mehr arbeiten müsse und nun zum Spaß Rennfahrer unterrichte. Ajit ist Mercedes-Fan.

Für die sichere Fortbewegung, ob im Auto, auf dem Rad oder in unserem Fall auch zu Fuß, seien Handschuhe nötig, sagt er und demonstriert uns, wie gut seine Handflächen geschützt sind, indem er immer wieder die Griffe seinen Rads fest umfasst. Er möchte nicht, dass wir uns unsere Hände, mit denen wir immerhin unser Geld verdienen müssen, an unseren Anhängerstangen kaputt machen, und besteht darauf, uns Handschuhe zu kaufen. Ajit ist in seiner Großzügigkeit nicht zu stoppen. Der kleine Mann bleibt immer wieder vor uns stehen und mustert uns von unten bis oben, als ob er checken wollte, was außer den Handschuhen sonst noch alles zu unserem Glück und unserer Sicherheit fehlt.

Als wir an einem Supermarkt vorbeikommen, zieht er mich hinein und kauft uns einen ganzen Berg Lebensmittel. Außerdem einen neuen kleinen Globus aus Plastik, weil unser geliebter portugiesischer Pappglobus zwar noch wacker seinen Dienst tut, aber langsam in seine einzelnen Kontinente zerfällt. Hansen bleibt währenddessen draußen bei den Anhängern und unterhält sich mit Bob, einem Obdachlosen in Militäruniform, der eines seiner Beine durch Diabetes verloren hat. Nun sei das zweite dran, erzählt er, als ich mit Ajit gerade zurückkomme. Er brauche das eine Bein aber, um sich im Winter rückwärts durch den Schnee zu schieben.

Das stimmt mich traurig. Wir haben gesunde Körper und leben aus Abenteuerlust für eine kurze Weile ohne Geld, Bob dagegen hat keine Wahl.

Ajit hat uns Kanada von der Schokoladenseite gezeigt, aber nun ist es Zeit, sich zu verabschieden. Er kündigt an, dass wir seine nächste Handlung bitte unkommentiert lassen möchten. Was zum Teufel führt er denn jetzt im Schilde? Schon kramt er in seiner Tasche und drückt mir einen Hundertdollarschein in die Hand. »Ajit, das können wir …« Der kleine Mann schaut mich streng an. »Okay, aber du weißt, wir müssen uns revanchieren. Was können wir für dich tun?«

Ajit will bereits abwinken, aber Hansen ist schon dabei, sein Rad zu inspizieren, und findet heraus, dass Gangschaltung und Ständer defekt sind. Die reparieren wir und winken unserem davonfahrenden neuen Freund ein bisschen wehmütig hinterher. Ob es in diesem Land noch mehr Menschen von seiner Sorte gibt?

»Lass uns endlich in Richtung Vancouver aufbrechen!«, meint Hansen. »Dafür müssen wir immerhin noch dieses ganze riesige Land durchqueren. 5000 Kilometer«, sagt er und schaut dramatisch gen Westen. »Das schaffen wir heute noch!«

Das vielleicht nicht, aber zumindest so weit wie möglich wollen wir kommen. Wir ziehen unsere Koffer bis zur nächsten Highway-Auffahrt und starten unser Trampabenteuer in Kanada. Es dauert gar nicht lange und ein schicker BMW X5 hält. Debora, die Fahrerin, erklärt, dass sie vom Golfen kommt und eigentlich in die entgegengesetzte Richtung müsse, aber: »Ich will euch noch schnell vor dem Regen retten und an eine Raststätte bringen, an der ihr euch unterstellen könnt.« Sie zeigt auf eine noch weit entfernt wirkende Wolkenfront, die sich aber laut Debora schon in den nächsten Minuten über uns in einem sintflutartigen Regen ergießen wird.

Das geht ja gut los! Eine halbe Stunde später lässt uns unsere Retterin vor einem Autobahnrestaurant aussteigen und rät uns, den Leuten dort unsere Geschichte zu erzählen. »Ihr findet sofort jemanden, der euch mitnimmt. Aber fragt drinnen! Hauptsache, ihr werdet nicht nass, ja?« Und schon düst die fürsorgliche Dame davon.

Kaum stellen wir im Restaurant unsere Koffer ab und setzen uns kurz hin, kommt schon die erste neugierige Kellnerin auf uns zu und fragt, woher wir kommen und wohin es geht. Wir beginnen, ihr anhand unseres Globus' unsere Geschichte zu erzählen, und sie schlägt immer wieder die Hände über dem Kopf zusammen »*What?! Oh my god, this is amazing!*« Sie besteht darauf, uns etwas auszugeben und lockt mit ihrer Begeisterung gleich eine ganze Reihe anderer Gäste an. Eine Mutter mit zwei gelangweilten Töchtern, die sich nicht die Bohne für unsere Geschichte interessieren, drückt uns 50 Dollar in die Hand. Hansen muss ihr regelrecht hinterherlaufen, um ihr noch ein paar Ohrringe aus Fahrradkettengliedern mitzugeben. Das Essen wird gebracht, zwei ältere Damen schenken uns 20 Dollar für einen Witz, den sie allerdings nicht wirklich verstehen, und so setzt sich das fort. »Wahnsinn, Hansen ...«, flüstere ich meinem Bruder über ein riesigen Becher Cola hinweg zu, »wenn das so weitergeht, frage ich mich, wie man das guten Gewissens noch Abenteuer nennen will!«

Draußen wird es langsam dunkel, und als wir uns entschließen, uns nach einer Mitfahrgelegenheit umzuschauen, stehen plötzlich Don und Carrie vor uns. »Wohin soll's denn gehen, Kollegen?«, fragt der gemütliche Mann mit fliederfarbenem Hemd, ovaler Brille und grau meliertem Salman-Rushdie-Bart. »Erst mal nach Norden und von da auf die Trans Canadian nach Vancouver«, platze ich heraus, und Don lacht belustigt. »Das sind 4000 Meilen, Jungs. Das schaffen wir heute nicht mehr, aber wir wär's, wenn ihr mit uns nach Hause kommt, das liegt zumindest auf dem Weg.«

Seine Frau scheint von der spontanen Idee ihres Manns nicht allzu begeistert zu sein, Carrie wirft ihm einen Blick zu, der Bände spricht. Später finden wir heraus, dass es dabei weniger um uns ging, sie mag es einfach nicht, wenn Don über ihren Kopf hinweg Entscheidungen trifft.

Draußen regnet es Sturzbäche, als wir in den SUV klettern, ich vorn neben Don, Hansen auf der Rückbank neben Carrie, eine kleine Frau mit wachen, intelligenten Augen und einem schlohweißen Pagenkopf. So viel ihr Mann redet, so wenig spricht sie, aber wenn, dann kommt sie ohne Umwege auf den Punkt. Don schimpft, dass ihm alles zu *cerebral* sei, er inszeniert sich offensichtlich gern als leicht verpeilten Gemütsmenschen, während seine Frau, eine Hochschullehrerin, die Don liebevoll seine »Professorin« nennt, das *brain* in der Familie ist. An der Art, wie die beiden miteinander umgehen, merkt man, dass sie ein lang eingespieltes Team sind. Don neckt und nervt sie mit seinen mitunter leicht anzüglichen Witzen, Carrie wiederum bringt ihn zur Raison, und Don rollt daraufhin mit den Augen, wie ein Kind, das keinen Unsinn mehr machen darf.

Auf der etwa 45-minütigen Fahrt von Toronto nach Barrie erzählen uns die beiden von ihren gemeinsamen Abenteuern, die sie erlebt haben, bevor die beiden Kinder zur Welt kamen, sie sich ein Haus gebaut haben und sesshaft wurden. Inzwischen sind die Kinder schon erwachsen, und das Haus hat ein paar Schwachstellen. Zu unserem Glück, wie sich bald herausstellen soll.

Don und Carrie laden uns ein, die Nacht bei ihnen zu verbringen. Da es bei diesem Regen und in der Dunkelheit absolut hoffnungslos ist weiterzukommen, nehmen wir die Einladung an.

Das große Holzhaus, das wir ein paar Meilen weiter in einem abgelegenen Ortsteil von Barrie erreichen, ist in einem hügeligen Wald so in den Hang hineingebaut, dass auf der Vorderseite die erste Etage ebenerdig ist. In der gemütlichen Küche bittet Don uns, auf den gepolsterten Barhockern an der Kücheninsel Platz zu nehmen, und haut gleich ein paar Eier in die Pfanne. So geschickt, wie er das macht, ist schnell klar, dass er neben den Witzen hier im Haus auch für den Herd zuständig ist. Carrie zeigt uns die gemütlich-kitschig eingerichteten Zimmer, in denen wir übernachten können: Jeder hat ein eigenes! Und ein privates Bad mit flauschigen, gelben Handtüchern gibt es dazu. Wahnsinn, was für ein Glückstag. Später, als ich schon zum dritten Mal an diesem Tag mehr als gesättigt bin und träge in meinem riesigen Bett liege, habe ich beinah ein schlechtes

Gewissen. Aber nur ganz kurz, denn wenig später bin ich eingeschlafen.

*

Am nächsten Morgen sind wir dank Jetlag schon um sechs Uhr wach und staunen nicht schlecht, als wir den Hausherrn in der Küche antreffen. »Besser zu früh kommen als nie!«, scherzt er und gießt uns heißen Kaffee in riesige Becher. Alles ist hier überdimensional, sogar Maggie, ein weißer Riesenpudel, dessen Körper, wenn er mit dem Schwanz wedelt, so heftig wackelt, dass der Körper sich fast stärker bewegt als der Schwanz. Ein Doodle sei Maggie, klärt der Hundevater uns auf, eine Mischung aus Golden Retriever und Pudel. Manchmal sei die Hundedame vom Verhalten mehr dieses, mal jenes.

Als wir gemeinsam an der Küchenbar sitzen, macht Don ein ernsthaftes Gesicht. »Jungs, ich habe nachgedacht«, sagt er. Was kommt jetzt? »Ich will euch einen Vorschlag machen: Ihr habt gestern erzählt, dass ihr handwerklich was drauf habt. Die Balkone hinten am Haus brauchen dringend ein kleines Makeover. Wenn ihr die Planken auswechselt, zahl ich euch 400 Dollar plus Kost und Logis für zwei Tage. Was sagt ihr dazu. Deal?«

»Ja, klar, Deal!«, schlägt Hansen schon ein, bevor ich überhaupt den Mund aufmachen kann.

Hansen ist derjenige, der sich im letzten Jahr als Zimmermannsgehilfe Geld dazuverdient hat, und ich weiß, wie viel Spaß ihm diese Arbeit macht. Ich bin natürlich dabei. Mir wäre als Bezahlung schon genug, noch eine Nacht in diesem Prinzessinnenbett schlafen zu dürfen.

Gesagt, getan. Nach dem Frühstück machen wir uns daran, die Balkone, die sich jeweils über die ganze Etage ziehen, genauer unter die Lupe zu nehmen. Aber schon auf den zweiten Blick stellt sich heraus, dass nicht nur die Standfläche, sondern auch die tragenden Sparren beider Balkone komplett verrottet sind und *ein reiner* Plankenaustausch überhaupt nichts bringen würde – ja sogar lebensgefährlich wäre. Bevor wir Don die schlechte Nachricht überbringen, beratschlagen wir, was wir machen, wenn er sagt: »Dann macht eben alles neu!« Trauen wir uns das zu? Und wenn ja: Wie viel Zeit würde uns das kosten? Wir denken noch laut nach, als Don schon tatkräftig in Latzhose und Gummistiefeln um die Ecke kommt. Wir zeigen ihm, was wir entdeckt haben, und erklären unsere Ideen, wie man das Ganze von Grund auf erneuern könnte. Das ist ihm schon wieder alles zu *cerebral*. »Macht einfach, was ihr für das Beste haltet«, sagt er und damit ist die Entscheidung gefallen.

In zwei Tagen wird diese grundlegende Erneuerung allerdings nicht zu machen sein. Wir schreiben eine Liste für den Holzgroßhandel, und Don macht sich mit seinem Anhänger auf den Weg. »Wenn ein Nachbar blöd fragt, sagt ihr, dass ihr Freunde seid und mir beim Reparieren helft. Eigentlich bräuchten wir bei so einer Sache eine Baugenehmigung, aber ... na ja, ihr wisst schon.«

Don bringt uns feste Schnürboots, und wir beginnen damit, den alten Balkon abzureißen. Das ist besonders kompliziert, weil der obere Balkon schon neue Planken hat, die Don und sein Sohn vor einiger Zeit ausgewechselt haben. Auch da oben alles neu zu machen und die neuen Planken wieder abzureißen, wäre sehr viel mehr Aufwand. Also stützen wir den oberen Balkon mit einem provisorischen Gerüst auf dem sechs Meter darunter liegenden Boden ab und reißen erst mal nur den unteren ab. Ajits Handschuhe sind schon jetzt Gold wert. Zuerst machen wir die Front neu und begradigen die über die Jahre abgesackten Stützsäulen, die ihre tragende Funktion längst verloren hatten. Als der Tag sich dem Ende zuneigt, haben wir die vordere Kante erneuert und die Statik des Balkons wiederhergestellt, indem wir die Säulen verlängert haben, sodass sie die Vorderseite des Balkons wieder tragen.

Als Carrie, die zuerst gar nicht so überzeugt von der Idee ihres Mannes war, uns auf eigene Faust als Hilfshandwerker einzustellen, sieht, wie morsch die alte Konstruktion ist, nennt sie uns ihre Lebensretter. Vielleicht ein wenig übertrieben, andererseits sind einige der Träger schon dermaßen verrottet, dass sie wie Sand zu Boden rieseln, wenn man sie bloß fester anfasst.

Nach getaner Arbeit duschen wir uns den Schweiß vom Körper, und als wir danach in die Küche kommen, hat Don schon gekocht und sitzt auf seinem »heiligen« Sofa, auf dem niemand anderes Platz nehmen darf außer ihm. Nicht mal Maggie, erst recht nicht Carrie. »*Boys*, ich hab euch ein paar Bier besorgt«, sagt er und setzt uns Hühnchen, Reis, Salat und eine Dose Bier vor die Nase. Als Carrie die Dose sieht, rümpft sie die Nase. Old Milwaukee wirbt mit lasziven Pin-ups im Fifties Style. Witzig, findet Don, frauenverachtend, findet Carrie, und weil es sie so ärgert, kauft er die Dosen erst recht, um sie zu necken und zu provozieren.

Am nächsten Tag schauen tatsächlich immer mal wieder Nachbarn vorbei – es scheint sich herumgesprochen zu haben, warum Don den ganzen Tag zwischen Holzmarkt und Haus hin- und herfährt. Statt ihnen das zu erzählen, was er uns eingebläut hat, macht er das Gegenteil. Entweder sagt er: »Das sind so zwei Typen, die ich von der Straße aufgepickt habe, keine Ahnung, ob ich denen vertrauen kann, aber ich mach's einfach mal. Die werden uns schon nicht umbringen.« Oder er erzählt: »Das sind zwei deutsche Ingenieure, die habe ich einfliegen lassen. Kommt immer noch billiger, als einen Handwerker von hier zu beschäftigen.« Egal, welche Geschichte er ihnen auftischt, die Nachbarn staunen und können sich ob Dons Hang zur Ironie nicht sicher sein, was sie davon ernst nehmen dürfen. Wahrscheinlich die klügste Taktik. Einige verstehen aber wirklich überhaupt keinen Humor und empören sich, dass er zwei potenzielle Massenmörder in die Idylle eingeschleust hat, ändern ihre Meinung aber immerhin, sobald sie uns kennenlernen.

Wir sind nach dem ersten Tag Arbeit mit einem höllischen Muskelkater aufgewacht, aber ein Ende ist noch nicht abzusehen. Ein Knochenjob, der durch Dons Begeisterung und Carries Sandwiches erträglicher wird. Außerdem packt uns wie immer, wenn wir ein anfangs aussichtslos wirkendes Unternehmen angehen, ein großer Ehrgeiz. Es muss nicht nur fertig werden, es muss perfekt werden!

Nach 13 Stunden harter Arbeit werden wir mit einem deutschen Abendessen verwöhnt. Es gibt Sauerkraut mit Münchner Hofbräubier, Salat, Schweinekoteletts und Apfelmus.

Tag drei in Barrie sollte unser letzter sein. Wir stehen früh auf und machen uns an die Arbeit. Da kommt Don mit zwei großen Bechern Kaffee vorbei und verkündet uns, dass er uns wie richtige Arbeiter bezahlen will, 20 Dollar die Stunde, da wir schließlich nicht nur reparieren, sondern auch designen und konstruieren. Wir sind baff. Kurz im Kopf überschlagen würde das bedeuten, dass wir auf 1400 Dollar kommen müssten. Das ist exakt das Geld, das wir für unseren Flug von Vancouver nach Tokio benötigen! Überglücklich geben wir noch mal richtig Gas und beschließen, zum Dank auch den oberen Balkon noch zu erneuern. Wenn schon, denn schon.

Paul, der Nachbar, kommt immer wieder vorbei und beäugt uns etwas skeptisch, aber am Ende können wir auch sein Herz für uns gewinnen: »*Is that what they teach you growing up in Germany?*«, fragt er immer wieder. Don vermutet, dass uns Paul am liebsten auch engagieren würde, sich aber nicht zu fragen traut.

Zwischendurch haben wir beide immer wieder Angst, dass wir uns überschätzen. Es ist schon eine sehr heikle Sache, ohne Arbeitserlaubnis etwas zu bauen, für das man eigentlich eine Baugenehmigung bräuchte. Außerdem haben wir Angst, dass unser Gerüst den Balkon womöglich nicht hält und alles herunterkracht, sechs Meter bis zum Boden können lebensgefährlich sein, deswegen prüfen wir ständig die Statik und gehen auf Nummer sicher, indem wird alles doppelt und dreifach kontrollieren.

Am Ende des Tages haben wir die über die Jahre abgesackten Balkone begradigt und in die Waagerechte gebracht. Die Balkone sind wie neu, jetzt sogar noch viel stabiler, weil nicht nur die Sparren, sondern auch die Säulen wieder tragen.

So langsam dämmert es, und wir beschließen, den letzten Rest morgen früh zu machen. Mir tut alles weh. Wir haben mehr als 2000 Schrauben verschraubt, über hundert Sparren abgerissen, zugesägt, befestigt, gehoben und die alten verschrottet. Also mehr als 400 Meter Holz verbaut und getragen. Wir haben mehr als hundert Balkenschuhe angenagelt mit über tausend Nägeln – kein Wunder, dass wir erledigt sind.

»Essen ist fertig, Kinder!«, ruft Carrie, die wir spaßeshalber unsere kanadische Mutter nennen und sie uns ihre deutschen Söhne.

Als ich im Bett liege, kann auch das weiche Polster nicht mehr darüber hinwegtäuschen, dass jeder Muskel schmerzt. Obwohl ich todmüde bin, fällt es mir schwer einzuschlafen.

Tag 30 ist der Golden Day, heute klingelt es in der Kasse! Wir haben bis neun Uhr geschlafen und fühlen uns erstaunlich frisch. Don und Carrie haben uns neben einer Pfanne mit Rührei und den obligatorischen Riesenhumpen voll Kaffee einen Zettel hinterlassen, dass sie zur Bank gefahren sind, um uns das Geld aufs Reisekonto zu überweisen. Wenn wir den Flug buchen wollen, ist es besser, es nicht bar in der Tasche zu haben.

Wir nehmen uns die Kaffeetassen mit auf den oberen Balkon und setzen uns dort mit Blick auf den Wald in die gemütlichen Schaukelstühle. »Wahnsinn, Hansen, wir haben quasi einen ganzen Teil des Hauses neu gebaut!«, sage ich und teste mit dem Fuß die Stabilität des Geländers. »In drei Tagen, das soll uns mal einer nachmachen.«

Nach dem Frühstück machen wir uns an die allerletzten Arbeiten und räumen die Werkzeuge und alten Planken zusammen, blasen mit einem gigantischen Motorgebläse das Laub in den Wald und hängen die im Garten herumliegenden Kanus unter den Balkon. Am Ende versiegeln wir die offenen Schnittstellen mit einem Lack und sind gerade fertig, als Don und Carrie in die Einfahrt biegen.

»Jungs, ich muss euch die zwei Stunden abziehen, die wir gebraucht haben, euch das verdammte Geld auf das verfluchte deutsche Konto zu überweisen«, scherzt unser kanadischer Pflegevater, und seine Frau schickt ihm bei jedem Fluch einen strengen Blick zu. »Eine internationale Überweisung – so was ist denen noch nicht untergekommen, erst die dritte Bank konnte uns helfen!«

Der gute Don, er wird mir fehlen. Carrie natürlich auch. Die beiden haben uns behandelt wie ihre eigenen Söhne und beide haben uns auf ihre jeweils ganz spezielle Art gezeigt, wie sehr sie unsere Arbeit zu schätzen wissen. Hier hätte ich es noch länger ausgehalten.

Aber wir sind nicht gekommen, um zu bleiben. Höchste Zeit, dass wir nach Vancouver reisen, um nicht noch mehr Zeit zu verlieren.

Penner International

4. JUNI, TAG 30, BURKS FALLS, KANADA,
KONTOSTAND: C$ 1719,23

Hansen

»Ah, ihr fahrt nach Norden, ja? Norden und dann Westen, ja? Norden ist gut, ja? Westen, yeah, Westen ist auch gut, ne?« Der Mann, den wir gerade vor dem Coffeeshop Tim Hortons in einem kleinen kanadischen Kaff in der Gegend von Burks Falls getroffen haben, macht eine kurze Pause und legt dann wieder los: »Norden, ja? Rauf nach Norden, ja?« Das geht noch eine Weile so weiter und zwischendurch immer wieder: »Also dann, viel Glück, Jungs. Nach Norden geht's, ja?« O Mann … manchmal fühlt sich das hier an wie in einem Film der Coen-Brothers.

Nachdem uns Don und Carrie frühmorgens an einer Raststätte abgesetzt hatten und wir von der Raststätteninhaberin gleich wieder verjagt worden waren, haben wir uns hinter dem

Toilettenhäuschen versteckt und von da aus Autofahrer angesprochen. Das ging einen halben Tag lang schief, bis wir auf John stießen, der zwar nur einen weiteren Sitz im Auto hatte, das ansonsten mit Bauteilen und Werkzeugen vollgestopft war, aber noch einen kleinen Schemel, auf dem ich hinten Platz nehmen konnte.

Die gesamte Fahrt war eine Art Slow-Motion-Trip, den John, ein Mann mit Truckercap und Nikolausbart, mit Geschichten über eine Motorradtour durch die USA bis an den Yukon füllte, die er 1990 mit seinem Sohn Ed unternommen hat. Nichts für ungut, aber es war unglaublich anstrengend, seinen Erzählungen zu folgen, weil er jeden einzelnen Satz immer so aufbaute, als führte dieser zur unglaublichen Pointe der Geschichte, aber dann folgte jedesmal genau das, was man erwartet hatte. »*And then* …«, ging die ruhige Stimme hoch – dramatische Pause »… *nothing special happened.*« Und der nächste scheinbar aufregende Satz folgte. Mannomann. Nicht falsch verstehen, John ist ein unglaublich feiner Kerl, und vielleicht ist das ein bisschen die Art, wie man hier spricht, aber es macht eine Unterhaltung nicht gerade einfacher.

John, der selbst die Ruhe weg hat und dem offensichtlich nichts ferner liegt, als sich je zu beeilen, war der Meinung, dass wir nicht einfach durch Kanada rasen dürften, wir müssten auch etwas erleben.

Als Erstes zeigte er uns also die Wasserfälle nördlich von Barrie, die ihn schon seit seiner Kindheit faszinieren. Kurz bevor wir sie erreichten, überholte uns ein großer Lastzug. Paul musste laut lachen, als er las, was auf der Plane stand: »›Penner International‹! Die meinen uns!« rief er. »Hansen, mach mal ein Foto!« Wir erklärten John den Witz und er schmunzelte und fragte etwas später »… Penner?« Ich erklärte ihm alles noch mal. Aber vielleicht ließ sich der Wortwitz auch einfach schlecht übersetzen.

Die Wasserfälle sind ein echtes Naturschauspiel. Ein mächtiger Fluss stürzt sich über eine abrupt abfallende Kante mindestens 20 Meter in die Tiefe. Am Fuß des Wasserfalls ist ein riesiges

Becken entstanden, an dessen Rand ein kleines Strandbad liegt. »Hierhin bin ich früher mit meinen Eltern zum Picknicken gekommen und Jahrzehnte später mit meinem Sohn. Und dann ...«, zog er wieder den guten alten Spannungsbogen an, und ich wusste schon, was jetzt kommt: »... sind wir baden gegangen.« Der Wasserfall ist von Kiefern und einem weichen Nadelboden umgeben. Gemütlich führte uns John an all die verschiedenen Aussichtspunkte und erzählte davon, dass die Kinder heutzutage nicht einmal mehr in die Nähe des Wasserfalls dürften, er sei hier schon als Dreijähriger auf den Klippen rumgeturnt.

Am frühen Nachmittag legten wir dann noch an einer kleinen Farm eine Angelpause ein. John schluffte mit seinen offenen Bauarbeiterstiefeln und zwei Angeln in der Hand über die Wiese zum Tümpel. Die Hunderten von Mücken, die sich über ihn hermachten, ignorierte er stoisch. »Es bringt nichts, sie zu töten, sonst hat man Stiche und den Stress, die Stiche bekommst du sowieso, den Stress kannst du dir sparen«, erklärte er uns.

Keine zehn Sekunden nachdem wir die Angel ausgeworfen hatten, hing schon eine Forelle daran. Ohne Witz! Was ist das bloß für ein Land? Gelingt hier einfach alles? Wir sammelten im Wald Holz und grillten die Forellen darüber, während John uns vor den Bären und Black Flies warnte. Die kleinen »Teufel« beißen so bösartig zu, dass einem vor Hunderten von Stichen das ganze Gesicht bluten könnte.

Ein paar Meilen später war John zu Hause angekommen und fuhr uns netterweise noch weiter bis zu diesem kleinen Örtchen, in dem wir nun stehen und auf die seltsamsten Gestalten treffen. Der North-West-Mann hat sich gerade in Richtung Toilette getrollt, als Stevie vorbeikommt und uns ausfragt. Mit mächtiger Alkoholfahne brüllt er uns immer wieder ins Ohr, wie korrekt er es findet, sich einfach mal aus dem Staub zu machen. Er selbst sei schon seit verfluchten vierzig Jahren in diesem gottverlassenen Kuhkaff (seine Worte) und habe einen regelrechten Hass auf die *fucking social bubble*, in der er lebt. Auch wenn uns Stevie nicht direkt weiterhelfen konnte, über ihn hat die Geschichte der beiden seltsamen Reisenden in dem kleinen Dorf so schnell die Runde gemacht, dass uns nach kurzer Zeit jeder Vorbeikommende grüßt und unser Trampschild immerhin mit einem entschuldigenden Schulterzucken quittiert. Kevin, ein 19-Jähriger, der in dem Tim Hortons arbeitet, erbarmt sich schließlich und bietet an, uns nach North Bay zu fahren. Er und seine Verlobte würden dann dort ausgehen.

Als seine Schicht zu Ende ist, fährt er uns in seinem nagelneuen Chevrolet Camaro, den er mit einem Bankkredit gekauft hat, erst zu ihm nach Hause, wo wir duschen können und er und seine Verlobte sich ausgehfertig machen. Die Wohnung ist schlicht, Kevin hat gerade die Schule abgeschlossen, und die beiden sparen nun für eine Hochzeitsreise nach Europa. An der Wand hängt eine Rubbelweltkarte, auf der man die Länder freirubbeln kann, die man schon bereist hat. Außer einem kanadischen Nachbarstaat und Florida ist noch alles zu. Hier prallen Welten aufeinander. Wir sind 14 Jahre älter, haben zig Länder auf dem ganzen Planeten bereist – Kevin hat eine Verlobte, plant Kinder und hat ein eigenes Auto. Ich glaube, keiner will mit dem anderen tauschen.

Auf dem Weg nach North Bay drückt Kevin ganz schön auf die Tube. Statt der erlaubten hundert Stundenkilometer fährt er streckenweise fast 160 und erzählt uns währenddessen, dass es ihn 10 000 Dollar, seinen Führerschein und seinen Wagen kosten würde, wenn er sich dabei erwischen ließe. Ganz schön riskantes Vergnügen!

Als wir in North Bay ankommen, setzen die beiden uns an einem trostlosen Truckstop ab, sie selbst fahren zu einem Subway-Restaurant, denn trinken dürfen sie ja mit 19 noch nicht, und das Subway hat am längsten geöffnet. Seltsame Art auszugehen – in einem Fastfood-Restaurant sitzen und sich mit Pepsi zulaufen lassen. Einerseits ist man noch nicht alt genug für solche Späße und andererseits lebt man schon ein totales Erwachsenenleben mit all seinen Konsequenzen. Mich würde interessieren, was die beiden denken, wenn sie das Leben in Berlin kennenlernten, wenn sie mitkriegten, wie Anka und ich ausgehen! Ach, sie fehlt mir so. Oft würde ich mich so gern mit ihr über meine alltäglichen Beobachtungen austauschen. Aber wegen der Zeitverschiebung sprechen wir in letzter Zeit viel zu selten. Für sie ist manchmal schwer zu verstehen, wie ich vor lauter Müdigkeit nicht mal dazu komme, eine Nachricht zu schreiben, auch wenn man mal WLAN hat, aber so ist es. Und ich würde sie sowieso viel lieber sehen – einfach die Zeit rumgehen lassen und sie wiedersehen. Das Skypen und die Nachrichten machen mich bloß sehnsüchtiger.

Paul und ich haben unser Zelt hinter der Raststätte auf der Wiese aufgebaut und die Nahrungsmittel in einiger Entfernung in einen Baum gehängt. In der Nacht beginnt es zu regnen, und ich liege eine Weile wach und versuche, die Tropfen zu zählen. Das ist der erste Regen im Zelt seit Berlin.

Als wir am nächsten Morgen unsere Sachen packen und uns gerade zum Truckstop aufmachen wollen, um dort zu frühstücken, kommt uns ein wütender Mann entgegen. »Habt ihr hier gezeltet, ja? Seid ihr denn des Wahnsinns?!« Wir wissen nicht, was genau das Problem sein soll, werden aber schnell aus einem fast schäumenden Mund unter einem mächtigen Schnauzbart aufgeklärt: »Ihr könnt froh sein, dass ihr heute Morgen noch aufgewacht seid, ihr Trottel! Seht ihr den Wald da, seht ihr den Truckstop hier? Ihr habt es euch exakt in der Schneise gemütlich gemacht, auf der die Schwarzbären nachts kommen, um im Müll nach Futter zu suchen. Ich weiß nicht, was für ein Schweineglück ihr hattet, dass sie ausgerechnet heute Nacht nicht gekommen sind. Die hätten euch und euer Zelt zerfetzt!«

O je. Ich komme mir vor wie der größte Idiot. Wie konnten wir bloß so dumm sein.

»*Let's get you a coffee*«, sagt der Mann, der sich uns gleich darauf als Brad vorstellt, mit ausgewechselter Stimme und schlägt mir mit seiner Pranke auf die Schulter. Er schiebt uns vor sich her in den Truckstop hinein und weist die belustigte Kellnerin an, uns einen Kaffee zu geben. Das muss ein witziges Bild sein: zwei lange, dürre Jungs mit spärlichem Bartwuchs und Kinderkäppis auf dem Kopf und daneben diese Wucht von einem Mann im karierten Flanellhemd. Von dieser Sorte sitzen hier einige in dem holzgetäfelten, leicht heruntergekommenen Diner.

Wir schlürfen den schwarzen Kaffee und lauschen Gesprächsfetzen, die zum größten Teil aus sexistischen Sprüchen bestehen. Die Kellnerin quittiert das mit einem müden Achselzucken. Wir erzählen ihr unsere Story. Ihrer ungeteilten Aufmerksamkeit nach zu urteilen, scheint es das Aufregendste oder zumindest Ungewöhnlichste zu sein, das sie seit Langem gehört hat. Sie gibt uns ein Frühstück zum Sonderpreis und Kaffee umsonst – so viel wir wollen. Ein bisschen erinnert mich die Szenerie an »Twin Peaks«. Das Gemurmel tiefer Männerstimmen mischt sich mit dem Rauschen des Regens und dem munter-quäkigen Gebrabbel aus dem Fernseher. Dazwischen immer wieder Werbesendungen zu dem Thema »Wie komme ich aus den Schulden raus«. Scheint hier ein großes Ding zu sein. Noch bevor ich länger darüber nachdenken kann, kommt eine zweite Kellnerin auf uns zu und drückt mir 40 Dollar in die Hand. »Joan hat mir eure Story erzählt. Das hier ist von uns zusammen. Viel Glück, Jungs.«

Das ist das Besondere an Kanada. Es scheint hier eine stille Übereinkunft zu geben, sich gegenseitig zu helfen. Ob man es sich leisten kann oder nicht. Niemand muss das Gefühl haben, in diesem weiten Land auf sich allein gestellt zu sein. Ich will der Kellnerin etwas zurückgeben und schenke ihr ein Souvenir aus Lissabon, einen kleinen Kranich, gefaltet aus einer U-Bahn-Karte. Sie versteht die Geste dahinter zunächst irgendwie nicht, auf sie wirkt es wohl eher so, als ob ich ihr gerade Müll gegeben hätte, aber nach ein paar Erklärungen legt sich die anfängliche Verwirrung und sie nimmt das Geschenk an.

Weil die Kellnerinnen sich so süß um ums kümmern, ziehen wir immer mehr Aufmerksamkeit auf uns und entfachen schon bald eine Diskussion darüber, ob die nördliche Route wirklich die beste sei oder doch die südliche. Ob ein starkes Pfefferspray gegen Bären wirklich hilft oder nur ein Gewürz auf der menschlichen Beute ist. Jeder hat eine andere Meinung dazu. Was die

Route betrifft, hat ein älteres Ehepaar das schlagende Argument für die Südroute: Im Norden wimmelt es nur so von Black Flies, fiesen Kriebelmücken, die unter die Kleidung kriechen und einem das Leben zur Hölle machen. Was das Bärenspray angeht, treffen wir selbst die Entscheidung, dass es nicht schaden kann, sich eines zuzulegen. Wir werden schließlich noch mehrere Nächte mitten in der kanadischen Wildnis verbringen.

Paul bleibt bei den Koffern, und ich mache mich auf den Weg nach North Bay, um es dort zu kaufen.

Das blöde Bärenspray kostet ganze 40 Dollar. Das Zeug ist das reinste Gift und kann für Menschen sogar tödlich sein. Ich hasse das Gefühl, eine Waffe mit mir herumzutragen.

In der Gebrauchsanweisung steht, dass man den Bären auf vier Meter herankommen lassen und dann sprühen muss. Für das Rendezvous mit dem zotteligen Riesen hat die Firma sich überlegt, der Spraywolke eine pinke Farbe zu geben, damit man dem Gift selbst ausweichen kann. Aber mal ehrlich: Einen wütenden Bären rosa ansprühen? Hätte man nicht eine etwas seriösere Farbe für eine derart lebensgefährliche Situation auswählen können?

Zurück im Truckstop, sitzt Paul kerzengerade immer noch am Tresen über seiner mittlerweile vermutlich fünfzehnten Tasse Kaffee. Wir beschließen, den trüben Tag mit einem Experiment zu beenden und zum nahe gelegenen Miniflughafen zu fahren, um zu sehen, ob uns von dort eines der Privatflugzeuge mit nach Vancouver nehmen kann. Wir verabschieden uns von unseren Freundinnen hinter der Bar mit einer festen Umarmung, und als wir die Teleskopstangen an unseren Koffern ausfahren, schnalzt Joan mit der Zunge und zwinkert mir lasziv zu: »Ich mag es, wenn sie länger sind.«

Wenige Stunden später liegen wir in der Einflugschneise im Zelt und frieren erbärmlich. Die Temperatur ist unter null Grad gesunken. Die Flughafen-Idee ist theoretisch gut, außer dass im Moment nur etwa zwei Maschinen pro Tag starten. Morgen früh wollen wir es noch einmal versuchen und ansonsten weitertrampen. Und ganz dringend: Filz besorgen, um uns daraus ein zusätzliches Innenfutter für den Schlafsack zu nähen, so wie wir es schon vor Jahren auf unserer Tour in die Lofoten gemacht haben. Für diese Temperaturen sind unsere leichten Sommerschlafsäcke einfach nicht gemacht.

Am nächsten Morgen ist überraschenderweise richtig was los an dem kleinen Flughafen in North Bay. Eine Filmszene wird hier gedreht, erzählt uns eine junge Frau, und wir wittern unsere Chance. Tatsächlich lernen wir bald darauf die Filmcrew kennen. Einer der Schauspieler, Brendan Coughlin, ist (gespielt oder nicht) begeistert von unserer Story, winkt aber ab, als wir fragen, ob die Crew später noch nach Vancouver zurückfliegt. »Wir bleiben erst mal hier«, sagt er. »Der komplette Film wird in North Bay gedreht.« Das freut die Flughafenmitarbeiterin, die Brendan aus der Endlosserie »Days of our Lives« kennt, uns aber nicht. Nachdem wir es noch vergeblich am Shell-Office versuchen, wo die Piloten tanken, und am Helikopterlandeplatz, wo wir von einem alteingesessenen Piloten freundlich darüber aufgeklärt werden, dass wir uns unser Konzept in die Haare schmieren können, beschließen wir, das Flugzeugtrampen zum zweiten Mal an den Nagel zu hängen.

Als wir gerade das Flughafengelände verlassen, kommt uns ein Mann vom Filmteam hinterher und bietet an, uns bis zur nächsten Raststätte am Highway 17 zu fahren. Wir sind kaum dort ausgestiegen, als eine Frau aus einer kleinen Imbissbude auf uns zugestürmt kommt. Sie wirkt grimmig, deutet auf die Anhänger und fragt pampig, was das hier werden soll. Wir erklären, dass wir hier nur trampen, und sie fordert uns grob auf, unseren »Scheiß« zur Seite zu räumen.

Aber wieder mal haben wir uns gründlich in einem Menschen getäuscht. Kaum haben wir Platz gemacht, kommt sie zurück und fragt uns, ob wir etwas essen wollen, wir seien sicher hungrig. Eben noch Drache und jetzt der mütterliche Engel. Eine schöne Überraschung. Wir entscheiden uns für eine kleine Portion Pommes. Unglücklicherweise sind die Fritten die schlimmsten, die ich in meinem ganzen Leben gegessen habe, sie sind matschig, schmecken nach altem Fett und kleben voll mit irgendwelchen undefinierbaren braunen Klumpen. Weil unsere Gönnerin uns aber mehr oder weniger beim Essen zuschaut, müssen wir sie irgendwie runterkriegen. Mir ist noch Stunden später schlecht.

»Nichts wie weg hier, Paul, sonst bekommen wir gleich noch eine Wurst geschenkt!«, raune ich Paul zu, der sich das Lachen verkneifen muss. Wir fragen die Leute auf dem Rastplatz, in welche Richtung sie fahren und ob sie uns mitnehmen können, aber schnell stellt sich heraus, dass jeder hier aus dem Dorf ist und bloß herkommt, weil die Pommes angeblich die besten in ganz Kanada sind. Manche warten 30 Minuten für eine Portion!

Wie kann das sein – haben die so einen verdrehten Geschmack oder wir?

John hat uns erzählt, dass es in Kanada erlaubt sei, auf dem Seitenstreifen des Highways entlangzulaufen und von dort aus zu trampen, und genau das versuchen wir jetzt. Wir stapfen auf einer schier endlosen Straße in Richtung Wildnis. Neben uns, hinter uns und vor uns nichts als riesige Tannen und pelziger, moosiger Boden. Es ist irgendwie ein befreiendes Gefühl, das mich an unsere Radtour erinnert, andererseits gibt mir Einsamkeit auf dem Highway auch zu denken. Es könnte ein Fehler sein, hier draufloszulaufen. In den letzten Stunden haben uns drei Holzlaster überholt und das war's. Was, wenn wir niemanden finden, der uns mitnimmt, und inmitten dieser Wildnis übernachten müssen? Ganz bestimmt gibt es hier Bären. Kaum ist der Gedanke zu Ende gedacht, hält neben uns ein Auto.

Das Fenster fährt runter, und ich frage: »Wohin fahren Sie?«, was eigentlich Blödsinn ist, denn es gibt ja bloß eine Richtung, in die jemand auf dieser Straßenseite gerade fahren kann.

Als wir im Wagen sitzen, ist irgendetwas merkwürdig. Ich kann nur schwer beschreiben, was es ist, aber irgendwie wirkt es, als ob der Fahrer andere Absichten hat, als uns einfach nur mitzunehmen. Joe, ein Mann um die 60, schaut uns immerfort mit großen Augen von oben bis unten an und lenkt dann seinen Blick wieder in Zeitlupe zurück auf die Straße. Das geht eine ganze Weile so. Ich versuche, ihn in ein Gespräch zu verwickeln, aber Joe spricht auch in Slow Motion. Irgendwann begreife ich: Der ist nicht komisch, der ist einfach nur sehr, sehr langsam. Eine seiner Töchter hat gerade in Ottawa geheiratet, und nun ist er auf dem Rückweg nach Sturgeon Falls. Er beschließt aber, noch einen Umweg von 200 Kilometern zu fahren, um uns bis nach Sudbury zu bringen. Paul sagt: »Aber das ist doch nicht nötig!« Und Joe antwortet, dass er die Fahrt sehr genieße, und lacht dann – »Ha … ha … ha …« – in Zeitlupe. Ich sage mir immerfort – er ist einfach nur langsam, aber irgendwie bin ich trotzdem froh, als er uns schließlich an der Umgehungsstraße von Sturgeon Falls rauslässt.

»Was war das?!«, fragt Paul, als wir wieder auf der Straße stehen.

»Keine Ahnung … vielleicht muss er Medikamente nehmen.«

»Oder die Uhren ticken hier einfach anders«, lacht Paul. »Viiiiel, viiiel laaaangsamer.«

»Jetzt hör aber auf. Joe ist für uns einen 200-Kilometer-Umweg gefahren. Finde erst mal jemanden, der sich die Zeit nimmt!«

Wir beschließen, uns als frühes Abendessen unser Spezialrezept der letzten Tage zu kochen: Uncle Ben's Reisportionen, die Carrie uns mitgegeben hat. Neben mir liegt auf dem Boden der alte Lissaboner Pappglobus. Er ist witterungsbedingt endgültig in die Knie gegangen. Weil wir ohnehin zu viel Gepäck haben, beschließen wir wehmütig, den Globus an dieser schönen Stelle zurückzulassen. Obwohl er mittlerweile komplett auseinandergeht, fällt uns der Abschied erstaunlich schwer. Seitdem er mit uns reist, haben wir ihn für alle unsere Erklärungen herangezogen, und so ist er zu einer Art Markenzeichen geworden. Aber wir sehen beide keine Chance, dass er die nächsten Tage oder Stunden noch überlebt und setzen ihn hoch oben über der Straße auf einen Felsvorsprung. Anschließend befestigen wir die handlichere Version aus Plastik, die uns Ajit geschenkt hat, an der gleichen Stelle auf unserem Koffer. Brutal, aber so ist das Leben. Der alte, angeschlagene wird gegen den jungen, knackigen ausgetauscht.

Während Paul nach einem Schlafplatz sucht und ich das Kochgeschirr wasche, geschieht ein kleines Tramper-Wunder. Neben mir hält ein grüner Ford Fairlane Baujahr 1969.

Aus der Fahrertür steigt ganz gemächlich ein grauhaariger Mann mit Schnäuzer, der die hier so beliebte Jeans-Uniform, auch »Canadian Tuxedo« genannt, trägt: Hose, Jacke im selben stonewashed Ton über einem weißen T-Shirt, das am Bauch mächtig spannt. »Wo soll die Reise hingehen?«, fragt er. Ich kann unser Glück kaum fassen, wir hatten die Hoffnung für heute schon aufgegeben und jetzt auch noch so ein Gefährt! Ich rudere wild mit den Armen, als ich Paul 300 Meter weiter unten aus einem Gebüsch auftauchen sehe. Der erkennt sogleich die Lage und legt einen ordentlichen Sprint ein.

Wir packen unsere Anhänger nebeneinander in den riesigen Kofferraum, und das Schiff rollt gemächlich los. Ich fühle mich wie in einer Zeitmaschine. Die imposante Motorhaube des Autos, die Schilder, die Landschaft, die Häuser. In dem verchromten Rückspiegel sehe ich die lange Straße verschwinden. Neben mir steuert Kirk mit Daumen und Zeigefinger der rechten Hand, die linke hängt aus dem Fenster. Es ist fast schwer, sich klarzumachen, dass wir im Jahr 2015 sind, weil einfach alles ist wie in einem Film aus den Sechzigern. Das Auto schwingt sich weich federnd über den Highway der sinkenden Sonne entgegen. Ich muss an den Song von Tom Waits denken, »Burma Shave«, in dem ein Fahrer eine Tramperin mitnimmt, und an die Motorgeräusche, die Tom Waits in dem Song simuliert. Die 4,5-Liter-Maschine des Ford Fairlane hört sich ähnlich schnurrend an.

Kirk erzählt, dass er bloß zum Spaß heute durch die Gegend fahre. Sein normales Auto, das er für die Arbeit benutzt, ist ein

Chrysler Voyager. »Heute ist mein freier Tag«, brummt er und kramt in seiner Tasche. Dann holt er eine Packung Zigaretten raus und fragt: *»Care for a smoke?«*

Auch wenn wir beide eigentlich Nichtraucher sind, scheint diese filmreife Situation geradezu danach zu schreien. »Na ja, warum nicht.«

Er klopft die Packung auf das Armaturenbrett und zieht sich mit dem Mund eine der Zigaretten heraus, dann reicht er mir, ohne den Blick von der Straße zu nehmen, die Packung. Das Auto füllt sich mit Rauch, den die sinkende Sonne prächtig einfärbt. Ich hänge meinen Ellenbogen aus dem Fenster, lehne mich gemütlich zurück und genieße. Es wird kaum noch gesprochen.

Irgendwann fragt Kirk, wo er uns hinbringen kann, und wir antworten: An einen Ort, an dem es sich gut zelten lässt. »Ihr könnt auch bei mir und meinem Freund Craig übernachten«, sagt er in einem merkwürdig verhaltenen Ton nach einer kurzen Pause.

»Ja, das wäre genial!«, ruft Paul von hinten.

Kirk muss offensichtlich vorher noch irgendetwas loswerden. »Da ist noch eins, was ihr wissen solltet …«, fängt er an. »Wenn es euch nicht passt, könnt ihr sofort aussteigen, kein Problem, wirklich.«

Was zum Teufel kommt denn jetzt? Hat er eine Leiche im Kofferraum, die er noch verbuddeln muss?

»Craig und ich sind schwul«, platzt es schließlich aus ihm heraus.

Paul muss lachen. »Und ich bin hetero. Wenn du damit kein Problem hast, hab ich auch keins mit dir.«

Kirk erklärt, dass das hier im ländlichen Ontario ein sensibles Thema sei, und dass man sich als Homosexueller lieber versteckt, wenn man seinen Job nicht loswerden will. Viele halten Homosexualität für eine perverse Krankheit. Wir fahren über einen finsteren Waldweg zu Kirks Haus bei Espanola, das weitab der Straße liegt. Sein Freund Craig, ein dünner, nerdig wirkender Typ, der etwa halb so alt wie Kirk ist, sitzt auf der Veranda und schießt hoch, als er sieht, dass Kirk Besuch mitgebracht hat. Ihm scheint das Ganze gar nicht zu passen, aber Kirk redet leise auf ihn ein, und Craig begrüßt uns schließlich mit den Worten: »Wir können ja vereinbaren, dass wir uns gegenseitig nicht umbringen, okay?« Seltsamer Typ. Eben fand ich noch alles easy, jetzt ist es mir doch unheimlich. Ich verscheuche den Gedanken aber gleich wieder. Kirk ist ein cooler Typ, nur weil sein Haus abgeschieden liegt und Craig zunächst mal ein bisschen distanziert wirkt, muss ich doch nicht gleich einen Film fahren. »Abgemacht, keine Toten«, sage ich und halte Craig die Hand hin. Er lacht und schlägt ein.

Wir essen ein paar Sandwiches und machen es uns dann im Keller gemütlich. Da rollen Craig und Kirk noch ein paar Joints, die wir allerdings dankend ablehnen. »Oben können wir nicht rauchen«, erklärt Craig. »Suzie hat Asthma.« Suzie, das ist eine dicke weiße Katze, die nach ein, zwei Schritten schon schlappmacht. Wenn sie sich dann auf ihre Hinterbeine setzt, ist ihr Bauch so massig, dass sie ihre Vorderpfoten in weitem Abstand stellen muss, um überhaupt sitzen zu können, während sie ihre Wampe vor sich auf dem Boden abgelegt hat. Sie tut mir ein bisschen leid. Jedes Mal, wenn sie sich von ihrem immer vollen Fressnapf wegbewegt, scheint sie nach wenigen Schritten ihre Entscheidung zu bereuen, dreht den Kopf wehmütig zum Napf zurück und scheint sich zu sagen: »Ach, komm, ein bisschen was geht noch rein.« Und dann macht sie sich wieder auf den Weg zurück zu ihrem Fraß.

Schon etwas angetrunken, ist Kirk zu Witzen aufgelegt und deutet im Keller schmunzelnd auf die Tiefkühltruhe, neben der eine Axt steht. »Und hier bringen wir unsere Besucher unter«, lacht er. In meinem übermüdeten Zustand wird mir das ganze Gewitzel über Mord richtig unheimlich. Irgendwann fallen uns fast die Augen zu, und Craig zeigt uns ein Zimmer, in dem wir schlafen können.

»Was sollte dieser Killerwitz? Hätte er sich das nicht sparen können?«, murmelt Paul noch und wälzt sich hin und her. Mein Bruder fährt sich offensichtlich noch einen kleinen Horrorfilm, den er mit in den Schlaf nimmt, denn ein paar Minuten später höre ich, wie sich leises Gebrabbel zwischen die Schnarchgeräusche mischt.

Man Cave

10. JUNI, TAG 36, WEST KELOWNA, KANADA, KONTOSTAND: C$ 295,71

PAUL

Kirk und Craig sollten nicht die letzten außergewöhnlichen Mannsbilder sein, die uns in bei unserem Trip quer durch Kanada helfen. Im Moment sitze ich auf der Terrasse des wohl schillerndsten Exemplars in einem Trailerpark in West Kelowna am schönen Okanagan Lake, aber dazu später. Erst ein kurzer Blick zurück auf die rund 3000 Kilometer bis hierher, die wir in den letzten Tagen hinter uns gelegt haben: Es fing damit an, dass Kirk uns am nächsten Morgen zur nächsten Raststätte bringen wollte, aber dann immer weiter fuhr. Zum einen, weil es in Strömen regnete, zum anderen, weil er fand, dass das eine gute Sonntagsbeschäftigung sei, solange wir ihn gut unterhielten. Wir packten eine Geschichte nach der anderen aus und schafften es so auf unglaubliche 700 Kilometer. Das muss man sich mal vorstellen. Die musste er ja immerhin auch wieder zurück! Kirk fuhr an diesem Tag zwar einen Van statt des alten Fords, aber schnell zu fahren ist in Kanada ja eh nicht drin.

»Guck mal, Hansen, ist der echt?», flüsterte ich und deutete auf eine Silhouette im Regendunst.

»Der Elch? Nein, das ist eine Holzfigur«, belehrte mich Hansen gerade, als das mächtige Tier ganz langsam den Kopf drehte, kaum dass wir an ihm vorbeifuhren. Und wenig später war da wieder ein Tier, das ich noch nie in freier Natur gesehen hatte: Ein Wolf saß unbeeindruckt von den vorbeifahrenden

Autos am Straßenrand und ließ die Ohren hängen. Er wirkte ein wenig deprimiert, wie ein Hund, der etwas ausgefressen hat und sich nun schämt. Nasses Fell, hängender Kopf. Irgendwie süß, aber streicheln wäre wohl die falsche Idee gewesen.

Zwar wurde das Wetter nicht besser, aber in Marathon, ganze 700 Kilometer von Kirks Zuhause entfernt, war dann an einer Tankstelle der Punkt erreicht, an dem er umdrehen musste, um morgen pünktlich bei der Arbeit zu sein. Wir verabschiedeten uns beide mit einer festen Umarmung von Kirk, sehr berührt von seiner Großzügigkeit.

Als wir uns umsahen, entdeckten wir an der Tankstelle einen blauer Unimog, mit, Moment mal, Lindauer Kennzeichen?

»Lindau am Bodensee?«, staunte Hansen. »Wie kommt denn der hierhin?« Das erklärte uns in der nächsten Stunde Heinz, der stolze Fahrer dieses bulligen Gefährts, der sich gerade auf dem Weg nach Alaska zum Startpunkt seiner Panamericana-Tour befand. Ein Traum, den er schon mit 18 hatte und sich als Pensionär endlich erfüllte. »Eine schöne Vorstellung, aber warum man damit wartet, bis man in Rente ist, verstehe ich nicht«, sagte Hansen, als er dem langsam davonfahrenden Gefährt hinterherblickte, nachdem uns Heinz in Terrace Bay abgesetzt hatte.

Keine fünf Minuten später stand da unser nächster Glücksgriff, im wahrsten Sinne des Wortes »fantastisch«. Josephs Auto hatte als Nummernschild das Wort »Awesome«, und er bot uns an, uns ganze 1500 Kilometer mitzunehmen! Natürlich nicht mehr alles heute. »Mit einer kleinen Schlafpause im Wagen«, kündigte er an. Wir waren von der ganzen Fahrerei schon ziemlich kaputt, aber so eine Chance konnten wir uns nicht entgehen lassen. Wir fuhren noch gut sechs Stunden, und dann hielt Joseph an, zog sich sein Käppi über die Augen und kündigte an, drei Stunden schlafen zu wollen. Ich wachte so gegen fünf Uhr mit hämmerndem Kopf wieder auf, fühlte mich wie betäubt. In dem kleinen Auto war fast kein Sauerstoff mehr. Um die Mücken auszusperren, hatten wir alle Fenster geschlossen. Fast panisch riss ich die Tür auf, frische Luft strömte wie ein Schwall kaltes Wasser herein, leider direkt hinterher ein Schwarm Mücken. Eine Stunde später wachte auch Joseph auf. Wir schauten uns verschlafen an, und nach einem kurzen *good morning* und einem Blick auf die Uhr drehte er schon den Zündschlüssel um, und weiter ging die Reise. Nicht mal ein kurzes Austreten! Manchmal kommt es mir so vor, als ob für einige Kanadier die Grundhaltung das Sitzen auf dem Fahrersitz ist. Fuß auf dem Gaspedal, Hände am Lenker, immer unterwegs. Mein Äquivalent ist zu Hause in Berlin das Sitzen vor dem Computer, muss ich mir eingestehen.

Die Fahrt zog sich mächtig in die Länge, Hansen schlief und die Landschaft war eintönig und flach. Felder, nichts als Felder. So unterhaltsam Joseph auch war, meine Knochen schmerzten, ich konnte es nicht erwarten, endlich wieder zu stehen, mich lang zu machen, etwas Bewegung zu bekommen. Aber wie wir es bereits mehrfach erleben durften, war auch Joseph so lieb, uns noch etwas weiter zu fahren als eigentlich geplant, und setzte uns an einer Tankstelle hinter Moose Jaw ab. Joseph musste am nächsten Tag, nachdem er in zwei Tagen fast 4000 Kilometer gefahren war, noch weitere 500 Kilometer hinter sich bringen. »Halb so wild«, fand er. Sein Boss, eine Telefongesellschaft, schickt ihn an Orte, an denen Bäume die Leitungen zu beschädigen drohen und gefällt werden müssen.

In Moose Jaw gerieten Hansen und ich in einen heftigen Streit. Wahrscheinlich waren wir beide einfach am Ende unserer Kräfte, und es wäre sinnvoll gewesen, eine kleine Pause einzulegen, aber Hansen stand schon wieder neben dem nächsten Pick-up. Am liebsten hätte ich ihn angebrüllt, aber da war's schon zu spät. Er hievte unsere Anhänger auf die Ladefläche und stieg ein. Mark und Mitch, ein Barbesitzer und sein Stammgast, waren auf dem Weg nach Westen und konnten uns bis Medicine Hat mitnehmen. Die beiden waren ziemliche Unsympathen, alles, was sie über Frauen, Indianer und alberne Verschwörungstheorien vom Stapel ließen, war total unmöglich, aber man ist als Tramper in einer komischen Situation. Ich meine, immerhin waren die beiden so nett, uns mitzunehmen. Aber bedeutet das, dass man dann mehr Verständnis aufbringen muss? Zumindest sollte man mehr Geduld haben und versuchen, hinter die Fassaden zu schauen.

Mark hatte an der rechten Seite eine große Zahnlücke, da hat er sich selbst mit der Rohrzange den Zahn ziehen müssen. Die Jungs sind einfach eine Nummer abgebrühter als wir, aber vielleicht hat es ja auch etwas Gutes, wenn mal zwei so unterschiedliche Welten aufeinanderstoßen, und sei es nur für ein paar Stunden Autofahrt. Am meisten interessierten die *dudes* sich übrigens für die deutschen Autobahnen. Dass man da an vielen Stellen so schnell fahren kann wie man will, finden die Leute hier alle traumhaft. »Und dabei ist das doch so ein kleines Land!«, wunderte sich Mitch. An der Tankstelle bei Medicine Hat, an der sie uns rausließen, drückten uns nach kurzer Zeit schon wieder mehrere Leute Geld in die Hand, die von unserer speziellen Tour hörten.

Mir wird das langsam beinah unangenehm. Wir werden ohne Probleme mitgenommen, bekommen alle Nase lang Geld zugesteckt. Ich habe ein schlechtes Gewissen. Wo bleibt die Anstrengung, wo bleibt das Abenteuer?

In der Nacht regnete und stürmte es heftig über der prärieartigen Landschaft, die mich stark an Kasachstan erinnerte. Am Morgen war der Wind abgeflaut, der beißende Dunst der Abwassergräben zog ins Zelt und machte es uns leichter, unsere müden Körper noch vor Sonnenaufgang aus dem Zelt zu quälen. Total zerknautscht blinzelte ich kurz in die Taschenlampe, mit der Hansen mich versehentlich blendete, als er seine Socken suchte. Trotz dem Gestank beschlossen wir, an unserem Zeltplatz zu frühstücken, um das Zelt noch zu trocknen, bevor wir es einpackten, und um noch ein wenig den traumhaften Ausblick auf die Gebirgskette der Rocky Mountains in der Ferne zu genießen, die jetzt bei Sonnenaufgang am Horizont erkennbar war. Zum Frühstück gönnten wir uns türkischen Kaffee aus unseren Tomatenmarkdosen, dazu Brot mit Butter und Erdnussbutter.

»Also, wie machen wir es jetzt?«, fragte ich Hansen und setzte damit wieder bei unserem Streitgespräch vom vorherigen Abend an, als wir uns nicht hatten einigen können, wie wir weiterfahren wollen. »Ich würde vorschlagen, wir versuchen direkt nach Vancouver zu trampen oder zumindest bis nach Banff. Wenn wir jemanden finden, der uns hinter Banff in den Rockies rauslassen kann, umso besser, dann sehen wir noch was von den Bergen.«

Hansen betonte wieder, dass er das nicht planen, sondern spontan entscheiden wollte, je nachdem wer uns mitnimmt und bis wohin.

Wir begannen, auf der Raststätte Leute zu fragen, ob sie in unsere Richtung fahren, aber die meisten schauten irritiert oder lehnten gleich ab. Dann hielt ein dicker Pick-up-Truck neben Hansen, ein Typ mit rosarotem Gesicht lehnte sich über die Mittelkonsole und fragte: »Wohin wollt ihr, Jungs?«

Und Hansen ganz unverschämt: »Nach Vancouver, kannst du uns mitnehmen?«

»*Fuck*, Jungs, natürlich! Ich fahre nach Kelowna, von da aus sind es nur noch vier *fucking* Stunden nach *fucking* Vancouver. *You got a ride!*«

Und so lernten wir also Pete kennen, der sich durch eine derbe Sprache und den Hang zu ziemlich vielen Schimpfworten auszeichnete. Hinter jedem dritten Wort ein *fuck*. Mindestens. Passend dazu trug er ein schwarzes T-Shirt auf dem einem ein wütendes Skelett den Stinkefinger entgegenstreckt.

Als wir das Gepäck verstaut hatten und losfahren wollten, blies Pete in ein komisches Gerät, das mit der Zündung verbunden war. »Ach, das ist diese *fucking* Alkoholsperre. Ich bin zu oft besoffen erwischt worden, versteht ihr? Und jetzt, *fuck*, muss ich jedes Mal pusten, damit der Motor anspringt. Und wenn da auch nur ein verdammter Alkoholhauch drin ist, dann: Disco, Jungs! Dann bimmelt, plärrt und funkelt der ganze gottverdammte Wagen wie eine *fucking* Kirmes.«

Und los ging die Reise. Pete quatschte ununterbrochen. Von Motorrädern, Trucks, Frauen und Jetski. Das alles liebt er. Er ist

Supporter der Hells Angels und ein ziemlicher Draufgänger, aber – und das merkt man schnell – einer mit einem großen Herz. Impulsiv, ein bisschen jähzornig, aber unglaublich warmherzig und mitreißend. Nachdem wir uns ein paar Stunden gut verstanden hatten, lud er uns zu sich nach West Kelowna ein. »*Fuck*, Jungs, wir können Jetski fahren, Bier trinken, Joints rauchen. Ich zeig euch meine Harley! Ich wohne da, wo andere Urlaub machen. Das müsst ihr sehen. Abgemacht?« Wie sollte man da Nein sagen?

Schon witzig, dass die hier alle kiffen. In Europa ist das eher etwas für Teenies und Studenten, hier in Kanada treffen wir ständig auf ausgewachsene Männer, die sich einen durchziehen. Das Alkometer hat dafür übrigens keinen Sensor …

Jetzt, fünf Stunden später, sitzen Hansen und ich auf Petes Veranda und trinken Dosenbier. Petes Holzbude ist Teil eines Trailerparks, der an einem kleinen Flüsschen direkt im Zentrum einer schicken Villengegend liegt. Vor den Villen ankern dicke Motorboote, vor Petes Gästehütte, in der wir heute schlafen dürfen, gibt es immerhin einen Jetski. Ich habe selten ein penibler aufgeräumtes Zuhause gesehen. Als Pete vorhin von seinem *man cave* erzählte, einem Refugium für Bier, Burger und Harley-Devotionalien, habe ich mir wer weiß was vorgestellt, aber bestimmt kein Haus, das so aussieht, als habe es der Baumarkt gerade frisch angeliefert. Kaum kommen wir an und der Truck ist geparkt, fängt Pete schon an, wie ein Verrückter die Veranda zu fegen. Völlig unnötig, bei dem Wind wird sie in Nullkommanix wieder mit Laub bedeckt sein. Petes angestrengtem Gesicht nach zu urteilen, sollte ich das besser nicht erwähnen. Er hat schon einen aufbrausenden Zug.

Als wir vorhin an einem Auto vorbeigefahren sind, dessen Heckscheibe von einem Sticker geziert war, auf dem ein kleines Männchen auf die Provinz Alberta (Petes Heimat) pisst, flippte unser neuer Freund aus und war kurz davor, aus seinem Truck und dem armen Witzbold an die Gurgel zu springen, glücklicherweise bog das Auto rechtzeitig ab, bevor es so weit kommen konnte. »Aber ich sag euch, wenn einer versucht, sich über mich lustig zu machen, dann …« Sein rosiges Gesicht wurde noch röter. »… hab ich diese hier!« Und er ballte seine Fäuste.

Petes Schultern und Oberarme sind mit Tattoos übersät, die genau so enden, dass ein kurzärmeliges Hemd sie verdecken würde. Pete erinnert mich vom Gesicht her ein bisschen an den jungen Johnny Cash. Kann mir schon vorstellen, dass er einen Schlag bei den Frauen hat. Zwei Freundinnen hätte er, hat er uns vorhin erzählt. Aber die dürfen im *man cave* nicht wohnen, sondern nur zu Besuch kommen, sonst wär´s ja kein *man cave* mehr.

Den besten Platz auf der Veranda nimmt eine funkelnde Harley ein, die Hansen, der »Motorradkenner«, aufmerksam begutachtet, während er von Pete dabei nicht aus den Augen gelassen wird. »Das Baby läuft nicht mehr, die Batterie ist im Arsch«, sagt er. Als mein Bruder daraufhin nach dem Kickstarter fragt, jault Pete laut auf: »Kickstarter? Das ist doch kein Moped! Wenn du bei einer Maschine wie der einen Kickstarter hättest, würde es dir das verdammte Bein brechen und durch die Luft wirbeln, du *greenhorn!*«

Hansen trollt sich zurück in seinen Holzsessel, und glücklicherweise taucht in diesem Moment Ed, Petes 79-jähriger Nachbar, auf, der zugleich sein *smoke buddy* ist. Der dünne Ed erzählt, dass er erst mit 65 seinen ersten Joint geraucht hat, und baut, während er spricht, ein Exemplar, das jedem Amsterdamer Coffeeshop als Aushängeschild dienen könnte.

Petes komplette Wohnung ist ein Harley-Davidson-Museum. Überall Poster, Miniaturen, Accessoires, selbst die Klospülung klingt wie das knatternde Geräusch eines Harley-Motors. Als Pete von Bier und Gras tiefenentspannt ist, darf Hansen sich sogar mal auf seinen *bad boy* setzen – nachdem er die heilige Harley zum Moped degradiert hatte, ein echtes Privileg.

Wir sprechen Pete auf die Hell's Angels an. Ob das nicht brutale Gangster seien? Er erklärt uns, dass nicht alle Hell's Angels so sind. Es sei eine Frage von Respekt. Und wenn man sich gegenseitig ernst nehme, gebe es keine Probleme. Wenn wir ihn und seine Sachen mit Respekt behandeln, wird er uns auch gut behandeln. Und wenn nicht?, frage ich mich. Und wer entscheidet überhaupt, was respektlos ist?

Irgendwann schleichen wir uns betrunken ins Gästehaus und werfen uns auf das Etagenbett. Hansen oben, ich unten.

Am nächsten Morgen wache ich lange vor meinem Bruder auf und höre schon das Gebläse, mit dem Pete die Veranda wieder vom Laub befreit, sodass es sich einfach für eine Weile anders verteilt. Als ich herausschaue, sehe ich 24 leere, fein säuberlich aufgereihte Corona-Flaschen am Balkonende stehen, auf dem Tisch sind Kaffee und ein Burger mit Ei und Bacon angerichtet. »Kommt rüber«, ruft Pete. »Es gibt Frühstück!«

Ich wecke Hansen, und wir machen uns über den Kaffee her, der Burger ist ehrlich gesagt eine ziemliche Katastrophe, aber das lassen wir uns lieber nicht anmerken. Pete-Rocker, wie wir ihn gestern Nacht getauft haben, erklärt uns den Tagesplan. Er macht den Hof sauber, wir reparieren die Spülmaschine und bauen das Kamera-Überwachungssystem ein, an dem er bisher gescheitert ist. Wenn alles fertig ist, nimmt er uns eine Runde auf dem Jetski mit.

Während Pete-Rocker seine Sisyphosrunden mit dem Laubbläser dreht und mit einer Plastikeule, die an einer Schnur von der Terrasse baumelt, die Vögel vertreibt, bringen wir die Kameras an, mit denen Pete später per App sein Haus bewachen will, während er unterwegs ist. Insgesamt vier Kameras müssen an alle Ecken des Hauses angebracht werden, die Kabel durch Wände geführt und hinter Fußleisten versteckt werden, und das Ganze möglichst, ohne dass eins von den unzähligen, kostbar aussehenden Modellmotorrädern beschädigt wird, die in jeder Ecke des Hauses stehen.

Mit einem Schlag jedoch ist die Stimmung im Keller. »*Fuck! Fuck!!*«, tönt es aus dem Garten. »*Fuck! Fuck!*« Und diesmal hört es sich ernst an.

Pete hat eine SMS bekommen, in der jemand sein Beileid bekundet. Anscheinend sind heute zwei Arbeiter, die er mit Gasmasken und Sauerstoff ausstattet, wegen einer Fehlfunktion des Systems tödlich verunglückt. Pete-Rocker ist auf einmal ein anderer Mensch. Die Verzweiflung steht ihm ins Gesicht geschrieben.

Er will seinen Chef anrufen und bemerkt, dass er vorhin, beim Installieren der neuen Überwachungsapp, versehentlich alle Kontakte gelöscht hat. Weil ich ihm mit der App geholfen habe, wird Pete mir gegenüber nun unangenehm sauer. Die Adern an seinem Hals schwellen furchterregend an. Mir bleibt nichts anderes übrig, als darauf zu vertrauen, dass Petes Ehrenkodex, Freunden gegenüber nicht handgreiflich zu werden, auch in dieser Situation gilt, und verziehe mich zur Sicherheit auf die Veranda.

Natürlich kann ich verstehen, dass der Miteigentümer einer Firma, die Sauerstoff an Minenarbeiter liefert, schwer mitgenommen ist, wenn es zu einem Unfall kommt, erst recht, wenn es das eigene System ist, das versagt hat. Aber ich will jetzt trotzdem nicht dafür als Ventil missbraucht werden.

Hansen und ich sind stockstarr und überlegen, ob wir nicht unsere Sachen packen und Pete seine Ruhe lassen sollen. Vorsichtig räumen wir alle Werkzeuge zurück und versuchen, unserem Gastgeber aus dem Weg zu gehen, aber das ist nur schwer möglich in diesem kleinen Haus.

Als Pete eine halbe Stunde später wieder in die Küche kommt, in der wir gerade den Abwasch machen, wirkt er nachdenklich statt geladen. Er schaut sich die Kameraaufzeichnung der Überwachungssystems an, das wir in der Küche angebracht haben, und schreit plötzlich: »*Goddammit!*« Ich zucke zusammen und befürchte, dass er jetzt komplett durchdreht. Stattdessen sagt er: »Da sind zwei Deutsche in meiner Küche und machen meinen Abwasch! Wo zum Teufel kommen die her?«

Erst in diesem Moment merke ich, dass er scherzt und anscheinend wieder bester Laune ist. Er setzt sich und erklärt uns, dass alles ein Fehlalarm war, den eine Falschmeldung auf Facebook verursacht hat.

Abends will Pete-Rocker dann King Crabs und Schweinesteak kochen, dazu ein kleiner Salat. Also schon wieder viel Fleisch. Wir versuchen, in dem Flüsschen vor dem Haus zu angeln, fangen auch ein paar kleine Fische, aber nichts Essbares.

Nach dem Abendessen machen wir mit Pete einen kleinen Spaziergang durch das bei den Trailerbewohnern unbeliebte, aus dem Boden geschossene Villenviertel. Die Spannung zwischen Reich und Arm ist groß, und die Reichen wollen die Trailerparkbewohner vergraulen und auch die andere Seite des Flusses mit Villen bebauen. Die Trailer waren nämlich schon vorher hier und stehen entsprechend auf dem schönsten Teil der Halbinsel im See.

Später spielen wir mit dem Überwachungssystem Zombies, weil die Infrarotbilder der Kamera exakt die Zombiefilm-Ästhetik haben und die Augen leuchten lassen. Ich glaube, Pete wäre es recht, wenn wir ihm noch länger Gesellschaft leisten, er macht schon Pläne für den nächsten Tag, aber ich muss zugeben, dass ich hier langsam den Lagerkoller kriege und weiterwill. Das Erste, das wir gestern gemacht haben, war, den Flug nach Tokio zu buchen, wir müssen also so oder so bald weiter.

Später, im Bett, beschließen wir, am nächsten Morgen im Internet nach einer Mitfahrgelegenheit zu suchen. Am besten gleich für den Nachmittag. Wenn wir in Vancouver sind, haben wir etwa die Hälfte der Zeit rum, dann sind wir wieder auf dem Rückweg, zurück nach Hause, zu unseren Freundinnen, die wir mittlerweile unglaublich vermissen. Es ist etwas anderes auf dieser Tour als auf der letzten, auf der wir beide noch Single waren. Diesmal bleibt eine feste Verbindung nach Hause immer bestehen, wir koppeln uns nie ganz ab. Selbst wenn es oft schwer ist zu telefonieren, und auch mit den SMS funktioniert es nicht immer. Dass wir diese Sehnsucht verspüren, war zu erwarten, ist aber trotzdem neu für uns. Ich habe so etwas vorher noch nicht erlebt. Es gibt etwas, das mich schon nach nicht mal

40 Tagen stark nach Hause zieht. Ich freue mich so darauf, Isabel endlich wiederzusehen. Und Hansen geht es genauso. Nach unserem Gespräch seufzt Hansen tief. Fast so laut, als wolle er, dass Anka es drüben in Berlin hört.

»Hey Hansen, wach auf!« Ich schüttele meinen Bruder. »Lass uns die Mitfahrgelegenheit buchen, bevor Pete uns wieder komplett einspannt.«

»Mhhhmmppff«, macht Hansen nur und umarmt sein Kopfkissen noch fester, als würde es ihn auf diese Weise in seine Traumwelt zurückbringen, aus der ich ihn gerade reiße.

»Im Ernst, Hansen. Ich fühle mich, als würden wir feststecken.«

»Aber wir haben Pete versprochen, die Lichtmaschine am Hot Rod zu reparieren und den Heiligen Gral«, murmelt er.

»Und deswegen stehst du jetzt endlich auf! Wenn wir früh anfangen, können wir heute Nachmittag weiter.«

»Und was ist mit dem Jetski?«

»Das ist keine verfluchte Urlaubsreise!«

»Aber wir können uns auch nicht wie Arschlöcher benehmen. Der Mann ist unser Gastgeber!«

Hansen hat sich mit einem Ruck in seinem Hochbett aufgerichtet und stößt dabei mit dem Kopf an die Decke. Auf den stumpfen Aufprall folgt eine wütende Faust, die sich an der Holzdecke rächt, und dann ist er zumindest wach.

Wir finden keine Mitfahrgelegenheit und beschließen, den Tag hier zu genießen und morgen in aller Frühe weiterzutrampen. Wieder wartet ein Frühstück aus Burger und Kaffee auf dem Deck. Ziemlich übles Zeugs, das Fleisch. Voll mit Farbstoffen, damit es rosig aussieht.

Hansen schneidet die Hecke, und ich repariere die Lichtmaschine am Hot Rod. Danach beginnt mein Bruder, mit Fingerspitzengefühl den Heiligen Gral zu verarzten. Petes Augapfel ist ein vollmechanisches kleines Chopper-Modell einer Harley Davidson (was sonst), die ein Freund ihm im Knast angefertigt hat. Die Reparatur ist nervenaufreibend, einerseits weil Pete daneben steht und ständig betont, wie wichtig dieses Ding für ihn sei und dass er jedem, der es anfasst, die Finger brechen würde, und andererseits ist die Mechanik sehr fein. Hansen baut schließlich alles auseinander, repariert, ölt, putzt, und plötzlich, o Schreck, gibt es einen Kurzschluss, als er versucht, eine Diode auszutauschen. Die komplette Elektronik fällt aus. Für einen kurzen Moment liegt Panik in der Luft. Hansen bleibt cool und schließt alles aufs Neue an und, o Wunder, das Ding läuft wieder.

In einem Secondhandladen kaufen Pete und ich einen alten Monitor, auf dem er die Überwachungskameras durchgehend laufen lassen und mit seinen Kumpels Zombies spielen kann. Ein echter *man cave* braucht so etwas. Hansen wiederum fängt währenddessen an, die schimmelnde Trockenwand aus Rigips in Petes Schlafzimmer rauszureißen, weil die Waschmaschine dahinter leckte. War aber nicht die Waschmaschine, sondern ein Loch im Dach. Also aufs Dach hoch, dort alles mit Blech abgedichtet und das Dach geputzt.

»Verdammt, Jungs, jetzt habt ihr euch eine Runde auf meinem Jetski verdient!«, brüllt Pete vom Steg her. »Aber oberste Regel – auf keinen Fall ins Wasser fallen, das ist supergefährlich!«

Zuerst bin ich dran und umklammere seinen Bierbauch, während Pete mächtig aufdreht und mit fast 60 Sachen übers Wasser flitzt. Bloß nicht runterfallen, denke ich die ganze Zeit und kann mich nicht so recht entspannen. Später, als wir wieder zurück sind, stellt sich heraus, dass Petes Warnung bloß ein Scherz war. »Das Runterfallen ist doch der eigentliche Spaß daran!«, lacht er und haut mir kräftig auf die Schulter, bevor er Hansen auf den Jet einlädt. Ich schaue den beiden hinterher: Der kompakte, massige Pete mit seinen Oberarmtattoos, die unter der Schwimmweste hervorlugen und dahinter, ihn umklammernd, mein langer, dünner Bruder.

Zum Abendessen gibt es King Crabs, die er mit Salat für uns zubereitet hat, so etwas Köstliches habe ich schon lange nicht mehr gegessen. Als später Petes Freundin Kim vorbeikommt, drückt uns unser Gastgeber ein paar DVDs in die Hand und besteht darauf, dass wir einen davon schauen, weil er und Kim, alles andere als schalldichte drei Meter vom Gästehaus entfernt, ein bisschen Privatsphäre brauchen. Wir entscheiden uns für »Full Metal Jacket«.

Packesel

13. JUNI, TAG 39, VANCOUVER, KANADA, KONTOSTAND: C$ 183,27

Hansen

Wir sitzen am Pazifik! Unter unseren Füßen weicher Sand, vor unseren Augen ein riesiger Ozean, an dessen anderem Ufer unser nächstes Ziel, Tokio, liegt, und im Rücken eine Stadt, die unglaublich schön ist. Ich hatte keine richtige Vorstellung von Vancouver, umso positiver war die Überraschung. Die Stadt, die aus einem Goldrausch entstanden ist, ist modern, offenherzig und gemütlich. Obwohl es sich um eine Millionenmetropole handelt, mit Hochhäusern, Straßenschluchten und allem, was dazugehört, liegt sie inmitten einer bewaldeten Küstenregion an der Bucht hinter Vancouver Island. Alles ist grün, das Wasser ist klar, und der Anblick der Küste vermittelt einem beinahe das Gefühl, in Alaska zu sein. Diese Stadt hat von allem etwas: hohe Berge, das Meer, die vielfältigsten Kulturen und unglaublich viele junge Leute. Wie gerne würde ich hier ein paar Tage bleiben, aber unser Aufenthalt bei Pete hat unser Urlaubskontingent aufgebraucht.

Der Weg hierher führte uns durch die atemberaubende Landschaft der Rocky Mountains. Ab Kelowna hatten wir eine Mitfahrgelegenheit nach Vancouver gebucht, und das war mit die seltsamste Fahrt bisher. Erst kam Tarun zu spät, und als er dann kam, stieg er aus seinem Auto, lief zu uns rüber und sagte: »Wir haben eine spezielle Situation heute. Meine Frau hat beschlossen mitzufahren, und sie erlaubt es nicht, dass ich fremde Leute mitnehme, daher bist du jetzt Mike und du Bob, und wir kennen uns von früher aus der Highschool.«

»Wie bitte?«, fragte ich erstaunt. »Wie soll das funktionieren? Wir werden die nächsten vier Stunden miteinander im Auto verbringen, ich bin Deutscher und habe in meinem ganzen Leben noch keine einzige Highschool von innen gesehen! Denkst du wirklich, das ist eine gute Idee, deine Frau so dreist zu belügen?«

Aber für Tarun schien die Sache schon erledigt, und kurze Zeit später saßen wir ziemlich angespannt hinten in seinem Wagen. Er stellte mich seiner Frau tatsächlich als Mike vor. Zum Glück stellte sie erst mal keine weiteren Fragen. Tarun und seine Frau hatten einen Termin bei einer Bank in Surrey, kurz vor Vancouver, und es deshalb recht eilig. Allerdings schien Tarun leider keine große Erfahrung mit dem Autofahren zu haben. Er raste in den unübersichtlichsten Situationen mit stark überhöhter Geschwindigkeit durch die Berge. Keine Chance, die Rocky Mountains zu genießen. Nebenher tippte er auf seinem Handy und log seine Frau weiter an. Dummerweise verrieten sowohl er als auch ich mehrmals indirekt, dass wir uns gar nicht kannten. Taruns Frau roch den Braten und war ziemlich angefressen, aber ihr Mann log freudig weiter und beteuerte, dass alles so sei, wie er sage. Einmal fragte er mich, ob wir beide eigentlich Zwillinge seien, und seine Frau, die ganz offensichtlich cleverer war als ihr Mann, stichelte: »Waren sie das nicht schon auf der Highschool?«

»Na ja schon, aber ich war mir nicht mehr ganz sicher«, antwortete der Lügenehemann, und seine Frau schaute den Rest der Fahrt genervt aus dem Fenster. Dass Tarun so schnell fuhr, hatte einen Vorteil: Wir kamen tatsächlich schon um 13 Uhr in Surrey an und erreichten kurze Zeit später Vancouver mit dem SkyTrain.

In dem Zug trafen wir den von Kopf bis Fuß verstaubten und mit Farbe bekleckerten Bauarbeiter Jake, der uns an der Burrard Station den Weg zum Strand wies und sich mit zwei eiskalten Bierdosen von uns verabschiedete. »Vitamin P«, sagte er. »*Welcome to Vancouver!*«

»P?«, fragte Paul, als Jake entschwunden war.

»Pils, Paul. Vitamin Pilsener!«

Wir liefen durch Davie Village, Vancouvers Schwulenviertel, Richtung Strand. Paul und ich schienen ein ziemlicher Hingucker zu sein und bekamen im Vorbeigehen einiges an Komplimenten. Als ich in einem Restaurant nach einer Schachtel Streichhölzer fragte, antwortete der Kellner mit einem Augenzwinkern: »Wofür? *Boy, you are on fire!*« Er gab mir dann aber doch noch Streichhölzer. Derartig verhätschelt, erreichten wir den Strand wie auf Wolken.

Paul beschließt, auf der kleinen Wiese an der Strandpromenade das Abendessen aus Reis, Mais und Thunfisch zu kochen. So langsam sind die Tage in Kanada gezählt, und wir müssen schon ans nächste Packen denken und möglichst alle Lebensmittel aufbrauchen. Aber das stellt sich hier als gar nicht so einfach heraus. Obwohl wir versuchen, ausnahmsweise mal keine Aufmerksamkeit zu erregen, haben wir keine Ruhe. Ungelogen, alle zwei Minuten nähert sich jemand der Kochstelle und fragt, was wir denn da machen, wer wir sind und was uns hierhergeführt hat. Als sich ein ganzes Grüppchen Neugieriger um uns geschart hat, springt Paul plötzlich pfeilschnell auf und ruft: »Lasst mich doch einfach in Ruhe kochen!« Die Leute schrecken erstaunt zurück, und Paul wird sein plötzlicher Ausbruch sofort unangenehm. »Zehn Minuten, ja? Dann sind wir wieder ganz für euch da.« Die Menschen lachen und versprechen, uns die kleine Essenspause zu gönnen. Doch dazu kommt es nicht, denn kaum ist der erste Löffel im Mund, nähert sich Carl, eine leicht angetrunkene hyperaktive Quasselstrippe. Basecap, schwarzes Tanktop über leichtem Bierbauch und Shorts. Schätzungsweise Mitte 30 und eine noch größere Tourette-Laberbacke als Pete. Drei *fuck* pro Satz. Vorne, Mitte, hinten. Das muss man erst mal schaffen.

Aber Carl ist nicht unsympathisch, und je mehr er redet, desto besser kann ich ihn leiden. Auch wenn es gar nicht leicht ist, seinem irrwitzigen Sprechtempo zu folgen. Carl ist vor einiger Zeit selbst komplett ohne Geld nach Vancouver gekommen und hat dort ein Umzugsunternehmen gegründet. Das Geschäft läuft jetzt seit vier Jahren und wirft endlich etwas Gewinn ab. »*Fuck, you fucking need a fucking job, fuck. I fucking got something for you!*« Er packt aus seinem Rucksack zwei große Bierdosen und spannt uns kurzerhand für einen Umzug ein, den seine Spedition morgen macht. Acht Stunden, für die wir jeder 160 Dollar bekommen. Perfekt! Besser hätten wir's nicht planen können.

Das Seltsame an Carl ist, dass auch sein Lachen wie im Zeitraffer abläuft. Es ist sehr kurz und knatternd, aber dafür einfach auch dreimal so schnell wie ein normales. Er ist das genaue Gegenteil von John, der alles in Zeitlupe gemacht hat. Ich muss grinsen und stelle mir vor, wie die beiden sich unterhalten würden.

»Du glaubst mir nicht? Glaubst mir nicht, *fucking* glaubst mir nicht?«, fragt Carl als Reaktion auf mein Lächeln – ihm scheint nichts zu entgehen.

»O nein! Natürlich glaube ich dir!«, beende ich meine Träumerei und sage übertrieben euphorisch zu. Im selben Moment geht mir durch den Kopf, dass ich eigentlich ganz gerne mal wieder auf der Straße Geld verdienen würde und nicht immer nur mithilfe irgendwelcher Jobs. Aber Carls Angebot ist einfach zu gut. 320 Dollar. So viel Geld verdient man selbst in Kanada nicht an einem Tag auf der Straße.

Er könne uns allerdings erst am Dienstag bezahlen, weil er erst dann das Geld von der Kanzlei bekommt, die den Umzug beauftragt hat. Paul und ich beschließen, das Risiko einzugehen und ihm zu vertrauen, auch wenn wir längst in Japan sind, wenn er uns das Geld überweisen wird. Carl legt noch einen drauf: Er drückt mir etwas in die Hand: »Das sind die Schlüssel zu meinem Apartment. Liegt nur 200 Meter hinter der Strandpromenade, ihr könnt bei mir schlafen, ich suche mir heute ein Girl, bei dem ich schlafen kann.« Spricht's und deutet mit dem Finger auf eine Frau, die gerade am Strand vorbeiläuft. Er raunt etwas wie »Hmm, komm schon her, du, her, hmmm« – und ist für einen Moment wie weggetreten. Neben dem ständigen *fuck* hat er die Angewohnheit, irgendwelche Wörter im Satz einfach doppelt auszusprechen.

Ganz plötzlich ist er wieder wach und springt auf. »Bis später Jungs! Spätestens morgen. Morgen.«

Als er weg ist, wissen wir noch gar nicht so recht, was wir denken sollen. »Ist doch cool«, sagt Paul. »Selbst wenn er uns irgendwie über den Tisch ziehen würde. Kanada hat uns so viel gegeben, selbst das wäre es wert, oder?«

Ich stimme ihm zu. Kanada war einfach überragend großzügig uns gegenüber.

Keine halbe Stunde später steht Carl schon wieder vor uns, hat sowohl Sushi für uns gekauft als auch für jeden ein Bier. Nach dem zweiten Abendessen schlägt er uns vor, dass er uns sein Apartment zeigt, damit wir eine Dusche nehmen können. Keine hundert Meter vom Strand entfernt führt er uns in einen der etwa zwanziggeschossigen Türme. Von Carls Wohnung aus hat man einen fantastischen Blick auf die Bucht. Einziger Haken, den leider selbst die Aussicht nicht wettmachen kann: Es riecht hier drinnen wie in einem Hamsterkäfig und ist derartig verdreckt, dass man am liebsten gleich zurück an den Strand möchte. Das ganze Bad riecht nach Urin, an der Toilette und sogar an der Badewanne und auf dem Boden kleben braune Reste von irgendetwas Undefinierbarem. Carl hat uns im Aufzug zwar vorgewarnt, dass es eine Junggesellenwohnung sei, aber so schlimm habe ich mir das nicht vorgestellt. Wenn meine Bude so aussähe, würde ich keine Gäste eingeladen. Wir sind natürlich sehr dankbar, dass wir hier schlafen und duschen dürfen, aber am Strand wäre es doch schöner gewesen.

Als Erstes dreht sich Carl einen Joint. Hier in British Columbia sind Marihuana und Haschisch legal oder zumindest toleriert, sodass man das Zeug in legalen Coffeeshops kaufen kann. Weil Carl daraufhin wieder der Hunger packt, geht er noch mal los zu Burger King. Paul und ich graben uns eine Ecke im Wohnzimmer frei und machen es uns dort auf unseren Isomatten gemütlich – ehe Carl zurückkommt, sind wir schon eingeschlafen.

In der Nacht wache ich auf, weil ich höre, wie Carl Hals über Kopf zur Toilette rennt. Er bleibt dort eine ganze Weile und übergibt sich immer wieder. Ich überlege noch, ob ich aufstehen und ihm helfen soll, aber bevor ich mich dazu motivieren kann, ist es vorbei, und ich schlafe wieder.

Am nächsten Morgen scheint alles vergessen. Carl gibt uns Firmen-T-Shirts und geht schon mal los, um den LKW zu holen. Wir spazieren zu Fuß zur Einsatzstelle, ein Bürogebäude in Downtown, und genießen es, auf diese Weise noch ein wenig von Vancouver sehen zu können. Als wir im soundsovielten Stock ankommen, bekomme ich einen Schock. Die ganze Etage ist vollgestellt mit Hunderten von Möbelstücken, Pflanzen, Druckern und Computern. Wie sollen wir das zusammen mit Angel, einem alten, sehr netten Alkoholiker, der sich alle halbe Stunde einen kleinen Joint anzündet und aus seinem Flachmann einen Schluck Schnaps in den Kaffee gießt, schaffen? Nicht in acht Stunden, nicht mal in zwei Tagen!

»*Fuck, no!*« Carl beruhigt mich, als er meinen verzweifelten Gesichtsausdruck sieht. »Nur die mit den grünen Stickern, Stickern.«

Das ist schon besser. Und außerdem werden wir ja nach Stunden bezahlt, also was soll's. Fangen wir lieber gleich an.

Wir stellen alle Möbel vor das Hochhaus und bitten die Wachmänner, ein Auge darauf zu haben. Trotzdem erwischen wir immer wieder Leute, die denken, es handele sich um Müll, und schauen, ob sie etwas Brauchbares finden können. Zugegeben, die Möbel sehen auch echt schäbig aus. Passen überhaupt nicht zu dem marmor- und chromglänzenden Gebäude, in dem sie die letzten Jahre oder Jahrzehnte standen.

Die Securityfrau an der Rezeption legt ihre Beine auf den Schaltertresen und pennt. Das macht uns das Arbeiten schwer, da wir sie jedes Mal, wenn die Tür zufällt, wecken müssen, damit sie diese wieder öffnet. Aufgesperrt lassen dürfen wir sie nicht.

Carl holt den Truck, und wir laden alles ein. Es ist wie ein 3D-Tetris-Spiel. Wenn das so herum, passt das noch da hinein, wenn das unten, dann das oben. Tricky, aber nicht das erste Mal, dass wir so etwas machen.

Ich mag Umzüge nicht. Für mich sind sie eine sentimentale Angelegenheit, selbst wenn ich wie hier überhaupt keinen persönlichen Bezug zu Möbeln, Menschen oder dem Ort habe. Ich erinnere mich dann daran, wie wir vor sieben Jahren nach der Trennung unserer Eltern zusammen mit unserem Vater das Haus in Singen, in dem wir aufgewachsen sind, aufgelöst haben. Mein Zimmer mit der Blechschildersammlung an der Wand, Pauls, in dem noch sein ferngesteuertes Auto, sein »Tamiya Manta Ray« und viele Erinnerungen an sein Jahr in Australien standen. Der Küchentisch, um den wir so viele Abende zusammen gesessen, gegessen und diskutiert haben. Das Zimmer unserer älteren Schwester Lilli war schon ein paar Jahre zuvor zum Büro umgebaut worden. Und die kleine Goldschmiedewerkstatt meiner Mutter im Garten des Hauses – ob es die wohl heute noch gibt?

Kleiner Kniff in den Oberarm. Ich muss dringend wieder wach werden. Im Hier und Jetzt gibt es zu viel zu tun, als dass ich jetzt in Erinnerungen schwelgen könnte.

Ich stehe auf der Ladefläche, weil vorn nur Platz für drei war, Angel, Carl und Paul, und werde immer wieder kräftig durchgeschüttelt. Die Federung ist bretthart. Was bin ich froh, dass ich mich nicht, wie Carl es empfohlen hat, auf einen der Hocker gesetzt habe, das hätte mir glatt das Rückgrat gebrochen.

An dem neuen Fabrikgebäude angekommen, in welchem der Anwalt jetzt auf Erdnussbutterproduktion umsatteln will, gibt es leider keinen Aufzug. Die Möbel müssen alle in den ersten Stock und dort auf eine riesige Fläche verteilt werden. Nach neun knochenharten Stunden sind wir fertig. Zum Schluss muss Paul Carl sogar noch Geld fürs Tanken leihen, da der komplett pleite ist. Kurz bevor wir bei der Tankstelle angekommen sind, fängt der Truck an zu stocken, weil er keinen Sprit mehr hat. Carl ignoriert das und fährt weiter. Wir überqueren ein Gleis ohne Bahnschranke an einem Güterbahnhof. Und, wie im Film, geht exakt in dem Moment, in dem wir auf dem Gleis stehen, der Motor aus, und der Truck will ums Verrecken nicht wieder anspringen. Und um das Ganze noch zu toppen, kommt wie in einem schlechten Film ein tutender Güterzug auf uns zu. Der ist zwar ziemlich langsam unterwegs, aber ob er noch rechtzeitig stoppen kann, ist schwer einzuschätzen. Carl, der ziemlich bekifft ist, scheint den Ernst der Lage nicht zu erkennen. Ich mache mir vor allem Sorgen um Paul, der diesmal auf der Ladefläche sitzt und von alledem nichts mitbekommen hat. »Carl, mein Bruder ist hinten drin, der muss sofort da raus!«, schreie ich und bin gerade dabei rauszuspringen, als plötzlich der Motor anspringt und der Truck mit einem Satz von den Gleisen fährt. Es reicht gerade noch für die letzten paar Meter bis zu der Tankstelle.

Carl lädt uns wieder ein, bei ihm zu übernachten, aber diesmal lehnen wir ab. Lieber die letzte Nacht in Kanada draußen am Strand verbringen. Außerdem brauche ich mal eine kleine Auszeit von Carls Welt, in der sich alles um Frauen, Vögeln, Bier und Kiffen dreht.

Wir duschen noch schnell, packen unsere Sachen und verabschieden uns von dem jetzt sehr nachdenklich wirkenden Carl.

Ich glaube, er hat eine harte Zeit. Seine Freundin hat mit ihm Schluss gemacht, und eine neue Bekanntschaft will nicht das von ihm, was er gerne hätte. Und das ist nur ein kleiner Teil der Probleme, mit denen er zu kämpfen hat. Er beneidet uns um unsere Freiheit. Ich glaube, er war einsam, auf jeden Fall hatte er irgendein Problem. Wenn wir, zwei potenzielle neue Freunde, ihn jetzt verlassen, ist er wieder allein in seinem trostlosen Alltag gefangen.

Da heute unser 40. Reisetag ist und unser letzter Abend auf dem amerikanischen Kontinent, begießen wir das ein wenig. Paul und ich setzen uns an den Strand, kaufen uns jeder zwei Dosen Bier und schauen in den Sonnenuntergang. Ich bin bierselig und nachdenklich. Denke darüber nach, wie schade es ist, so einen Zeitdruck zu haben. Wie gern ich noch mal nach Lissabon zurückmöchte, um die Stadt so richtig kennenzulernen, außerdem möchte ich die Rocky Mountains erleben und nicht nur durchfahren, und Vancouver, diese magische Stadt, haben wir nur gestreift.

»Prost Hansen, auf die Halbzeit«, weckt mich Paul aus meinen Gedanken und hält mir feierlich seine Bierdose entgegen.

»Auf die Halbzeit. *Fuckin' 40, ey!*«

»Ich hab mir gerade überlegt, wir haben zwar jetzt in der zweiten Halbzeit mehr Länder vor uns, aber erstens sind die viel billiger, und zweitens können wir da auch mal den Bus nehmen. Und wenn wir den Flug nach Tokio hinter uns haben, haben wir vom Erdumfang schon zwei Drittel geschafft!«

»Ist das ein Seehund da im Wasser?«

»Ja. Ein Mensch ist das nicht«

»Mann, ist das traumhaft hier«, seufzt Paul und vergräbt seine Zehen im Sand.

»Ich wünschte, wir könnten noch bleiben. Ich hab auch das Gefühl, dass Vancouver viel zu kurz gekommen ist, und die Rocky Mountains haben wir gerade mal angekratzt. Die Finger in einen Gebirgsbach gehalten, geguckt, ob Gold drin ist, und das war's.«

»Oder Moose Jaw. Das war so eine geile Westernstadt, da wär ich auch gern drei Tage geblieben. Da lernt man sicher die krassesten, ulkigsten Menschen kennen!«

Wir starren gedankenverloren vor uns hin. Mein Blick bleibt an einer Gruppe Mädels hängen, die im Bikini am Strand Volleyball spielen. Paul bemerkt das, wie immer: »Na, du treulose Tomate? An was denkst du wieder?« fragt er.

»Natürlich an Anka … wie schön das wäre, wenn sie jetzt hier wäre.«

Es wird allerhöchste Zeit, sich auf den Rückweg zu machen.

Kurze Zeit später liege ich im Schlafsack und lasse mir den Pazifikwind um die Nase wehen. Hinter uns ist die Stadt still geworden, vom Wasser her tönt das beruhigend monotone Rauschen der Wellen. Morgen werden wir schon in Japan sein, und ab dann sind wir quasi auf dem Heimweg, weil wir uns mit jedem Schritt ein bisschen auf Berlin zubewegen. Rein streckenmäßig haben wir dann mehr als zwei Drittel der Umrundung geschafft, allerdings erst fünf der geplanten 16 Länder bereist und schon zwei große Sprünge mit dem Flugzeug gemacht.

Moment: übermorgen eigentlich, denn mit dem Flug gen Westen überschreiten wir die Datumsgrenze. Bisher haben wir durch die Zeitverschiebung zehn Stunden hinzugewonnen, mit dem Flug über die Datumsgrenze, verlieren wir sie wieder. Das bedeutet, dass wir morgen Abend, wenn wir um acht Uhr in Tokio ankommen, eigentlich übermorgen ankommen. Dort ist dann schon der 16. Juni. »Hey Paul«, flüstere ich. »Wir reisen morgen in die Zukunft.«

Film ab!

Asien I

VON TOKIO BIS ZUR GRENZE VON MYANMAR

Lost in Translation

16. JUNI, TAG 42, TOKIO FLUGHAFEN, JAPAN, KONTOSTAND: ¥ 9800,72

PAUL

So sieht also die Zukunft aus … Nach einem Zwischenstopp in Osaka stehen wir übermüdet am Flughafen von Tokio und verstehen gar nichts. Und keiner versteht uns. Nicht mal die Dame am Informationsschalter spricht Englisch. Wie sollen wir uns hier bloß zurechtfinden, geschweige denn mit unserer Geschichte Geld verdienen?

Wir schleppen uns mit unseren Koffern aus dem Terminal und machen uns in der unmittelbaren Umgebung des Flughafens auf die Suche nach einem Platz zum Schlafen. Heute sind wir einfach zu erschöpft, um weiter zu kommen. Direkt neben dem Radarturm finden wir eine Brache mit ein paar Bäumen. Wir haben Angst, von Kameras oder Sicherheitspersonal entdeckt zu werden, deswegen sitzen wir noch eine Weile da und beobachten die Lage, bevor wir das Zelt aufbauen. Vom Flughafenterminal her kann man die Stimmen der Menschen hören, so nah sind wir. Draußen ist es dunkel, schwül und noch 25 Grad warm. Kaum dass wir in die Schlafsäcke geklettert sind, fängt es an zu regnen. Drei Stunden später wache ich wie aus einem Koma auf, überlege kurz, wo ich bin. Der Rücken tut mir weh, der Boden ist hart, draußen regnet es immer noch. Es ist kurz nach Mitternacht, zum Aufstehen noch viel zu früh. Also liege ich da und lasse mir die ersten Eindrücke von dem fremden Land durch den Kopf gehen. Niemand scheint uns hier zu verstehen, nicht in Osaka und auch nicht am Tokioter Flughafen. Die meisten Menschen schauen gleich weg, wenn man sie ansieht, es scheint sehr unhöflich oder ungewöhnlich zu sein, jemanden einfach so zu grüßen oder gar anzusprechen.

Ich frage mich wirklich, ob wir nicht Tokio einfach überspringen sollten? Wenn Carl uns das Geld für den Umzug jetzt überweisen würde, könnten wir einen Flug nach China buchen, auf Japan verzichten und stattdessen nach Myanmar trampen. Ist das eine Option? Wir wären immerhin auf demselben Festland wie Berlin, für mich ein beruhigender Gedanke.

Bevor ich mir diese Frage beantworten kann, muss ich wieder eingeschlafen sein, denn als ich das nächste Mal auf die Uhr schaue, ist es 4 Uhr 30, gerade geht die Sonne auf, und neben mir liegt ein hellwacher Hansen, der dem anhaltenden Regen lauscht.

»Regenzeit …«, murmelt er, als er merkt, dass ich wach bin. »Warum hat uns das keiner gesagt? Es sollte doch Sommer sein«

Ich nutze die Gelegenheit, meine nächtlichen Gedanken mit ihm zu teilen.

Hansen überlegt kurz, klingt aber dann sehr entschlossen: »Das wird nicht leicht, Paul, das ist mir klar. Aber wollen wir wirklich sofort eine Abkürzung nehmen, kaum dass es ein bisschen schwieriger wird? Ich will das nicht, ich will mich durchbeißen, und wir werden auch hier einen Weg finden, Geld zu verdienen.« Als würde das Wetter ihm zustimmen wollen, hört es prompt auf zu regnen. Er hat ja recht. Außerdem ist Carls Geld, das wir für den Flug nach China bräuchten, noch nicht auf unserem Reisekonto. Solange da Ebbe ist, bleibt uns sowieso nichts anderes übrig, als unser Glück hier zu versuchen.

Wir packen also das Zelt zusammen und werfen einen Blick auf den U-Bahn-Plan, den uns die Dame an der Information gestern mitgegeben hat. Ziemlich unklar, wo hier das Zentrum sein könnte.

»Tokyo Station vielleicht?«, frage ich.

»Okay, immerhin klingt das irgendwie nach Hauptbahnhof oder Zentrum. Lass es uns versuchen.«

Je weiter wir in die Stadt vordringen, desto enger wird es in der U-Bahn. In den Außenbezirken warten die Japaner ganz höflich und mit dem nötigen Abstand in einer ordentlichen Reihe vor den Türen, aber irgendwann ist ein Zustand erreicht, da müssen schlicht so viele hineinpassen, wie es nur irgendwie geht. Ein bisschen wie bei unserem Umzug in Vancouver vorgestern. Die Letzten gehen rückwärts rein, um nicht mit dem Rücken zur Tür zu stehen. Mit unseren Koffern haben wir es wahrlich nicht leicht.

Außer mit Menschen ist die Bahn vollgestopft mit Werbung und bunten Zeichen. Ein Dschungel aus Blinklichtern und Farben, der uns direkt vor der Nase hängt, denn keiner der Japaner ist so groß wie wir. Bei Tokyo Station angekommen, sehen wir eine Handvoll emsig umherlaufender Menschen in Anzug, Kostüm oder Hemd. Aber keinen einzigen Supermarkt. Soll das nun das Stadtzentrum von Tokio sein? Die Straßen wirken geordnet und beinahe leer, nichts zu sehen von den endlosen Menschenmassen, die ich von Filmen über Tokio kenne.

Der Magen hängt mir schon zwischen den Knien. Das letzte Essen, war ein Burger in Osaka gestern, den wir von umgetauschten zehn Dollars kaufen konnten. Wir warten darauf, dass die Wechselstube öffnet, um das restliche Geld zu tauschen, und holen uns von den paar Münzen, die wir noch haben, zwei Schokoriegel.

Da es wieder regnet, begeben wir uns unter ein Vordach bei der Station und beobachten die neue Umgebung. Ich sehe, wie ein Taxifahrer einem Fahrgast seinen vergessenen Geldbeutel durch den strömenden Regen hinterherbringt. Statt sich zu bedanken, nimmt der Vergessliche sein Portemonnaie einfach nur entgegen und ignoriert den sich tief verbeugenden Taxifahrer. Es gibt hier anscheinend klare Hierarchien.

Die Menschen laufen kreuz und quer, aber sie berühren sich nicht, sogar an der Ampel steht man nicht im Pulk sondern mit Abstand voneinander. Statt Interaktion gibt es höfliche Zurückhaltung. Was für ein krasser Unterschied zu Kanada. In der Metropolregion Tokio leben 38 Millionen Menschen. Das sind fast drei Millionen mehr als im ganzen riesigen Kanada! Was bedeutet das für den Umgang miteinander? Dass man verschlossener ist, je enger man aufeinander lebt, und andersherum offener und zugänglicher, je mehr Raum man um sich herum hat?

Es scheint einen Zusammenhang zwischen der Dichte der Bevölkerung und der Bedeutung der Privatsphäre zu geben. Der Kontrast macht sich zwischen Kanada und Japan mehr als anderswo bemerkbar. Die Flugstrecke über den Pazifik verbindet nicht nur verschiedene Datumszonen, sondern auch zwei Kulturen miteinander, die unterschiedlicher nicht sein könnten

Kurze Zeit später kommt Taro, ein Wirtschaftsstudent, der sehr gutes Englisch spricht, vorbei und klärt uns auf. Zum einen sagt er uns, dass wir im absolut falschen Viertel seien, denn Tokyo Station sei das Bankenviertel: Teure Restaurants, keine Supermärkte und erst recht keine Touristen, von denen wir uns Verständnis für unsere Geschichte erhoffen können. Und zudem erklärt er die Scheu vor Fremden und die nicht sehr verbreiteten Englischkenntnisse damit, dass Japan eine Insel ist, die keine Grenzen zu anderen Ländern hat und sich in ihrer Historie noch nicht sehr lange mit anderen Kulturen beschäftigt. Das leuchtet mir ein.

Taro kauft uns einen Kaffee und erklärt uns Tokio. Wo sich die Touristen aufhalten, welche Orte wir wegen der *Yakuza* (Japans Mafia) meiden sollten, wo wir schlafen können. Er empfiehlt uns den Imperial Palace Garden nicht weit von hier. Solche Insidertipps sind mehr wert als alles, was man im Internet recherchieren kann. Wir bedanken uns bei ihm und tauschen Kontakte aus für den Fall, dass wir ihm einmal in Europa weiterhelfen können. Als wir uns gerade auf den Weg machen wollen, läuft Taro noch einmal hinter uns her. »Kommt doch mit zu meiner Uni, da könnt ihr andere Studenten und einen Professor kennenlernen, der Deutsch unterrichtet. Vielleicht gibt es ja sogar einen Job für euch!« Es tut gut, den ersten richtigen Kontakt zu haben, das ist in einem neuen Land immer ein entscheidender Moment und der Beweis, dass es möglich ist, auch hier weiterzukommen. Dass es auch hier Menschen gibt, die wir für unser Projekt begeistern können.

Taro zahlt uns das Bahnticket, und wir machen uns auf den Weg. An der Bahnhaltestelle Yotsuya bei der Sophia-Universität bittet er uns, auf ihn zu warten, er wolle erst mal die Lage checken. Nach 20 Minuten kommt er zurück: »Seid ihr Christen?«, fragt Taro.

Was für eine seltsame Frage. »Ähm, wir sind nicht getauft, falls es das ist, was du meinst«, antwortet Hansen.

Plötzlich blickt Taro so pessimistisch drein wie der graue Himmel über der Stadt. »Dann wird es schwierig, euch zu helfen«, sagt er. »Die Sophia-Universität beschäftigt nur Christen auf dem Campus.«

Wir beruhigen ihn und sagen ihm, dass er uns schon sehr weitergeholfen hat. Taro ist trotzdem enttäuscht und besteht darauf, jedem von uns an einem Kiosk einen transparenten Regenschirm zu kaufen, den hier wirklich fast jeder hat.

»Tolle Erfindung, so ein Schirm, den kann man ja auch verwenden, wenn es regnet«, sagt Hansen, so als würde er zum ersten Mal einen in der Hand halten, und tatsächlich waren wir bisher nicht auf die Idee gekommen, uns einen zu besorgen, um uns vor dem Regen zu schützen, bisher haben wir ihn nur als Sonnenschutz eingesetzt.

Taro bringt uns noch zur U-Bahn und zeigt uns den Weg nach Nakano, wo es einen großen Baumarkt geben soll, der auch den Spiritus hat, den wir dringend für unseren Kocher brauchen, wenn wir hier einigermaßen günstig leben wollen. Japan ist mit brennbaren Materialien sehr strikt, die bekommt man daher nur in speziellen Märkten. Sogar unseren Sekundenkleber haben die uns am Flughafen abgenommen.

Tatsächlich finden wir in diesem Markt alles, was wir brauchen. Auf dem Rückweg bleibt Hansen vor dem Schaufenster einer französischen Bäckerei stehen. Auch ich kann mich von dem Anblick der knusprigen Baguettes nicht lösen, bis Hansen wortlos seinen Anhänger abschnallt und entschlossenen Schrittes in den Laden spaziert. Durch das Fenster kann ich sehen, wie er zwei Baguettes aus dem Ständer nimmt und damit zur Kasse geht. Er zögert einen Moment, als die Dame an der Kasse ihm den Preis nennt, schaut sich seine Beute noch einmal an und kauft sie doch.

»Ein bisschen Feinschmeckerei muss sein«, sagt er, als er aus dem Laden kommt. Mir bereitet der Preis Kopfschmerzen. Überhaupt ist hier alles irrsinnig teuer. Eine halbe Packung Toast knapp 5 Euro! So wird uns das Geld nicht lange reichen, und bisher haben wir noch keinen Cent verdient. Ich rufe Carl über Skype an und spreche ihm auf die Mailbox, um ihn an die Überweisung zu erinnern, er ist jetzt schon einen Tag im Verzug.

Ziellos streunen wir durch die Straßen. Die Geräuschkulisse ist überwältigend. Überall bimmelt, piepst, singt und spricht es. Und das alles durcheinander. Komplette Filme mit Ton laufen auf den riesigen Screens an den Hochhäusern. Als ich vor einem Supermarkt auf Hansen warte, stehe ich unter einem Lautsprecher, aus dem in einer Endlosschleife der immer gleiche Satz plärrt, in zehn Minuten bestimmt zweihundert Mal. Ampeln spielen »Für Elise« in der 8-Bit-Version, aus Kaufhäusern trällern synthetisierte Mozart-Melodien, einfahrende U-Bahnen klingen wie die Tetris-Melodie.

Auf Displays springen einem überall kleine Anime-Figuren entgegen, die einem zum Beispiel den Kartenkauf in der U-Bahn erklären oder für irgendetwas werben. Die Werbefiguren sehen oft aus wie kleine Mädchen mit riesigen Brüsten, irgendwie verstörend.

Die Reizüberflutung einerseits, der Jetlag andererseits sorgen dafür, dass wir uns, kaum dass es Abend wird, auf die Suche nach einem Park machen. Den, den Taro uns empfohlen hat, finden wir nicht und versuchen über Google Satellite herauszufinden, wo es viel Grün gibt. Wir klappern die möglichen Stellen ab, aber nichts passt so richtig. Als es schon fast dunkel ist, finden wir im Haiwanomori Park eine schöne Ecke. Zwischen kleinen Bäumen und umringt von Büschen lassen wir uns auf einem Stückchen Wiese nieder. Noch perfekter wäre der Platz unter dem kleinen Baldachin, der den Regen abgehalten hätte, doch dort tanzen zwei ältere Männer hochkonzentriert umeinander her. Wir warten eine Weile ab, aber sie wollen einfach nicht aufhören. Als sie schon fast eine Stunde lang immer dieselbe Tai Chi-Bewegung in Slow Motion bis zur Perfektion ausüben, hängen wir die Hoffnung auf den Platz an den Nagel und bauen unser Zelt an der zweitbesten Stelle auf. Wortlos schauen wir den kämpfenden alten Herren noch lange zu. Nach all der Hektik des Tages üben diese stummen, verlangsamten Bewegungen eine ungeheuer beruhigende Wirkung auf uns aus.

Am nächsten Morgen, schon früh um fünf Uhr, herrscht in dem Park Hochbetrieb. Obwohl es die ganze Nacht geschüttet hat, bewegt sich ein ganzer Trupp Japaner, unterschiedlichste Bewegungen ausübend, auf der Wiese. Die Grünfläche wird zu einem öffentlichen Fitnessstudio für Jung und Alt, von unserem Zeltlager scheint niemand Notiz zu nehmen.

In dem Pavillon sitzt ein alter Mann und spielt atmosphärisch klingende fernöstliche Melodien auf seiner Gitarre. Weiter drüben laufen ein paar Frühsportler klatschend durch die Gegend, einige werfen Tücher in die Luft, andere machen Tai Chi, und der größte Teil geht oder joggt gegen den Uhrzeigersinn um die Wiese in der Mitte des Parks. Auffällig ist, dass sich nicht eine einzige Person gegen den Strom bewegt. Als ich kurz aufstehe und Wasser holen will, muss ich mich allerdings in entgegengesetzter Richtung zum Wasserhahn bewegen. Ich wage es nicht, auf dem Weg zu laufen, sondern gehe daneben, um den mir entgegenkommenden klatschenden und mit den Armen rudernden Leuten kein Hindernis zu sein. Trotzdem komme ich mir in jeglicher Hinsicht fehl am Platz vor.

Wir nutzen die Regenpause, um schnell unser Zelt einzupacken, nachdem wir es kräftig ausgeschüttelt haben. Das geht erstaunlich gut mit diesem Zelt, das Wasser perlt auf der Oberfläche ab wie auf einer Lotusblüte. Anschließend frühstücken wir das Baguette, das wir gestern gekauft haben, und sind maßlos enttäuscht: Es sieht aus wie aus einer französischen Boulangerie und selbst der Laden war eine perfekte Kopie einer solchen, aber es schmeckt wie fades Toastbrot und fühlt sich an wie ein Marshmallow. Jeder von uns isst ein ganzes Baguette, das man ohne Probleme auf die Größe eines Quarkbällchens hätte zusammenpressen können.

Kaum ist alles zusammengepackt, bricht der nächste Regenschwall aus den Wolken. So habe ich mir Japan nicht vorgestellt. »Wenn ich das gewusst hätte, wäre ich nicht mitgekommen«, sage ich, und Hansen lacht. Es ist ein Satz aus *Der Krieg der Knöpfe* – neben Janoschs *Kleiner Bär und kleiner Tiger* unsere Lieblingsfundgrube für Zitate für alle Lebenslagen. Aber mal ehrlich: Zu Hause hatte ich noch gelesen, dass der japanische Sommer sehr warm ist, aber dass es ununterbrochen regnet, hatten wir irgendwie überlesen.

Etwas demotiviert schlendern wir mit unseren Anhängern im Schlepptau zur Regionalbahnhaltestelle Numabukuro. Ich fühle mich dreckig. Wir beide haben seit Tagen nicht geduscht und stinken sicherlich zum Himmel. »Vielleicht will uns der Himmel nur einen kleinen Wink mit dem Zaunpfahl geben, dass eine Dusche mal wieder angebracht wäre!«, sage ich.

»Und danach scheint dann endlich die Sonne?«, spielt Hansen das Spiel mit.

»Bestimmt! Einen Versuch ist das doch wert, oder?«

Wir beschließen, nach einem Hostel zu suchen, das Mitleid mit uns und allen Tokiotern hat und uns eine Dusche spendiert. Eines, das in Richtung Innenstadt liegt, ist in der Bargegend von Tokio, nahe der Seibu-Shinjuku-Haltestelle. Also suchen wir auf dem riesigen U-Bahn-Plan, der hier glücklicherweise auch auf Englisch übersetzt ist, nach der Haltestelle. Das Lösen eines U-Bahn-Tickets war hier am ersten Tag noch sehr gewöhnungsbedürftig, aber wenn man das System einmal verstanden hat, ist es ziemlich genial. Um ein Ticket bis zu einer bestimmten Station zu lösen, schaut man auf dem Streckenplan nach, auf dem neben den Namen der Stationen auch immer die Preise in Yen stehen. Man kauft dann einfach ein Ticket mit dem entsprechenden Yen-Wert. Eigentlich wie eine Guthabenkarte, nur dass man einen perfekten Überblick hat über die Kosten – so etwas mögen Erbsenzähler wie wir.

In Seibu-Shinjuku sieht Tokio genauso aus, wie man sich Tokio vorstellt: Hochhäuser, bunte Reklame, Marktschreier und Menschenmassen, die sich über die Kreuzungen ergießen, sobald die Ampel von Rot auf Grün schaltet. An jeder Ecke Spielhallen und HiFi-Läden. Dieses Viertel ist das Technologie- und Entertainmentzentrum von Tokio. Hunderte von Werbedisplays versuchen, sich gegenseitig entweder durch Lautstärke, Größe oder knallige Farben zu überbieten. Man fühlt sich klein und unauffällig, und mit unseren großen Anhängern müssen wir in den Menschenmassen immer im richtigen Strom schwimmen, um dort anzukommen, wo wir hinwollen.

Wir laufen durch kleine Gassen zu dem Hostel und haben tatsächlich Glück. Zwar will der Besitzer uns erst nur widerwillig duschen lassen – aber es scheint so, als würde es ihm seine Kultur verbieten, eine Hilfsanfrage abzulehnen. Warum auch immer er am Ende einwilligt, es ist mir egal: Wenn ich mich nicht bald wasche, werden Klamotten und Haut eins. Frisch geduscht gehen wir eine Weile später zurück in die Stadthölle und setzen uns vor einen Laden, an dem außen eine Steckdose angebracht ist, laden unsere Geräte auf und basteln Schmuckstücke, in der leisen Hoffnung, dass jemand kommt und uns neugierig anspricht, denn andersherum ist es hier einfach schwierig.

Der Plan geht auf, aber nicht ganz so, wie wir es uns vorgestellt haben. Ein schwankender Mann im Anzug namens James kommt vorbei und setzt sich zu uns. James hat seit drei Tagen durchgefeiert und will auch jetzt noch nicht damit aufhören. In ein paar Stunden müsse er zu einem Businessmeeting, vorher wolle er aber noch was erleben. Mit dem schwitzig-wachsigen Koksgesicht in ein Businessmeeting?, frage ich mich und drücke es James gegenüber etwas diplomatischer aus. »Aber wie willst du verbergen, dass du seit 48 Stunden nicht geschlafen hast und auf Drogen bist?«

»Ach …«, winkt James gelassen ab. »Die fressen mir aus der Hand. Ich muss noch nicht mal irgendwas Schlaues sagen. Denen reicht es, wenn sie einen Kanadier am Verhandlungstisch haben. Das kommt immer gut an, egal in welchem Zustand.« Wahrscheinlich ist das eher James' Perspektive, aber zur Raison bringen lässt er sich nicht. James spricht perfekt Japanisch. Er erzählt, dass er vor 27 Jahren von Kanada nach Japan gezogen ist, damals hatte er seine Frau, eine Japanerin, kennengelernt und geheiratet. Er arbeitet in einem Investmentunternehmen als Berater und verdient dort viel Geld. Er sei ein *polisher*, jemand, der in sozialen Medien das Bild der Firma aufbessert, indem er gute Nachrichten verbreitet und schlechte Nachrichten verbessert. Wie das in diesem Zustand glaubwürdig rüberkommen soll, ist mir ein Rätsel. »Lieber ins Büro als nach Hause«, sagt er und schaut ein paar Frauenbeinen hinterher. »Ich war drei Nächte nicht zu Hause und stattdessen in Discos und Puffs, meine Frau wird mir die Hölle heißmachen.«

»Verständlich!«, sagt Hansen. »Aber dann ist es auch irgendwann wieder gut«, sagt James und wirft einen Blick auf unsere Anhänger.

Wir erzählen ihm unsere Story, und vor allem die Tatsache, dass wir gerade erst aus Vancouver hergeflogen sind, begeistert ihn. Er will, dass wir mit ihm essen gehen und ihm mehr über unser Abenteuer erzählen. So wirklich recht ist mir das nicht, denn ich kann die ganze Zeit nur daran denken, dass sich seine Frau gerade um ihn sorgt und er einen fürchterlichen Auftritt beim Meeting hinlegen wird. Ich sage ihm, er solle sich doch erst Mal ausruhen und uns morgen treffen. Aber James ist nicht mehr zu bremsen. »Und die Babes nehmen wir gleich mit! Japanische Frauen rumzukriegen, ist ganz einfach!« Sagt's, springt auf und spricht zwei hübsche junge Frauen an. Er überredet sie, mit uns essen zu gehen, und ich versuche gleichzeitig, hinter seinem Rücken den beiden Frauen klarzumachen, dass sie sich nicht dazu breitschlagen lassen sollen, mir ist das Ganze sehr unangenehm.

Irgendwann wird es mir zu bunt, und obwohl James mich darum gebeten hat, ihn machen zu lassen und ihm seine Tour nicht zu versauen, greife ich ihn am Arm und bitte ihn, kurz unter vier Augen mit mir zu sprechen. Ich sage ihm, dass ich das nicht will und wir doch einfach zu dritt essen gehen können. Es funktioniert. Er lässt von den Frauen ab, die ziemlich verwirrt, aber sehr erleichtert aussehen.

Auf dem Weg zur Foodmeile erzählen wir James, wie wir vorhaben weiterzureisen und welchen Zeitdruck wir haben. Wir sind immer noch 13 Tage im Verzug. Ganz nebenbei zückt James 10 000 Yen, während er vorwegläuft, dreht er sich um und drückt sie mir in die Hand. Ich bin platt, das sind fast 100 Dollar! »Das kann ich nicht annehmen, du bist in keinem klaren Zustand«, beginne ich, aber James lacht nur. »Das ist nichts!«, sagt er, »gar nichts!«, und zieht uns weiter hinter sich her. »Entweder gebe ich es für die nächste Party aus oder für euch. *Your choice!*«

Kurz darauf biegen wir in ein kleines Gässchen in der Nähe von Shinjuku ab und werden dort von James, der sich hier offenbar auskennt wie in seiner Westentasche, zu einem winzigen Restaurant geführt, das nur aus einer kleinen Bar besteht, hinter der ein älteres Pärchen fleißig kocht. Wir haben Probleme, unsere Koffer zu verstauen, weil sowohl in der Gasse als auch in dem Laden kein Platz ist. Das Essen ist allerdings fantastisch. Manchmal ist es schade, dass wir die Spezialitäten eines Landes nur genießen können, wenn wir eingeladen werden oder etwas Geld übrig haben. Denn was wir uns selbst kochen, ist einfach nur billigster Treibstoff für den Körper. Reis, Brot, Erdnussbutter und solche Dinge. Heute Abend aber gibt es gegrillten Tiefseefisch, irgendwas Exotisches, aber sehr, sehr Leckeres, außerdem gegrillte scharfe Chilies, Hühnchenbrei und eine Art mit Hackfleisch gefüllte Paprika. Die meisten der kleinen Restaurants in Tokio sind auf eine Sache spezialisiert, Spieße oder Sushi oder Suppen, und viele zeigen eine Plastiknachbildung ihrer Speisen im Schaufenster. Dieses allerdings nicht. Hier ist der Herd das Schaufenster. »Mhhhhhm«, sagt Hansen, und James bringt uns bei, was »sehr lecker« auf Japanisch heißt: *totemo oishii*. James bezahlt für alles: Bier, unzählige Spieße, einfach alles, bis wir pappsatt und ebenfalls leicht angetrunken sind.

In der Zwischenzeit hat sich Daisuke zu uns gesellt. Er ist ehemaliger japanischer Vizemeister im Karate. Der ältere Herr spricht gebrochen, aber verständlich Englisch, und auch er lädt uns nun zu Bier ein, und langsam werden wir schon wieder betrunken. Die Frau hinter dem Tresen scheint uns zu mögen und bemuttert uns mit weiteren Leckereien.

James insistiert, dass wir statt im Park auf jeden Fall bei ihm zu Hause übernachten sollen, allerdings scheint mir der Park die weitaus bessere Option, wenn man bedenkt, was im Hause James heute Nacht los sein wird, wenn er nach drei Tagen völlig fertig nach Hause kommt und dann noch zwei Landstreicher im Gepäck hat. Wir lehnen dankend ab.

Kurz bevor James zehn Minuten vor dem Meeting tatsächlich aufbricht, wird er quasi von Amy und ihrem Freund Kim abgelöst. Amy, eine asiatisch aussehende junge Frau mit platinblond gefärbtem Haar und perfektem britischen Akzent, überredet uns, noch mit in Kims Bar zu kommen. Wir sind zwar völlig überfordert, aber versuchen wir nicht seit Tagen mit den Menschen in Tokio in Kontakt zu kommen? Wir sagen zu und lassen uns von Amy und Kim durch enge wuselige Gassen führen, bis wir in der Bar Motokare landen, was so viel heißt wie *ex-boyfriends house*, erklärt uns Amy. Wir erzählen ihr von James, und sie nickt nur. Solche Feiertouren seien nicht ungewöhnlich und auch nicht, dass er in Puffs geht. In Japan sei es normal, dass Männer nach zwei, drei Ehejahren nachts in den Puff gehen und die Frauen tagsüber in sogenannte *wife bars*, wo sie Männer für ein kurzes Abenteuer treffen. Amy erzählt das ganz abgeklärt, sodass ich es ihr in dem Moment abnehme, könnte aber auch erfunden sein. *Wife bars.* Klingt nach Free Wifi …, denke ich und muss über meinen eigenen Witz kichern.

Es ist erst halb neun, aber es fühlt sich an wie vier Uhr morgens. Nach zwei weiteren ebenso köstlichen wie gefährlichen Drinks ziehen wir die Reißleine und straucheln wieder in Richtung Haiwanomori Park. Was für ein Abend. Und er sollte noch nicht zu Ende sein: Am Bahnhof in Shinjuku gabeln uns zwei Mädchen auf, die angezogen sind wie Püppchen, mit Spitzenpetticoat, weißen Strumpfhosen, geflochtenen Zöpfen und Schleife. Sie tragen außerdem Kontaktlinsen, die die Pupillen so vergrößern, dass sie wie Knopfaugen aussehen – ein irritierender Effekt, der bewirkt, dass man ihrem Blick kaum standhalten kann. Hansen und ich sind nicht besonders kommunikativ, schauen die beiden nur müde an und lassen uns jeden Satz aus der Nase ziehen. Trotzdem begleiten uns die Mädchen bis in den Park, angeblich, weil sie ohnehin dort in der Gegend wohnen, aber als sie uns auch in unsere dunkle Ecke folgen, finden Hansen und ich das schon sehr seltsam. Sie sind 17 und 19 Jahre alt und gehen in diesem komischen Puppenkostüm mit wildfremden Männern in irgendeinen dunklen Park? An unserem Schlafplatz angekommen, sagen wir den beiden ziemlich deutlich, dass wir müde seien und schlafen müssten, und die beiden verabschieden sich höflich. Was auch immer sie von uns wollten, mir ist es nicht klar geworden. Fühlte sich an, als wären wir mitten in einem David-Lynch-Film gelandet.

»Paul, schick Carl noch mal eine Nachricht, der kann uns nicht so hängenlassen«, lallt Hansen, bevor er sich zur Seite dreht. Aus welchem Grund auch immer ist es mein Job geworden, Carl an sein Versprechen zu erinnern. Inzwischen haben wir Angst, dass er uns doch verarscht haben könnte. Das wären dann ganze 400 Dollar weniger, und wir könnten uns so bald keinen Flug nach Hongkong leisten. Jetzt wird er sowieso schlafen oder betrunken in einem Nachtklub hängen, daher schreibe ich eine WhatsApp, die ich morgen abschicken werde, sobald wir Internet haben: »Denkst du bitte möglichst bald daran, uns das Geld zu überweisen, wir stecken hier fest!«, und stelle den Wecker auf sechs Uhr. Wir werden sowieso früher aufwachen – nur für alle Fälle.

Carls Unzuverlässigkeit treibt mir die Sorgen wieder in den Kopf. Ich kann nicht schlafen. Alles geht gerade sehr chaotisch zu, ich fühle mich wie ein Papierboot im Strudel. Mir fehlt die Kontrolle über unsere Situation. Wir haben keine Ahnung, wie wir hier wegkommen wollen oder wie wir Geld verdienen können, die meisten Japaner sind ziemlich uninteressiert an unserer Geschichte, und die Touristen sehen hier so viel Ausgeflipptes und Exotisches, dass wir das Letzte sind, das ihnen auffällt.

Im Moment leben wir in den Tag hinein und müssen erst einmal Orientierung gewinnen. Der Kulturschock ist größer als gedacht, denn hier funktioniert einfach alles anders. Unsere Strategien ziehen nicht, wir müssen alles über den Haufen werfen und neu nachdenken. Nicht einmal die einfachsten Dinge, wie das Einkaufen im Supermarkt, klappen. Wir verstehen die Zeichen und selbst die Bilder nicht und kaufen meist irgendwas ganz anderes, als wir dachten. Das, was wir für Brotaufstrich gehalten haben, war wahrscheinlich eher eine Art Brühpaste – pur absolut ungenießbar.

Ich merke, dass ich aufpassen muss, mir nicht selbst die Stimmung zu verderben. Wir hatten gerade erst eine großzügige Essenseinladung, haben 10 000 Yen geschenkt bekommen, Amy und Kim kennengelernt, worüber beschwere ich mich eigentlich? Ich glaube, nicht zuletzt ist es auch ein bisschen Heimweh. Bevor ich einschlafe, erreicht mich noch eine Nachricht von Isabel: »Du fehlst mir so.« Ich will gerade antworten, als mir wieder auffällt, dass ich das nicht kann. Kein Guthaben, kein WLAN, kein Internet. Noch nicht mal für unser Emoticon, das kleine Teufelchen, reicht es.

Elefant im Porzellanladen

24. JUNI, TAG 50, HONGKONG, CHINA,
KONTOSTAND: HK$ 1076,14

Hansen

Wir haben auch die folgenden Nächte in Tokio in diesem Park verbracht, der trotz dem Regen irgendwann wie zu einem Wohnzimmer für uns wurde. Morgens beim Aufstehen erkannte man irgendwann die Stammgäste des Parks, und die Stammgäste erkannten uns, und einige brachten uns Dinge vorbei. Kleine Aufmerksamkeiten wie einen Schokoriegel oder andere Snacks. Die Vormittage verbrachten wir dann meist vor einem 7-Eleven, dem hier mit Abstand populärsten Supermarkt, der ein freies WLAN hat, das wir für unsere Reiseplanung nutzten. Am dritten Tag trafen wir auf Tomoko, eine unglaublich liebenswerte Englischlehrerin, die darauf bestand, uns mit zu sich nach Hause zu nehmen. In ihrem kleinen Apartment setzten wir uns auf die Bambusmatten, die, wie Tomoko uns erklärte, zugleich der Maßstab sind, in dem ein Haus bemessen wird. Sie kochte uns Tee, umsorgte uns mütterlich und staunte mit einem langen »Ohhhhh!« über alles, was wir zu erzählen hatten. Tomoko wohnt zusammen mit ihren zwei Söhnen, die acht und 21 Jahre alt sind, in einer winzigen Wohnung. Zugleich schwärmte sie von Toyama, einer Stadt westlich von Tokio, aus der sie stammt und in der ihr Exmann wohnt. »Die schönste Stadt Japans«, bekräftigte sie immer wieder und zeigte uns die Website, die sie zu Ehren Toyamas aufgesetzt hat und pflegt. Am nachhaltigsten beeindruckt hat mich Tomokos Bad, in dem wir duschen durften. Die Dusche war winzig, wie eine Art komplett abgeschlossene Plastikkabine als Bauteil in einem kleinen Raum. Die Toilette, wohl ein Standard in Japan, verfügte über eine geniales Detail. Der Wassertank der Toilettenspülung füllt sich mit dem Abwasser vom Händewaschen. Dazu ist das Waschbecken einfach oben auf dem Klokasten installiert. Das

Wasser, mit dem man spült, ist also immer das Wasser mit dem sich der Vorgänger die Hände gewaschen hat, sehr ökologisch und platzsparend. Solche klugen Erfindungen ließen mich all das Regenwetter und unsere vertrackte Lage vergessen.

Während Tomoko für uns Nudeln mit frischem Gemüse kochte, suchten wir nach Flügen. Carl hatte sich eines Morgens endlich gemeldet und uns das Geld direkt via Paypal überwiesen. Es tat uns fast leid, dass wir ihm inzwischen schon misstraut hatten. Am selben Tag war das Geld auf Heller und Pfennig auf unserem Konto, und wir konnten den Hongkong-Flug buchen.

Während der nächsten Tage konnten wir im Touristenzentrum zwar mit unserem Schmuck ein wenig Geld verdienen, aber insgesamt war ziemlich deutlich, dass Tokio auch mit mehr Anstrengung für uns keine Goldgrube werden würde. Auch wenn wir drei Köpfe größer sind als die meisten hier, völlig anders aussehen, kleine Gummienten auf unseren Schultern tragen und einrädrige, bemalte Rollkoffer hinter uns her ziehen – ich habe in Tokio von Anfang an das Gefühl gehabt, nicht so viel Aufmerksamkeit mit unserem außergewöhnlichen Aufmachung zu bekommen wie in anderen Ländern, und das gilt sowohl für die Einheimischen als auch für die Touristen. Ich glaube, mit Freaks geht man hier einfach anders um – oder eben nicht anders. Ich vermute, wenn ich in Japan mit einem rosaroten Röckchen durch die Stadt liefe, würde mich keiner komisch anschauen, ja, ich glaube sogar, man könnte damit schick essen gehen. Aber vielleicht täusche ich mich, schließlich waren wir nur kurze Zeit in Japan, und das fehlende Interesse kann man auch mit der besonderen Zurückhaltung aus Höflichkeit erklären.

Wir verbringen noch eine Nacht im Park, und am letzten Abend, so wie es inzwischen schon Tradition ist, gibt es ein ordentliches Abschiedsbesäufnis. Dazu sind wir zurück in Kims Bar gegangen und haben dort mit einem deutschen Tontechniker getrunken. Ein sehr großzügiger Kerl. Einen Tag zuvor hatten wir unter dem Tokyo Tower sitzend ein ganz neues Produkt entwickelt. In Japan hatte ich irgendwann einen regelrechten Koller, was unsere Schmuckstücke betraf. Immer dasselbe Hippiezeug, ich konnte es nicht mehr sehen, und in einer hypermodernen Stadt wie Tokio kam es mir völlig fehl am Platz vor. Am liebsten hätte ich etwas Digitales entwickelt, aber dazu fehlten Zubehör und Werkzeuge. Nachdem wir das, was uns zur Verfügung stand, länger unter die Lupe genommen hatten, fiel uns aber etwas Neues ein, von dem wir vermuteten, dass es sich besser an Touristen verkaufen ließe. Außerdem ist es ziemlich geschlechtsneutral. Es ist ein aus einem Stück Fahrradkette gefertigter fünfeckiger Schlüsselanhänger, in dessen Mitte eine Münze der jeweiligen Landeswährung eingelassen ist. In Japan ein Yen. Kompakt, formschön und ein echtes Japansouvenir nach Hoepner-Art. Dirk, der Tontechniker, ist ganz angetan von dem Design und kauft uns eins für ganze 10 000 Yen ab.

Dass dies der letzte Abend in Japan war, stimmt nicht ganz, denn den allerletzten haben wir auf dem Flughafen von Tokio verbracht. Für mich fühlt sich das im Rückblick allerdings an wie eine einzige lange Nacht, denn die erste Schlafpause dauerte keine zwei Stunden, da rüttelte plötzlich jemand an unserem Zeltgestänge. Im Zelt war es kochend heiß, da ausnahmsweise mal die Sonne schien. Ich blieb mit einem puckernden Kopf liegen und registrierte im Halbschlaf, wie Paul panisch den Reisverschluss aufriss. Vor dem Zelt kniete ein Japaner, der uns auslachte. Da war auch ich wach. Was machte der Typ da, kannten wir den? Er lachte immer weiter und machte beinahe Anstalten, zu uns halb nackten Kopfschmerzgeplagten ins Zelt einzusteigen. Für meinen Geschmack etwas zu aufdringlich, bis mir klar wurde, was los war. Auf seiner Brust hing ein Namensschild, das ziemlich offiziell wirkte. Und als der Mann bemerkte, wie wir auf sein Namensschild starrten, zeigte er mit dem Finger darauf und sagte: »*Park Security.*« Da war alles klar. Unser »Wohnzimmer« war doch nicht so einfach bewohnbar, wie wir das nach all den Nächten inzwischen dachten.

Er gab uns 30 Minuten, das Zelt abzubauen, was gar nicht so einfach war, wenn man bedenkt, in was für einem erbärmlichen Zustand wir uns befanden. Vor allem waren wir nicht in der Lage, uns auch nur einen Meter fortzubewegen, daher packten wir alles in die Koffer und legten uns dahinter wieder auf die Wiese. So ging das bis zum frühen Nachmittag. Der Tag war gelaufen. Im Park konnten wir nicht mehr übernachten, also beschlossen wir, schon abends zum Flughafen zu fahren und dort die letzte Nacht zu verbringen. Eine Horrornacht!

Das grelle Neonlicht, der steinharte Boden, aber am schlimmsten war die Geräuschkulisse. Neben dem für einen öffentlichen Ort üblichen Stimmenwirrwarr hat mich eine sprechende Rolltreppe bis in meine Träume verfolgt: »*This escalator goes to the third floor. Please hold on to the handlebars and watch your step.*« Überflüssiger geht's nicht. Dass die Rolltreppe in den nächsten Stock führt, liegt in der Natur einer Treppe, und dass das Geländer zum Festhalten gedacht ist, ebenso. Aber bitte, wenn's denn sein muss. Die Rolltreppe wiederholte den Text auf Japanisch und Englisch abwechselnd circa alle zehn Sekunden, sodass ich bis zum heutigen Morgen den Text knapp 3000 Mal gehört haben musste.

Zwischendrin war es so schlimm, dass ich überlegt habe, die Lautsprecher zu manipulieren, zu überkleben, ein Kabel durchzuschneiden oder den Nothalt zu ziehen, aber dann hätte die Rolltreppe wahrscheinlich den Rest der Zeit gesagt, dass sie außer Betrieb ist oder angefangen zu heulen.

Abgehärtet von den Bedingungen im Park und unter der Rolltreppe, habe ich keine Probleme den kompletten Vierstundenflug von Tokio nach Hongkong durchzuschlafen.

Jetzt stehen wir hier an unserem nächsten Etappenziel, es ist 15 Uhr, und ich komme mir vor wie in einer Sauna ohne Tür. Als wir das klimatisierte Flughafengebäude verlassen, denke ich erst, wir stünden unter der heißen Abluft der Klimaanlage. Drei Schritte weiter wird es aber noch heißer, und dazu kommen noch 99 Prozent Luftfeuchtigkeit!

Dass wir, um unser Aufgabegepäck leichter zu machen, inklusive Fleecejacke so etwa alle Klamotten, die wir dabeihaben, am Körper tragen, macht die Situation nicht gerade angenehmer. Panisch reiße ich mir die Klamotten vom Leib, aber ein großer Unterschied ist nicht auszumachen. Kühler wird's einfach nicht. Seit heute Morgen haben wir nichts mehr gegessen, meine Laune ist im Keller.

»Lass uns doch erst Mal einen Supermarkt finden, und dann sehen wir weiter«, schlägt Paul vor, und ich stimme zu. Paul findet auf Google Maps einen, der mit dem Bus zu erreichen ist. Die Fahrkarte ist teuer, und als wir ankommen, ist dort nur ein leeres Ladenlokal. Als ob das nicht schon schlimm genug wäre, beginnt in diesem Moment ein heftiger Platzregen. Unsere Regenschirme haben wir in Tokio gelassen, aber selbst die hätten dieser Naturgewalt nicht standgehalten.

Ich kann mich nicht länger zusammenreißen, mir steht alles bis zum Hals, und hätte Paul nicht so schnell eine Entscheidung treffen wollen, hätten wir uns das sauteure Busticket sparen können und wären jetzt in irgendeinem klimatisierten Supermarkt anstatt im Nirgendwo im Platzregen. »So, und wo ist jetzt der Supermarkt, den du gefunden hast?«, frage ich.«

»Hansen, das war genauso deine Entscheidung hierherzufahren. Woher soll ich denn wissen, dass es den inzwischen nicht mehr gibt?«

»Du warst der Navigator, das ist dein verdammter Job. Ich war von Anfang an skeptisch, dass es den Supermarkt in dieser Einöde überhaupt noch gibt. Du hättest vielleicht mal eine Sekunde weitersuchen können. Schon mal was von *yelp* gehört? Ich wette, ein Klick mehr und wir hätten uns diesen Scheißtrip sparen können! Aber du hattest es ja so eilig.«

»Sag mal, spinnst du eigentlich komplett?«, schreit mein Bruder und läuft rot an. »Das war genauso deine verfluchte Idee, du wolltest zu einem Supermarkt!«

»Aber zu einem, den es gibt!«

Paul platzt sprichwörtlich der Kragen, er rastet komplett aus, tritt erst wütend auf seinen Anhänger ein, läuft dann ins Dunkel und schleudert schließlich seinen Rucksack durch die Luft. Ich sitze an der Bushaltestelle und schaue dem irrsinnigen Treiben regungslos zu. Es ist einfach zu absurd. Will der jetzt auch noch alles kaputt machen? Kann der nicht einmal einen Fehler eingestehen?

Mir fehlt jedes Verständnis für sein Verhalten. Wir haben uns schon den ganzen Tag über genervt, und die Hitze besorgt den Rest, aber was hier gerade mit Paul abgeht, ist einfach nicht mehr normal. Aus der Ferne sehe ich ihn wie einen Wahnsinnigen auf seinen Rucksack eintreten. Ist der denn komplett bescheuert? Er dreht sich um und kommt zurück.

»Paul, was soll der Scheiß! Erst keinen Supermarkt finden und jetzt noch alles kaputt machen?«

»Hansen, tickst du noch ganz richtig, mir jetzt noch einen reinzudrücken? Du bist mein Bruder, du bist mein Partner auf dieser Reise, musst du mich jetzt auch noch sabotieren?«

»Wer sabotiert hier was?«

Paul greift den Globus und schmettert ihn auf den Boden.

»Na toll, jetzt ist auch noch der Globus kaputt.« Ich komme mir vor wie im Affenstall. Jetzt zerrt er tatsächlich noch an den Funkmikrofonen und zerschmettert sie in tausend Teile.

»Genau, du Idiot, zerstör doch einfach alles!«

Paul guckt mich mit wahnsinnigen Augen an. So hab ich Paul noch nie gesehen, er ist dabei, alles kurz und klein zu hauen, und am liebsten würde er mir gerade ordentlich eine in die Fresse hauen, das ist mir schon klar. Aber etwas in mir weigert sich, ihn zu beruhigen und davon abzuhalten. Merkt der nicht selbst, wie destruktiv er ist? Soll ich jetzt Mitleid haben, weil er uns in diese Situation gebracht hat? Meint der wirklich, mir ginge es irgendwie besser als ihm? Seitdem wir hier angekommen sind, kam kein Bus mehr, vermutlich war der, mit dem wir hier angekommen waren, der letzte des Tages. Ich merke, wie es in mir kocht.

Paul rennt ins Dunkle und tritt gegen eine Betonwand. Er verschwindet für eine Weile und lässt mich mit dem Scherbenhaufen allein. Ich bleibe sitzen und starre auf die dicken Regentropfen, die wütend auf den Asphalt hämmern.

Irgendwann kommt er klatschnass zurück. Jetzt will er reden, ich kenne das alles. Jetzt kommt er wieder mit seinem Psychoscheiß. Seitdem er ein paar Semester Psychologie hatte, will er immer analysieren. Aber nicht mit mir.

»Hansen, warum bist du so grausam?«, legt er los. »Du merkst doch, dass ich am Durchdrehen bin, warum tust du nichts, um die Situation zu deeskalieren? Warum stichelst du stattdessen immer weiter?«

»Weil ich nicht dein Babysitter bin, Paul. Du wirst dich doch wohl noch selbst unter Kontrolle haben. Außerdem ist das hier alles deine Schuld.«

»Siehst du? Jetzt geht das schon wieder los. Immer noch einmal nachlegen. Nie nachgeben. Nie!« Paul schreit, wie ich ihn noch nie schreien gehört habe.

»Wer hat denn hier gerade die teuren Mikrofone zerdeppert? Wer hat den Globus entzweigehauen, he? Ich?«

Er dreht sich wieder um und stapft minutenlang hin und her, wie ein Tiger in seinem Käfig.

»Was für ein Scheißteam sind wir, wenn wir uns nur gegenseitig die Schuld vorhalten?«, sagt er schließlich, und ich kann seiner Stimme anhören, dass er ernsthaft genug hat von diesem Streit.

Damit kriegt er mich. Ich habe auch keine Lust mehr weiterzukämpfen. Mir vergeht langsam die Lust an dieser Reise, mir geht Paul auf die Nerven, und außerdem bin ich einfach müde. Hungrig, müde, verschwitzt und ausgebrannt. Die Hitze steigt uns zu Kopf, der Stress der letzten Tage, das Heimweh, das andauernde Draußenschlafen und Unterwegssein. Keinen Moment für sich allein zu haben.

Wir sitzen an der Bushaltestelle im Trockenen und reden, zwischendurch wird auch wieder geschrien, ich habe keine Ahnung, wie das heute und auch die nächsten Tage weitergehen soll, ich denke ernsthaft darüber nach, das Ganze abzubrechen. In 80 Tagen schaffen wir es doch eh kaum mehr.

Wir haben keinen Schlafplatz, es regnet in Strömen, und wir haben keinen Plan. »Wir kommen heute zu keinem Ergebnis mehr, Hansen«, sagt Paul. »Lass uns Richtung Hongkong laufen, erst mal los und irgendwie weg von hier, über die Brücke und hoffen, dass wir noch etwas finden, das geöffnet hat.«

Es ist inzwischen schon zehn Uhr abends, und wir schaffen es noch nicht mal, einen Weg auf die Brücke zu finden. Diese verfluchte Autobahnbrücke hat keinen Fußweg und ist deswegen von allen Seiten mit Zäunen und Hecken abgesperrt. Als wir es eine Stunde später endlich auf die Brücke schaffen, müssen wir immer wieder auf die Fahrbahn ausweichen, weil der Seitenstreifen verbaut ist. Das ist supergefährlich, vor allem bei diesem Regen und den rasenden Autos, die uns mit ihrem Scheinwerferlicht blenden.

Auf der anderen Seite stehen riesige Hochhäuser mit mindestens fünfzig Stockwerken, ein gigantischer Anblick in der Nacht, beinahe gespenstisch, weil die oberen Stockwerke immer wieder in den Wolken verschwinden. Auf der anderen Seite angekommen, müssen wir unsere Anhänger dann über einen Zaun hieven, um von der Autobahn runterzukommen. Mir zittern die Knie vor Schwäche. Die letzten Stunden haben wir nicht mehr gestritten, eigentlich gar nicht geredet, sondern still aufeinander aufgepasst. Die Gefahrensituation lässt alles andere in den Hintergrund rücken. So saublöd das auch alles gerade ist, vielleicht für uns beide genau das Richtige. Abenteuer haben uns schon immer verbunden, und egal, wie sehr wir uns streiten, wenn es um Sicherheit geht, halten wir zusammen.

Tatsächlich finden wir kurz hinter dem Zaun einen Supermarkt, der aber leider direkt vor unserer Nase zumacht. Die Frau, die ihn abschließt, sagt uns, dass da ein anderer ist, der noch geöffnet hat. Wir laufen also weiter durch die Stadt, bis wir endlich ein leuchtendes 7-Eleven-Zeichen finden und eine geöffnete Tür. Wir kaufen nicht viel. Brot und Tofu müssen für heute reichen. Anschließend machen wir uns auf den Weg Richtung Hongkong Zentrum, doch schon nach kurzer Zeit merken wir, wie uns alle Kräfte verlassen. Wir sind komplett ausgebrannt und wollen nur noch schlafen. Da wir auf einer umzäunten Parallelstraße der Autobahn unterwegs sind, finden wir wieder ewig keinen Schlafplatz, bis wir beschließen, uns auf ein kleines dreckiges und nasses Fleckchen direkt neben der Straße zu legen, vor einem Umspannhäuschen. Dieser Platz ist mit Sicherheit der beschissenste der ganzen bisherigen Tour.

Obwohl wir die ganze Zeit auf der Suche nach einem Supermarkt waren, sind wir jetzt schlichtweg zu müde, um das Brot zu essen, legen uns stattdessen nur in Unterhose und ohne Schlafsack in das stickige Zelt und versuchen zu schlafen. Bei der Hitze, dem Lärm und dem harten Untergrund will das aber trotz Übermüdung nicht sofort gelingen. Immer wieder döse ich weg, wache dann aber rasch mit schmerzenden Gliedmaßen wieder auf. Außerdem plagt mich mein schlechtes Gewissen.

Wir haben seit dem Streit nicht viel geredet, wir beide wissen, dass es auch die Umstände waren, die uns so heftig haben streiten lassen. Trotzdem ist es mir neu, dass Paul so zerstörerisch sein kann. So habe ich ihn in den ganzen 33 Jahren, die ich ihn kenne, noch nie gesehen.

Ich kann mich daran erinnern, wie er einmal in Sichuan kurz davor war, einen Felsbrocken auf sein Fahrrad zu schleudern, aber da hat er sich im letzten Moment wieder eingekriegt. Diesmal hatte er sich überhaupt nicht mehr unter Kontrolle. Zwischendurch dachte ich ja sogar, dass er kurz davor war, mir an die Gurgel zu springen.

Wir hatten uns schon den ganzen Tag über angestresst, uns immer wieder gegenseitig Vorwürfe gemacht wegen Lächerlichkeiten. Paul hat zwar immer wieder gesagt, dass wir aufhören müssen, uns zu streiten, aber ich habe das zugleich als Anschuldigung aufgefasst, und so ging es dann immer weiter.

In Kanada waren wir noch so siegessicher, dachten, wenn es so weiterginge, könnte es eher zu einfach werden. Jetzt ist es kompliziert, und wir kommen mit der neuen Situation noch nicht klar. So muss man es auch mal sehen.

Nachts wache ich immer wieder auf, weil ich das Gefühl habe, dass ich keine Luft mehr bekomme. Weil es draußen in

Strömen regnet, mussten wir das Zelt schließen, und hier drin staut sich die heiße Luft. Ich liege in meiner eigenen Schweißlache und will mich nicht mehr bewegen.

Der nächste Tag dient der Orientierung. Hongkong ist eine Megacity, die sich insbesondere auf die Ballungszentren auf der Halbinsel Kowloon und den Norden von Hong Kong Island erstreckt, die durch die schmale Meerenge Victoria Harbour voneinander getrennt sind. Der Flughafen liegt gute 30 Kilometer westlich des Stadtzentrums auf einer anderen Insel. Es dauerte eine ganze Weile, bis wir es in die eigentliche Stadt geschafft hatten. Die schwüle Hitze lähmt jede Bewegung und jeden Gedankengang. Ich würde mich am liebsten nur noch in klimatisierten Malls aufhalten. In diesem Zustand ist es für Khan eine Leichtigkeit, uns dazu zu überreden, in seinem Hostel ein Zimmer zu buchen. Wenn wir noch eine Nacht derart weiterschwitzen, ist der nächste Streit vorprogrammiert. Wir treffen Khan in einem kleinen Elektroshop im Erdgeschoss eines heruntergekommenen Hochhauses, in dem wir die Mikrofone ersetzen. Noch mal passieren darf das nicht, bläue ich Paul ein, der daraufhin die Augen verdreht.

Nachdem wir mit ihm einen günstigen Preis ausgehandelt haben, führt Khan uns in sein Hostel. Das erste Zimmer, das er uns andrehen will, hat weder Fenster noch Klimaanlage. Nur zwei schmale ausgelegene Pritschen. »Auf gar keinen Fall schlafen wir hier, da wären wir in einer Gefängniszelle komfortabler untergebracht!«, protestiere ich, und Khan lässt sich darauf ein, uns ein anderes Zimmer im 17. Stock zu geben. Minifenster, die gleichen durchgelegenen Pritschen, aber eine Klimaanlage, Strom, Internet und sogar eine Dusche. Alles, was wir brauchen.

Der Blick in den Hinterhof des Hostels offenbart so etwas wie eine apokalyptische Science-Fiction-Szenerie: Ein etwa zwei mal drei Meter breiter, 17 Stockwerke hoher Schacht, der von ganz oben bis zum Erdgeschoss mit Abwasserleitungen und Klimaanlagen vollgestopft ist, die in eine rostigbraune

Farbe getaucht sind, weil es seit Jahrzehnten da hineinregnet und weil alle Klimaanlagen ihr Kondenswasser in den Hinterhof ableiten. Hat was von »Bladerunner« oder »Das fünfte Element«. Ein Hostel, so deprimierend abgerockt und trostlos, dass wir es das »Suicide-Hotel« taufen.

»Hansen, falls du dich nicht aus dem Fenster werfen willst, gibt es hier noch eine zweite schöne Gelegenheit, sich umzubringen!«, ruft mein Bruder aus dem Bad. Er zeigt mir die Konstruktion einer offen liegenden Leitung direkt am Boiler. Die Erdung des Boilers ist lose an das Kupferrohr der Wasserzufuhr geknotet. Wenn es hier einen Kurzschluss gibt, steht man in der nassen Dusche direkt an dem unter Strom stehenden Kupferrohr. Das ist in etwa so, als würde man einen Föhn über der Badewanne aufhängen und darauf warten, dass er eines Tages herunterfällt.

Mit der dank der kleinen Klimaanlage auf 25 Grad sinkenden Temperatur steigt unsere Stimmung. Wir können endlich wieder waschen, (vorsichtig) duschen, alle Geräte aufladen und das Internet für unsere Planung nutzen. In Hongkong sprechen viele Leute Englisch, hier werden wir es irgendwie schaffen.

Als wir am nächsten Morgen den Raum verlassen, schlägt uns wieder diese unerbittliche Schwüle wie ein Brett ins Gesicht. Obwohl wir gut geschlafen haben, sind wir schon nach wenigen Minuten wieder matt und durchgeschwitzt und schleppen uns mit Sack und Pack zu dem günstigsten Laden, den wir finden können, wo wir *Noodles* mit *Pork Dumplings* bestellen. Während wir an der kleinen Bar hocken, kommen wir mit dem Besitzer ins Gespräch. Wir erzählen ihm von unserem Trip, er uns von seinem Geschäft. Sein Vater arbeitet in der Küche, ein alter Mann mit krummem Rücken, der jeden Handgriff sehr ruhig und routiniert ausführt. Man merkt, dass er zum Arbeiten nur seine Hände, nicht aber seinen Kopf benötigt, und mit seinen Gedanken ganz woanders ist. Die Arbeitsabläufe sind ihm nach Jahrzehnten so in Fleisch und Blut übergegangen, dass er in eine Fantasiewelt abtauchen kann. Ein wenig erinnern mich die gleichmäßigen und fließenden Bewegungen, mit der er die *Dumplings* formt, an die Tai-Chi-Schüler aus dem Park in Tokio. Seine langen, dünnen, weißen Haare sind zurückgegelt, und er hat einen für alte asiatische Männer typischen dünnen Bart mit langen Haaren, der ihm bis auf die Brust geht. Mir ist der Laden sehr sympathisch, man hat das Gefühl, hier ist man zufrieden mit den 300 *Dumplings*, die am Tag verkauft werden, und mehr wird nicht gemacht. Danach ist Feierabend, und gut ist das Leben.

Als wir bezahlen wollen, lehnt der Besitzer die 52 Dollar, die ich ihm in die Hand gedrückt habe, ab und gibt sie mir zurück. »Nein, ihr braucht das Geld für eure Reise«, sagt er bestimmt und schiebt mich beinahe grob aus dem Laden, als ob er verhindern wolle, dass ich ihm das Geld irgendwie doch noch unterjuble. Das erste richtig positive Erlebnis in Hongkong, eine großzügige Geste, die wir als gutes Zeichen deuten.

Die hohe Luftfeuchtigkeit ist wieder in einen Dauerregen übergegangen, und so suchen wir uns am Ufer einen trockenen Platz, um unsere Souvenirs zu basteln. Hier in Hongkong bastele ich Anhänger mit 1-Dollar-Stücken in der Mitte. Wir sitzen auf einer Anhöhe und schauen von Kowloon aus auf das Finanzzentrum auf der anderen Seite der Meerenge, dorthin, wo 2014 die »Umbrella Revolution« stattfand.

Riesige Hochhäuser, bergige Wälder im Hintergrund. Die Unwetterwolken umhüllen immer wieder die obersten Stockwerke der Hochhäuser, die mit ihren pompösen Spitzen den Himmel ankratzen. Riesige Leuchtreklamen thronen hoch oben auf den Häusern. Als die andere Seite langsam in einem Regenschauer verschwindet, flüchten alle Menschen unter ein Vordach. Es ist lustig, wie die Leute, die sich eben noch mit Selfiesticks fotografiert haben, um bloß niemanden um den Gefallen bitten zu müssen, ein Foto zu schießen, durch dieses Unwetter plötzlich gezwungen sind, miteinander zu reden oder zumindest ganz nah beieinanderzustehen. Man grinst sich an, und sitzt im gleichen Boot. Kaum hört der Schauer auf, verteilen sich die Leute wieder und gehen ihren unkommunikativen Tätigkeiten nach.

Mittags holen wir uns bei 7-Eleven einen Kaffee und streunen anschließend durch die Straßen, um etwas zu essen zu kaufen. Alles ist wahnsinnig teuer, und so suchen wir lange, bis wir mit einem alten Mann ins Gespräch kommen, der uns ein Restaurant namens Tamies Yunnan Noodle in der Hak Po Street empfiehlt. Kaum hat er uns erklärt, wie wir dorthin kommen, schenkt er uns anschließend noch 100 Dollar für das Essen dort. Schon wieder so eine herzliche Geste. Manchmal muss man gar nicht danach suchen, sondern das Glück kommt zu einem. Der Mann war so niedlich und hilfsbereit und ahnte gar nicht, wie sehr er uns motiviert hat, indem er uns für nur fünf Minuten sein Gehör schenkte.

Wir finden das Restaurant und essen köstlich scharfe *Noodles*. Als wir aufstehen und gehen wollen, lachen die Kellnerinnen über unsere Größe, und stellen sich prustend neben uns, die größte von ihnen geht mir nicht mal bis zu den Brustwarzen.

»Sag mal«, sagt Paul, als wir weiterziehen, »was war eigentlich in diesem Kaffee drin?« Er hat recht, seitdem wir den Kaffee getrunken haben, ist unsere Schlappheit und Müdigkeit verflogen, wir sind hochmotiviert und gesprächig, bester Laune noch dazu.

»Was ist das für ein krasses Zeug?«, staune auch ich.

»Keine Ahnung, ich glaube wir haben einfach seit Langem keinen guten Kaffee mehr getrunken, und der war wahrscheinlich besonders stark«, antwortet Paul, »die werden da ja wohl kaum Amphetamine reinmischen, oder?»

Ich muss laut lachen. »Das wohl nicht, aber es ist ein spezieller Kaffee, so viel ist klar.«

Wir beschließen, die Energie zu nutzen, um in einem nahe gelegenen Park ein paar längst fällige Reparaturen an unseren Anhängern zu machen.

Der sogenannte Macpherson Playground ist im Grunde ein Spielplatz für Erwachsene. Er besteht aus einem überdachten Kreuzgang, unter dem Bänke und Tische angeordnet sind, in der Mitte spielen die Menschen Federball, üben sich in Kampfsportarten und hüpfen umher, die Menschen drum herum schauen ihnen dabei zu. Immer wieder wechseln die Protagonisten in der Mitte, und jemand anderes steht auf und macht sein Ding.

Ein alter Mann, der gegen eine junge Frau Federball spielt und dabei alles gibt, schreit jedes Mal, wenn er den Ball trifft, so laut er kann »*Fuck you!*«. Ich habe das Gefühl, dass er entweder gar nicht weiß, was das bedeutet, oder etwas zum Verwechseln Ähnliches auf Kantonesisch oder Chinesisch schreit. Seine Gegnerin pariert dabei problemlos seine Schmetterbälle, ohne sich dabei groß zu bewegen, beinahe wie Neo im Film »Matrix«, als er die Agenten mit einer Hand auf dem Rücken locker fertigmacht.

Ganz plötzlich stehen alle auf, die Sportler packen ihre Sachen zusammen und verschwinden im Eiltempo, als würde jeden Moment Godzilla um die Ecke kommen. Paul und ich schauen uns erstaunt an, merken dann aber schnell, was der Grund für die Hast ist: Der Himmel zieht sich schlagartig zu, und noch bevor wir die wenigen Meter unter den Kreuzgang schaffen, der jetzt wie leer gefegt ist, sind wir klatschnass. Der Einzige, der uns noch Gesellschaft leistet, ist ein Mann, der in einer Tour lauthals in sein Handy brüllt, ohne es sich ans Ohr zu halten. Irgendjemand bekommt da gerade eine ordentliche Standpauke verpasst. Für uns gibt es kein Vor und Zurück, weil man in alle Richtungen nass wird, und so müssen wir uns das Geschrei noch gute zehn Minuten lang anhören.

Als der Regen aufgehört hat, machen wir uns zur belebten Nathan Road in Kowloon auf, um dort unser Glück zu versuchen und endlich einmal wieder Geld zu verdienen. Unser Bauchladen eignet sich hervorragend, um Biere darauf abzustellen, außerdem haben wir darauf eine Schatulle installiert, in der wir auf schwarzem Samt unsere Produkte präsentieren. So sieht der Schlüsselanhänger gleich sehr viel edler aus. Man kann spüren, wie die Stadt gegen 21 Uhr vom Tagesrhythmus in den Nachtrhythmus umschaltet. Die Straßen füllen sich mit Menschen, die ausgehen und gesprächiger sind und sich nicht länger nur mit sich selbst und ihrem Handy beschäftigen. Die strahlenden Gesichter werden von der allgegenwärtigen Leuchtreklame illuminiert. Am Himmel haben sich die Wolken mittlerweile verzogen, sodass durch die Häuserschluchten der Mond zu erkennen ist.

Unsere ersten Kunden der Nacht sind Roshan, seine Freundin und deren struppiger Hund Babu, die uns einen Anhänger für 40 Dollar abkaufen. Babu bekommt den Anhänger an sein Hundehalsband gehängt und ist begeistert. Es scheint heute gut zu laufen, denn ein paar Meter weiter spricht uns Benjamin an, der uns statt Geld etwas ganz anderes mit auf den Weg geben will. Benjamin ist Mitte 20, sieht aus wie ein Jurastudent, auf den die Frauen fliegen, aber so kann man sich täuschen. Frauen sind es nicht, die Benjamin sucht, er will den Glauben unter die Menschen bringen. »Wie bitte?«, platzt es aus uns beiden heraus, aber Benjamin verwickelt uns mit seiner charmanten Art in ein langes Gespräch über Gott und die Welt. Diesmal aber im wahrsten Sinne des Wortes. Wir reden über seinen unerschütterlichen Glauben und seinen Job als Berater für Unternehmen, die ihr Geschäft nach christlichen Maßstäben betreiben wollen. Erst sind wir sehr skeptisch, weil wir vermuten, dass er uns bekehren will, aber Benjamin macht keinerlei Anstalten, uns von irgendetwas zu überzeugen. Er hört unserer Kritik aufmerksam zu, und es entwickelt sich eine Unterhaltung, die mehr als eineinhalb Stunden dauert und damit endet, dass Benjamin uns fragt, ob er für uns beten darf.

Da Benjamin eine warme, ungekünstelte Art hat, fühlt sich das in diesem Moment genau richtig an, und wir sagen: »Klar, wenn du das willst.« So stehen wir dann vor einer U-Bahn-Haltestelle, er legt uns die Arme auf die Schultern und spricht ein Gebet für uns, in welchem er uns eine gute und sichere Reise wünscht, freundliche Menschen und dass Gott uns das bescheren möge, was er für uns vorgesehen hat. Dass unsere Reise die Welt bereichern und Menschen miteinander verbinden möge.

Wir schenken ihm zum Abschied noch einen Schlüsselanhänger, und als er uns dafür Geld geben will, lehnen wir ab. Irgendwie wäre das falsch gewesen.

Benjamins Gebet scheint uns Glück gebracht zu haben, denn kurz nachdem wir uns von ihm verabschiedet haben, kauft eine chinesische Familie uns Schmuck für 200 Dollar ab. Das ging ratzfatz, nach dem Motto: Hallo, wer seid ihr, was macht ihr, dürfen wir ein Foto machen, ah ja, das will ich haben, hier ist das Geld und tschüs. Am nächsten Tag stellen wir dann fest, dass sie uns 600 Dollar gegeben haben müssen, denn unsere Kasse weist ein unerklärliches Plus von 500 Dollar auf. Vielleicht war es aber auch Benjamins Gott, der uns heimlich etwas zugesteckt hat.

Die Verkäufe laufen, und unsere gute Laune ist ansteckend. Eine Gruppe Holländer, die wegen einer Korfball-Meisterschaft in Hongkong sind, lädt uns in einen Irish Pub ein. Kaum hat einer von ihnen eine Runde ausgegeben, kämpft schon der Nächste darum, sich zu revanchieren, und so fließt ein Kilkenny nach dem anderen meinen Rachen hinunter.

»Was ist das eigentlich mit diesen Irish Pubs?«, fragt Paul. »Egal, wo man hingeht, gibt es einen, und überall sehen sie gleich aus.«

»Fast wie McDonald's oder Starbucks, so eine Art Franchise«, überlege ich laut.

»Wifi gibt es hier allerdings nicht«, hält Paul fest, der meine Theorie ernst zu nehmen scheint. Noch ein Kilkenny, und dann ist es Zeit, schlafen zu gehen. Ich wünschte, wir könnten uns hier einfach auf der gemütlichen Eckbank ablegen. Keine Chance. Irish Pubs haben für vieles Verständnis, aber so weit geht's dann doch nicht.

Überschwänglich verabschieden wir uns von unseren großzügigen und geselligen neuen Freunden und machen uns auf die Schlafplatzsuche. Plötzlich ein Geistesblitz: »Das Hochhaus des Hostels hatte doch sicher ein Flachdach, oder?«

»Ja klar, warum?«

»Weil da ein Notausgang sein müsste. Lass uns doch schauen, ob wir da schlafen können!«

Gesagt, getan, wir machen uns auf den Weg zurück zum Hostel-Hochhaus und fahren mit dem Fahrstuhl in den obersten Stock. Noch ein paar Treppen ohne Aufzug höher, stehen wir dann vor einer verschlossenen Tür auf der *Emergency Exit* steht und davor fünf Schuhpaare, säuberlich aufgereiht. Die Tür ist mit einem dicken Schloss verriegelt. Irgendwie klar, dass in einer Stadt wie Hongkong schon andere auf die Idee gekommen sind, die Flachdächer zu bewohnen.

Wieder zurück auf der Straße, beginnt es zu regnen. Ein Obdachloser rät uns, im Signal Hill Garden zu schlafen, den wir leider nicht finden können. Warum kommen wir eigentlich immer erst auf die Idee, einen Schlafplatz zu suchen, wenn wir uns vor Müdigkeit schon kaum mehr auf den Beinen halten können?

Ein paar Hundert Meter weiter bleibt Paul plötzlich stehen. »Da, der perfekte Schlafplatz!«, ruft er mir zu und zeigt auf einen Spielplatz zwischen den riesigen Wohntürmen. Mitten auf dem bunten Gummiboden steht ein kleines Häuschen, in das wir jetzt hineinkriechen. »Willkommen in der wohl kleinsten Hütte Hongkongs«, lacht Paul und rollt bereits seine Isomatte aus.

Doch unser kleines Traumhaus sollte uns nicht lange beherbergen. Kurz nach Sonnenaufgang werden wir unsanft von einem Securitymann geweckt, der uns mit lautem Klopfen gegen das Dach des Spielhäuschens und leichten Tritten vermittelt, dass wir uns hier schnellstmöglich verpissen sollen. Im Grunde haben wir Glück gehabt, denn keine fünf Minuten später regnet es wieder in Strömen, und kleine Bäche fluten den Spielplatz und sammeln sich ausgerechnet an der Stelle, an der wir eben noch lagen.

Wir flüchten uns zu einem 7-Eleven, um uns wieder einen dieser herrlichen Aufputschkaffees zu besorgen und zu beratschlagen, wo wir die nächsten Nächte verbringen können. Das wilde Campen scheint in Hongkong nicht so einfach zu sein.

»Was ist eigentlich mit dem Strand?«, fragt Paul. »Google doch mal, ob du was findest.« Und tatsächlich, ich finde heraus, dass es in Hongkong einige öffentliche Strände gibt, an denen man ohne Zelt übernachten kann, es gibt sogar öffentliche Duschen.

»Perfekt!«, ruft Paul. »Da gehen wir sofort hin, ich will duschen. Und schwimmen.«

»Und Sandburgen bauen«, scherze ich. Und mit sonorer Polizistenstimme: »Wir sind hier nicht zum Spaß!«

»Nur ein klitzekleines bisschen?!«, bettelt Paul, und das Spiel spielen wir noch eine Weile weiter, bis wir die U-Bahn erreicht haben, die uns auf die andere Seite Hongkongs, das sogenannte Hong Kong Island, bringen soll.

In der U-Bahn gibt es ein Schild neben der Tür, auf dem steht: *When you hear do do do please stop,* gemeint ist damit das Alarmsignal, wenn die Türen schließen. Witzig, dass das noch mal schriftlich erklärt wird.

Der Strand, den wir uns ausgesucht haben, heißt Deep Water Bay, und ist ein kleiner, hübscher Strand in einer Bucht im Süden der Insel. Der Weg dorthin ist komplizierter als gedacht, aber als wir ankommen, sind wir im Paradies: weißer Sand, eine hüfthohe Mauer mit Büschen und Bäumen im Rücken, die die Bucht von der Uferstraße und den vereinzelten Häusern abschirmt, sanft plätscherndes Wasser. Ein atemberaubender Blick in die Ferne auf die hügelige Middle Island und die riesigen Containerschiffe, die sich langsam zwischen den Inseln hindurchschieben.

Kaum haben wir den ersten Fuß auf den Sand gesetzt, springt ein Securitymann auf uns zu. Mit den Anhängern dürften wir nicht auf den Strand, sagt der Mann, die Aluminiumgriffe seien gefährlich und könnten an einem vollen Strand Menschen verletzen. Ich schaue um mich: Auf dem etwa einen Kilometer langen Strand sind maximal hundert Leute – hier ist nichts los! Aber lieber brav sein als argumentieren. Das bringt nichts, haben wir schon heute Morgen bemerkt. Außerdem, wie das Schild in der U-Bahn zeigte und auch sonst lauter unsinnige Warnungen: In Hongkong nimmt man es mit der Sicherheit sehr genau. Zum Beispiel stand an einer Betontreppe an der

Seite *Mind your head*. Mal ehrlich, wenn man in der Lage ist, den Schriftzug zu lesen, hat man auch die Treppe schon gesehen. Oder in der Dusche. Da stand direkt unter dem Duschhahn die fürsorgliche Information: *Caution wet floor* und daneben: *No smoking in the shower*. Aha.

Wir versprechen dem Sicherheitsmann, den Strand mit unseren waffenartigen Anhängern vorerst nicht zu betreten und deponieren sie an einem Baum, um erst einmal eine Runde schwimmen zu gehen – leider ist das Wasser bei näherem Hinsehen eher braun als blau und ziemlich verschmutzt. Dann kochen wir an der Grillstelle und machen ein ausgedehntes Mittagsschläfchen am Strand. Glücklicherweise regnet es in dieser Zeit kein einziges Mal.

»Hey, das hier ist doch kein Kururlaub«, weckt Paul mich, und mit einem kleinen Schrecken stellen wir fest, dass es schon früher Nachmittag ist. Allerdings hat sich gestern gezeigt, dass die Abend- und Nachtstunden am dankbarsten für den Schmuckverkauf waren, und insofern haben wir keine große Eile. Wir schaffen es, das Wifi-Passwort des überteuerten Strandcafés zu knacken und planen unsere Strategie für den heutigen Abend: Wo ist was los, wo gibt es reiche Touristen, was verkaufen wir, und wie kommen wir dahin?

Als es anfängt zu dämmern, machen wir uns auf den Weg zur Partymeile Lan Kwai Fong im Norden von Hong Kong Island. An der U-Bahn-Haltestelle Central sind wir aber offensichtlich falsch. »Das soll eine Ausgehmeile sein?«, fragt Paul. Bottega Veneta-, Giorgio Armani- und Bulgari-Boutiquen glitzern um die Wette und das poshe, hochnäsig daherschlendernde Shoppingvölkchen scheint kein Interesse an unseren handgemachten Schmuckstücken ohne Markenlogo zu haben. Da hilft auch unsere nette Schatulle nicht. Aber Paul lässt sich von den uns ausweichenden Geldschleudern nicht einschüchtern. Auf einmal läuft er ohne Vorwarnung einem Lamborghini hinterher, bis dieser an der Ampel halten muss. Er bekommt den Fahrer so weit, das Fenster einen Spalt zu senken, und vollführt eine kleine Verkaufsschau. Als die Ampel grün wird, ist klar, dass der Fahrer und seine Begleitung nur echte Steinchen wollen. Um noch ein wenig Salz auf die Wunde zu streuen, lässt der Fahrer die Reifen genüsslich quietschen und Paul wie einen Hanswurst auf der Straße stehen. »Netter Ansatz«, sage ich, als er mit hängendem Kopf zurückkommt. »Beim nächsten Mal klappt's bestimmt.«

Etwas deprimiert sitzen wir am Straßenrand, als uns ein Pärchen anspricht, das schon nach dem ersten Satz begeistert ist von unserem Projekt. Sie wollen Fotos mit uns schießen, aber nicht nur eins oder zwei, der arme Passant, den sie zu diesem Zweck als Fotografen einspannen, muss uns eine ganze Viertelstunde lang in den unterschiedlichsten Posen ablichten – das scheint ihm aber nichts auszumachen. Die beiden raten uns, in die Straße mit all den Bars zu gehen, weil da ab elf Uhr nachts die Hölle los sei. Jetzt erst merken wir, dass wir einfach nicht weit genug gelaufen sind, die Straße ist noch ein gutes Stück weiter. Ein Navigationsfehler.

Kaum dass wir dort angekommen sind, wissen wir, dass wir richtig sind: Massenweise Menschen drängen sich durch eine schmale, steil ansteigende Straße, über ihnen und an den Seiten sehen wir Hunderte blinkende bunte Schilder, die auf den nächsten Club, die nächste Bar, das leckerste Bier, die beste Musik oder was auch immer hinweisen. Frauen mit kurzen Röcken, Männer mit bierbekleckerten und verschwitzten Hemden – so ungefähr stelle ich mir El Arenal auf Mallorca vor.

Ein einziger gigantischer Junggesellenabschied, könnte man meinen. Obwohl die Bars erst wenige Stunden geöffnet haben, begegnen wir fast niemandem, der nicht stockbesoffen ist. »Leichte Beute«, sagt Paul optimistisch, und wir stürzen uns ins Getümmel. Wir haben noch nicht einmal die Hälfte der Straße durchquert, da haben wir schon weit mehr als unser Tagessoll von umgerechnet 50 Euro verdient. Die Leute fallen über uns her, wie Fliegen über einen Misthaufen. Frauen zupfen an unseren Mützen und drücken die Gummientchen auf unseren Schultern, Männer laden uns auf ein Bier ein, und ständig werden wir gefragt, ob wir uns nicht dazusetzen wollen. Aber nachdem wir gestern die halbe Nacht im Irish Pub gesessen haben, wollen wir heute ein bisschen länger auf den Beinen bleiben.

Ich bin erstaunt, wie viele Europäer wir treffen, auch jede Menge Deutsche, die in Hongkong arbeiten und jetzt exzessiv ihren Feierabend genießen. Einer von ihnen, der sich uns als Konrad Adenauer vorstellt, wird hellhörig, als er vernimmt, dass wir ohne Geld unterwegs sind. Er erzählt, dass er die Pressearbeit für einen neuen Kunden betreut, der gerade ein Hostel in Bangkok eröffnet hat – er meint, es sei eine super Idee, uns einfliegen zu lassen und uns ein paar Nächte im Hostel zu spendieren, das wäre für uns gut, aber auch für seinen Kunden, denn immerhin sorgt das für Presse-Aufmerksamkeit in Deutschland. Wir stimmen Konrad Adenauer zu, das wäre der Hit! Zwar liegt Bangkok eigentlich nicht auf unserer Route, aber andererseits: viele Wege führen um die Welt. Wir tauschen Nummern aus, und Konrad verspricht, seinem Freund die Idee gleich morgen vorzuschlagen.

»Kneif mich mal«, sagt Paul, als Konrad weitergelaufen ist. »Es läuft wieder, Hansen, wir haben unsere Mojo zurück!«

»Mojo?«

»Mann, hast du nie ›Austin Powers‹ geguckt?«

»Mit diesem …?«

»Ja, Mike Myers!«

Wir sind so in unsere Unterhaltung vertieft, dass wir zuerst nicht merken, dass sich schon längst eine neue Traube um uns gebildet hat, die uns neugierig begutachtet und unseren Globus betatscht. Ein Mädchen fragt mich direkt nach dem Schlüsselanhänger, unser Angebot scheint auf der Partymeile schon die Runde gemacht zu haben. Bis auf ein besonderes Exemplar, einen Schlüsselanhänger mit einer sehr alten Dollarmünze, verkaufen wir alles, was wir noch haben, und beschließen, uns ein Feierabendbier in einer Bar mit dem einladenden Namen »Schnurrbart« zu gönnen. Paul und ich haben spärlichen Bartwuchs, wie Teenager, und haben unsere ganze letzte Reise damit verbracht, uns einen Schnäuzer wachsen zu lassen. Das Ergebnis war ein zeigefingerbreiter Strich, den ich mir irgendwann abrasiert habe – den Paul aber immer noch stolz über der Oberlippe trägt.

»Stell dich mal vor das Schild, Paul. Ich schieße ein Bild von dir für Isabel«, sage ich, und Paul wirft sich in Pose. Peter, ein Hamburger, der mit seinem Sohn und seiner Tochter im Teenageralter auf Reisen ist, findet das urkomisch und lädt uns ein, sich zu seiner Familie an den Tisch zu setzen. Nach zwei Runden Bier wollen die drei in Richtung Hotel aufbrechen, und beim Aufstehen fällt Peter ein dickes Bündel Geldscheine aus der Hosentasche. Als ich ihn darauf hinweise, ist er mir unendlich dankbar und besteht darauf, uns 500 Dollar als »Finderlohn« zu geben. Für seine Großzügigkeit bedanken wir uns mit dem allerletzten Anhänger, den wir haben, der mit dem Konterfei der Queen.

Kurz darauf treten wir den langen Rückweg in Richtung Strand an. »Morgen basteln wir den ganzen Tag und kommen nachts wieder her«, schlägt Paul vor. »Wenn das weiterhin so gut läuft, können wir mit dem Luxuszug nach Myanmar weiterfahren.

»Gibt es den überhaupt?«, frage ich.

»Keine Ahnung, aber eine schöne Vorstellung oder?«

»Ja, mit Himmelbett und Pizzaservice.«

»Pizzaservice?«

»Nach all den *Dumplings* hätte ich Lust auf 'ne Pizza. Meinetwegen sogar Tiefkühlpizza.«

»Ristorante Spinaci.«

»Wagner Texas Supreme.«

Und so geht das weiter, bis wir an der Bushaltestelle angekommen sind und dort auf Lena und Jörn aus Dänemark treffen. Wir kommen ins Gespräch, und die beiden laden uns ein, bei ihnen zu übernachten. »So könnte es immer sein«, sage ich zu Paul, der meinen Kommentar mit einem breiten Grinsen quittiert.

Mit Wanderanhängern ziehen wir durch die Städte und übers Land. Das Geld für unsere Weltreise wollen wir vor Ort verdienen – ob das gut geht?

Unsere Anhänger sind gerade so groß, dass sie nicht als Sperrgepäck gelten. Es passen ein Schlafsack, Kocher und Klamotten für 80 Tage hinein.

Abseits der Straße begeben wir uns immer wieder auf Zeltplatzsuche, wie hier in Sevilla, Spanien.

Trampen am Flughafen Lissabon, Portugal. Wird uns irgendjemand nach Kanada mitnehmen?

Feierabendfoto mit den deutschen Handwerkern: auf dem neu gebauten Balkon für Carrie, Don und Hündin Maggie in Barrie, Kanada

Schon nach einer Minute haben wir einen Fisch an der Angel! Ob hier alles so reibungslos laufen wird?

Pause in den Rocky Mountains mit Pete-Rocker, einem beinharten Harley-Fan und einem der tollsten Gastgeber in Kanada

Was für eine Ehre! Hansen darf auf dem heiligen Feuerstuhl von Pete Platz nehmen.

Reizüberflutung in Japan – in Tokio blinkt, piepst und plärrt es überall. Und wohin geht's als Nächstes?

Kurz hinter Kunming, China, lenken wir das gesamte Personal eines Restaurants von der Arbeit ab.

Das mystische Laos erwartet uns mit der wohl schönsten Grenzstation auf unserer Reise.

Einfach mal Richtung Süden laufen und den Daumen rausstrecken. Wird hier jemand anhalten?

Glühende Hitze und kein Schatten weit und breit. Den Bus zur thailändischen Grenze konnten wir uns leider nicht leisten …

... obwohl in Laos Busfahrten sehr günstig sind. Was wir ein paarmal nutzen mussten, denn Trampen versucht man in diesem Land vergeblich.

Auf dem Weg nach Malaysia: mit unserer Reiseretterin Nam beim Zwischenstopp am Strand von Songkhla, Thailand

In Indien läuft der Verkauf unserer Schmuckstücke schleppend. Zum Glück reicht das Geld noch für zwei *Samosas*.

Mülltrennung – was ist das denn?! Wofür gibt es hier schließlich Abwasserkanäle?

Viel zu wenig Zeit zum Staunen: Indiens größte Moschee, die Jama Masjid in Neu-Delhi

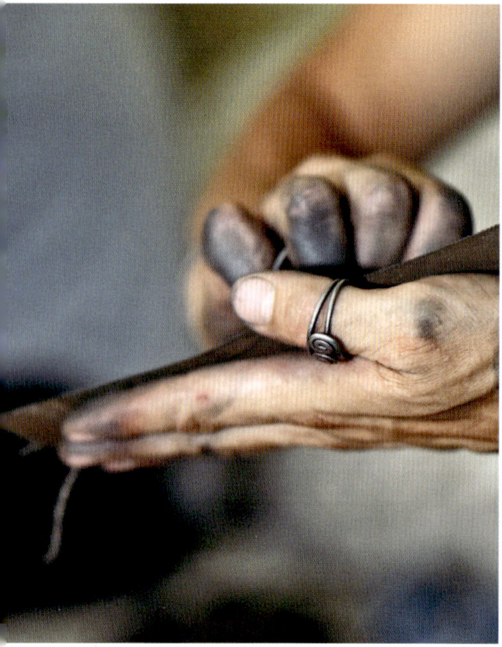

Hansen schmiedet unseren Bestseller, einen Schlüsselanhänger aus einer Fahrradkette und einer Münze der jeweiligen Landeswährung.

Schmutzige Hände, glänzender Schmuck – Ringe und Armreifen aus Fahrradspeichen sollen außerdem unsere Kasse füllen.

Kontrastprogramm zu den riesigen Millionenmetropolen: einsame Nächte im Zelt, wie in Kanada mit Blick auf die Rocky Mountains …

… oder zu Beginn unserer Reise bei Einbruch der Dunkelheit in der Nähe von Perpignan, Frankreich

Sechsunddreißig Zugstunden als blinde Passagiere von Shymkent nach Sol Ilezk kurz hinter der kasachisch-russischen Grenze

Das Ziel vor Augen: Über Moskau und Warschau soll's nach Hause gehen.

Ein Hauch von Komfort – endlich hält mal ein Wagen, in den unsere Anhänger problemlos hineinpassen.

Glücklich im Berlin-Warszawa-Express – nur noch vier Stunden bis Berlin

Geschafft! In unzähligen Abenteuern, mit der Hilfe großartiger Menschen in nicht ganz 80 Tagen um die Welt …

Lena und Jörn wohnen im achten und obersten Stock eines knallgelb gestrichenen Hochhauses, das keinen Aufzug hat. Wie kann man nur ein Hochhaus ohne Aufzug planen?

»Glück für uns«, sagt Lena, die übrigens mit Nachnamen Hansen heißt. »Wir könnten uns eine solche Wohnung sonst niemals leisten.«

Schweißgebadet tragen wir unsere Anhänger in den achten Stock.

Zwischendrin merke ich die Anstrengungen der letzten Tage. Ich finde kaum die Kraft, die letzten Stufen zu gehen, und als ich oben stehe, muss ich mich an der Wand abstützen und kann noch nicht einmal »Ja« sagen, als mich Lena fragt, ob alles okay sei.

Die Dachgeschosswohnung hat zwei Ebenen, von der die untere ein Raum ist, der aus Küche, Essbereich, Wohnzimmer und einem Badezimmer besteht. Auf der oberen, eine große, offene Dachterrasse, steht ein klimatisierter Container, den die beiden als Schlafzimmer nutzen. Wir sind begeistert! Dieser Blick, diese ungewöhnliche, tolle Wohnung – der Treppenkampf hat sich gelohnt.

Jörn erzählt, dass der Container auf der Dachterrasse früher an Filipinos vermietet war, die hier illegal in Hongkong arbeiteten. Als sie hier einzogen, haben die beiden die Tagebücher eines Arbeiters gefunden, der darin die harten Arbeitsbedingungen und die ständigen Demütigungen beschrieb.

Lena und Jörn bauen uns ein Matratzenlager im Esszimmer. Die Klimaanlage summt leise vor sich hin, und ich kuschele mich angenehm fröstelnd in die ungewohnt bequeme Decke. Ein herrliches Gefühl. Morgen können wir ausschlafen.

Tausendjährige Eier

28. JUNI, TAG 54, HONGKONG, CHINA, KONTOSTAND: HK$ 3070,32

PAUL

Es ist schon später Abend, als wir uns am nächsten Tag wieder in die Bargegend aufmachen, um das Erfolgskonzept der gestrigen Nacht zu wiederholen. Von Konrad Adenauer haben wir leider noch nichts gehört. Wenn wir bis übermorgen nicht wissen, ob das mit dem Bangkok-Plan klappt, setzen wir unsere Reise über Shenzhen Richtung Myanmar fort. Wir haben lange geschlafen und uns dann zum Strand aufgemacht und dort mit kleinen Badepausen eine ganze Kollektion Anhänger gebastelt, poliert und in einem Beutel gesammelt. Das Vorzeigeexemplar liegt in der Samtschatulle.

»Paul! Nachricht von Slow-Motion-John!«, ruft Hansen zu mir herüber, als ich gerade den Müll wegbringen will. Das ist immer ein Highlight des Tages. John aus Kanada meldet sich regelmäßig per SMS bei uns und schafft es immer wieder neu, den Langweiler-Vogel abzuschießen. Bitte nicht falsch verstehen, wir lieben ihn ja – aber es ist einfach zu komisch. »Was schreibt er?«, rufe ich zurück und komme rübergeeilt.

»*Hi. Is it raining out there?*«, liest Hansen vor.

Wir schreiben zurück: »Jetzt wissen wir endlich, warum es ›Umbrella Revolution‹ hieß. Bleib im Trockenen, deine German Twins«

Als wir mit allem fertig sind, ist es schon elf Uhr abends, und weil wir den letzten Direktbus verpasst haben, müssen wir mehrere kürzere Strecken fahren. Wir steigen in den Ersten ein, und der Busfahrer fährt nicht los. Aber er sagt auch nichts und gibt uns nichts zu verstehen. Er wartet, hinter ihm stauen sich die Autos an der Haltestelle, aber nichts passiert. Es dauert noch eine ganze Weile, bis wir irgendwann einen anderen Passagier fragen, und der erklärt uns, dass wir erst bezahlen müssen, bevor er losfährt. Seltsam, in den anderen Bussen konnte man das auch während der Fahrt machen, aber vermutlich befürchtet dieser, dass die zwei Landstreicher nicht das nötige Kleingeld in ihren löchrigen Hosentaschen haben.

Als wir endlich ankommen, ist es schon weit nach Mitternacht. Auf der Lan Kwai Fong ist die Hölle los, sprichwörtlich. Überall Menschen, die ihren Kopf auf die Handinnenflächen stützen und sich mitten auf der Straße und selbst auf ihre eigenen Schuhe übergeben, die wenigen, die noch stehen, können entweder kaum noch geradeaus schauen, geschweige denn geradeaus gehen, oder sie haben emotionslos aufgerissene Augen und den stieren Blick von Menschen, die zu viele Amphetamine in sich hineingeworfen haben. Am oberen Ende der Straße warnt ein hilfloses Plakat: *Say No to Drugs.* Manche scheinen, wie die auf dem Boden liegenden Bierflaschen, die in kleinen Lawinen die Straße runterrollen, der Kraft der Gravitation nicht mehr standhalten zu können und torkeln seitwärts die steile Straße runter. Alles riecht nach Bier, Erbrochenem, Schweiß und süßlichen Spirituosen. Mädchen lehnen in alkoholbesudelten Klamotten an Hauswänden. Wenn Brueghel heute leben würde, sähen seine Bilder vielleicht so aus. Immer wenn jemand überhaupt auf uns reagiert, dann nur, um nach ein, zwei rausgepressten Worten in unseren Bauchladen hineinzufallen oder einfach weiterzuwanken.

Ich glaube, selbst im pinken Bärenkostüm Salsa tanzend hätte uns hier niemand Aufmerksamkeit geschenkt, weil einfach keiner dieser Menschen mehr in der Lage ist, sein Gehirn länger als zwei Sekunden auf etwas zu fokussieren. Hansen und ich sind viel zu nüchtern, um das hier auch nur eine Viertelstunde lang ertragen zu können. Es ist das traurigste Saufgelage, das ich je gesehen habe.

Wir versuchen, aus dem Gewühl wieder rauszukommen. Aber zuvor wird Hansen noch von einer Gruppe älterer Engländerinnen angegraben. Spuckeschäumend baut sich eine gewaltige, krebsrot verbrannte Frau vor Hansen auf und gibt ihm zu verstehen, dass er nur bei ihr schlafen darf, wenn er das auf eine gewisse Weise zurückzahlt. Ihre Augen versuchen dabei verzweifelt, scharf zu stellen, und als das nicht gelingt, scheint sie sich für ihren Tastsinn zu entscheiden und fängt an, Hansens Gesicht zu begrabschen. Der hat spätestens jetzt genug. »Danke, meine Dame. Aber jetzt muss ich leider heim, sonst macht sich meine Mama Sorgen«, und entwindet sich geschickt den pink manikürten Tentakeln.

Wir wollen den Bus zurück zum Strand nehmen, da wir Lena und Jörn um diese Zeit nicht mehr aufwecken wollen. Aber der erste deutet ein Anhalten nur kurz an und fährt dann einfach an uns vorbei. Der zweite, fünfzehn Minuten später, will die Tür direkt vor unserer Nase wieder schließen, nachdem alle anderen Fahrgäste eingestiegen sind. Ich bin schneller, schiebe meinen Koffer dazwischen und werfe dem Busfahrer einen bösen Blick zu. Der schaut einfach weg und tut so, als wäre nichts. Wir steigen ein, und wieder fährt der Bus nicht los. Ich will zahlen, aber der Mann hält, ohne mich dabei anzuschauen, einfach die Hand über den Geldschlitz, wie ein kleines beleidigtes Kind. Ich bin wirklich mit den Nerven am Ende nach diesem erfolglosen, anstrengenden und deprimierenden Abend, es ist fast drei Uhr nachts, und wir wollen einfach nur zum Strand, um diesem Tag ein Ende zu setzen. Ich frage den Busfahrer, was denn das Problem sei, und er schreit irgendwas auf Chinesisch oder Kantonesisch, wieder, ohne mich auch nur einmal dabei anzuschauen. Dann zeigt er auf ein Plakat, auf dem eine durchgestrichene Umzugskiste zu sehen ist. Das soll wohl bedeuten, dass man keinen Umzug mit dem Bus machen soll. Egal, wie oft wir versuchen, ihm klarzumachen, dass unsere Koffer unser Gepäck und ganz sicher keine Umzugskisten sind, er reagiert nicht, stattdessen fährt er an den Randstein und macht den Motor aus. Jetzt werden die anderen Fahrgäste unruhig, manche schauen uns entschuldigend, andere vorwurfsvoll an. Schließlich geben wir auf und steigen aus. Ich muss mich schwer zusammenreißen, Hansen platzt der Kragen. Er schreit dem Fahrer zum Abschied noch ein »Danke schön für die Gastfreundschaft, du Oberarschloch!« entgegen. Der Mann zuckt nicht mit der Wimper und fährt los.

Der nächste Bus, eine Viertelstunde später, nimmt uns anstandslos mit. Aber: Als wir an der Haltestelle aussteigen wollen, hält er zwar, lässt Leute einsteigen, reagiert aber nicht auf unser Knopfdrücken und Rufen und lässt die hintere Tür geschlossen. Was auch immer mit den Busfahrern los ist, sie müssen einen ziemlich beschissenen Job haben hier in Hongkong.

Endlich an unserem Strand angekommen, liegt dieser unschuldig im silbrigen Mondschein und wartet darauf, dass wir ihn mit unseren Rollwagen durchpflügen. Ein Securitymann ist nicht zu sehen, also suchen wir uns ein halbwegs geschütztes Eckchen und legen uns in den Sand. Mit dem Kopf und den Hüften grabe ich mir zwei gemütliche Kuhlen. Hach, Meeresrauschen, Vogelgeschrei … morgen kann es nur besser werden.

»Uiiiiiiiiikkkk, uiiiiiiiikkk …« Ich habe keine zwei Stunden geschlafen, da werde ich unsanft geweckt. Ein teuflisch lautes Quietschen, unterbrochen von einer quäkigen, blechernen Melodie, die sich immer und immer wiederholt. Es ist der Mann, der hier frühmorgens den Strand vom Müll befreit und dafür die prall gefüllten Plastiksäcke auf ein mit stinkendem Motor betriebenes Kettenfahrzeug lädt, das im Schritttempo neben ihm herfährt und dringend eine Ölung vertragen könnte. Mindestens zwanzig Mal schleicht das Fahrzeug im Schneckentempo direkt an unseren Köpfen vorbei. Das Geräusch treibt mich in den Wahnsinn. Als ich mich irgendwann aufrichte, um nachzusehen, wie viele Säcke er noch transportieren muss, wird mir schnell klar, dass mein Schlaf für heute beendet ist. Auch Hansen klappt seinen Oberkörper neben mir auf und guckt mich erschrocken und verdutzt an. Die Szene wirkt so skurril, dass wir laut lachen müssen. Das hier könnte auch eine Szene aus einer französischen Siebzigerjahre-Komödie sein. Das Fahrzeug bewegt sich so unglaublich langsam, dass der Mann vermutlich schon längst fertig wäre, würde er die Säcke einzeln zur Straße tragen. Immer wieder nähert sich das Gefährt mit ansteigendem Lärmpegel unserem Schlafplatz und entfernt sich in die andere Richtung.

Nicht nur der Müllmann ist schon früh morgens fleißig. Vor uns am Strand tummelt sich eine ganze Riege agiler Frühschwimmer, Senioren mit dünnen Beinchen und fassähnlichem Oberkörper, die die meiste Zeit mit unerklärlichen Aufwärmübungen verbringen: mit den Armen schaukeln, Hände in die Hüften stemmen, sich zurückbeugen, im Kreis gehen und dabei angeregt mit den Sportsfreunden plappern. Wenn sie dann tatsächlich irgendwann ins Wasser eintauchen, planschen sie ein bisschen dort, wo man noch stehen (und plaudern) kann. Das Ganze dauert nicht Minuten, sondern Stunden. Manche gehen erst gar nicht ins Wasser, sondern laufen nur bis zum Ufer, halten den Fuß kurz hinein, machen erneut Dehnübungen und setzen sich zurück auf ihr Badehandtuch.

Dieses Schauspiel wiederholt sich exakt genauso am folgenden Morgen, und wir fragen uns: »Was haben sie sich alles zu erzählen? Es muss ja unglaublich viel passiert sein, seit gestern, dass es schon am nächsten Morgen für stundenlangen Gesprächsstoff reicht!«

Es wird ein ungelöstes Geheimnis bleiben, denn wir beschließen heute oder spätestens morgen aus Hongkong in Richtung China aufzubrechen.

Hansen und ich diskutieren lange darüber, wie wir weitermachen wollen. Wir haben schon fast 400 Euro verdient. Leider reicht das aber nicht im Entferntesten, um bis nach Neu-Delhi, geschweige denn nach Berlin zu kommen.

Wir könnten nach Bangkok fliegen und von dort aus weiter nach Mandalay fahren, oder nach Kunming fliegen und von dort nach Mandalay trampen. Hansen hängt sich über sein iPhone, um Routen zu recherchieren. »Es gibt einen Zug von Shenzhen nach Kunming für 206 Yuan, also gerade mal 34 Euro!«, sagt er. »Und der fährt jeden Tag um halb vier ab und braucht schlappe 28 Stunden.«

»28 Stunden«, frage ich ungläubig? »Das sind doch maximal 1500 Kilometer?«

»Ja, aber so steht es hier«, Hansen zeigt mir den Zugfahrplan auf seinem Display.

Als wir gerade an der Barbecuestelle der Strandanlage zum Frühstück Tofu und Sojabohnen grillen, ruft tatsächlich Konrad Adenauer (der übrigens eigentlich Tommy heißt) über Skype an. Damit hatten wir gar nicht mehr gerechnet.

Er sagt uns, dass sein Freund großes Interesse hätte und die Idee super findet, sich aber vor nächster Woche Montag nicht entscheiden könne.

Wir starten nach dem Telefonat noch einen letzten Versuch und schreiben ihm eine lange SMS:

Hey Tommy,
nächste Woche wäre leider zu spät für uns. Wir haben aber folgenden Vorschlag: Wir würden den Flug nach Bangkok (der ja für uns beide nur insgesamt circa 250 Euro kostet) erst mal selbst zahlen und du versuchst deinen Kunden von der Idee zu überzeugen. Wenn es klappt, kann er uns den Flug einfach wieder zurückerstatten. Wenn nicht, springst du ein und verbuchst es als Werbekosten für deinen Neukunden. Was meinst du?
Paul und Hansen

»Wenn er sich darauf einlässt, Bangkok, wenn nicht, lass uns am besten direkt heute weiter nach Shenzhen«, sagte ich, während ich mir ein saftiges Stück Tofu in den Mund schiebe. Das ist in Asien zu meiner Leibspeise geworden, schmeckt völlig anders als das gummiartige Zeug, das ich aus Deutschland kenne.

Vor der Bucht fahren riesige Containerschiffe vorbei, ein wirklich beeindruckender Anblick, diese so weit entfernten Giganten. »Eigentlich bräuchten wir nur rüberzuschwimmen, raufzuklettern und nach Hamburg zu schippern, oder?«, träumt Hansen laut, als eines der Schiffe mit dem Schriftzug der Hansestadt vorbeifährt.

»Hast die Koffer denn wasserdicht konstruiert?«

»Joa … So mehr oder weniger. Könnte klappen.«

Tommy antwortet nicht und so arbeiten wir weiter an Route Nummer eins. Leider müssen wir herausfinden, dass wir es heute nicht mehr nach China schaffen werden, weil die Grenzkontrollen so streng sind, dass wir all unsere Chips, auf denen die Filmaufnahmen gespeichert sind, noch von Hongkong aus verschicken müssen, und diese dafür zur Sicherheit vorher noch kopieren müssen. Das dauert noch die ganze Nacht durch, in der ich mir alle eineinhalb Stunden einen Wecker stelle, um die Chips im Lesegerät auszutauschen.

*

Zwei Tage später, am Morgen des 58. Tages, wachen wir in einem ziemlich komfortablen Hotelzimmer auf. Wir haben es in Shenzhen gestern nicht mehr weit geschafft, nur quasi bis um die Ecke des Hauptbahnhofs. Es hatte keinen Sinn, sich noch weit wegzubewegen, um einen Park oder Strand zu suchen, denn am nächsten Tag müssen wir genau hier in den Zug steigen. Mithilfe einer freundlichen Chinesin konnten wir den Preis für das Zimmer kräftig runterhandeln.

China und insbesondere dieses Hotelzimmer ruft lauter Erinnerungen an unsere letzte große Tour wach. Hundert Tage sind wir durch China gefahren, sieben davon haben wir an unserem Ziel Shanghai verbracht, bevor wir schließlich am 5. November 2012 die ganzen 13 700 Kilometer, die wir in sieben Monaten mühevoll mit dem Rad hinter uns gebracht hatten, innerhalb von nur 18 Stunden überflogen. Faszinierend und deprimierend zugleich.

Ja, die Einrichtung des Hotelzimmers, das kirschholzfurnierte Bett mit goldenen Kugeln auf den Bettpfosten, der gläserne Beistelltisch, der violette Teppich und der Abklatsch einer Tiffanylampe, die Art in der wir uns darin ausgebreitet haben, der Wasserkocher, die Instantnudeln, die Rezeption, an der wir uns erst registrieren lassen mussten – das alles ist mir so unheimlich vertraut. China ist ganz anders als Hongkong, zwar so nah, und dennoch trennen beide Kulturen Welten: In Hongkong ist alles doppelt und dreifach gesichert, in China interessiert das Thema niemanden, in Hongkong ist es sauberer, der Verkehr läuft geregelt. In China herrscht heilloses Chaos.

Nachdem wir viel zu spät ausgecheckt haben, um noch bis zur letzten Sekunde Wasser und Strom zu nutzen, machen wir uns auf den Weg zurück zum Bahnhof. Immer wieder schreit einem jemand ein sehr lautes und aggressiv wirkendes »Hey!« hinterher. Das sind Händler, die einem irgendetwas verkaufen wollen. Ich frage mich nur, bei wem die Masche funktionieren soll. Mich schreckt das einfach nur ab. Hansen scheint dasselbe zu denken, denn plötzlich brüllt er mir so laut »Hey!!« ins Ohr, dass ich zusammenzucke. »Paul, vergiss all unsere Verkaufsstrategien. So läuft Business in China, wir müssen uns einfach nur umstellen«, »Okay, okay«, lache ich, »die Kundenansprache übernimmst dann aber du.«

An der U-Bahn-Haltestelle erwartet uns der nächste sinnfreie Sicherheitscheck. Das haben die wirklich drauf hier. Wir haben so ziemlich alles dabei, was man laut Angabe nicht dabeihaben darf: Spiritus, Werkzeuge, Messer – aber nichts davon wurde bisher erkannt, obwohl wir sicherlich schon fünf Mal kontrolliert wurden. Unsere Koffer sind zu groß für die Scannerapparatur, durch die alle Rucksäcke und Handtaschen geschickt werden. Die kluge Konsequenz: Sie werden einfach ohne Kontrolle durchgewunken. Je größer also die Bombe ist, die ich in die U-Bahn schmuggele, desto einfacher ist es, sie durchzubekommen. Jetzt, beim sechsten Mal, fährt der Sicherheitsmann meinen Koffer mit dem Handscanner ab. Natürlich geht das Ding los, kaum dass er es in die Nähe hält. Der Mann sagt irgendetwas auf Chinesisch, und ich befürchte, dass er mir sagen will, ich dürfe mit dem Koffer nicht in die Bahn, was bedeuten würde, dass wir unseren Zug verpassen. Was tun? Ich entscheide mich für Blödstellen und freundlich Grinsen. Er wiederholt noch ein paar Mal, was er schon gesagt hat, und ich grinse weiter, bis er irgendwann ächzt, vor meiner Begriffsstutzigkeit kapituliert und mich durchwinkt. Fazit: Extradumme

Terroristen mit extrem großen Bomben kommen ganz einfach durch den Sicherheitscheck.

Im Bahnhof von Shenzhen gibt es eine gigantische Wartehalle mit mindestens tausend Sitzplätzen. Der Bahnhof ist organisiert wie am Flughafen die Gates, sodass man an der richtigen Stelle sitzen muss, wenn der Zug kommt. Erst dann wird man auf das Gleis gelassen und steigt direkt in den schon wartenden Zug ein.

»Haben wir eigentlich eine Sitzplatzreservierung?«, frage ich Hansen, der die Tickets gestern mithilfe eines Engländers, der hier schon Jahre wohnt, am Schalter gelöst hat. »Woher soll ich das wissen, ich verstehe auch kein Chinesisch. Aber guck mal, hier steht 4 und 32 und bei dir 4 und 34. Der Wagen könnte 4 sein und das andere der Sitzplatz.«

»Klingt einleuchtend. Ich frage mal jemanden.«

Ich zeige ein paar Leuten die Tickets, deute mit dem Finger auf die Nummern und dann auf einen Stuhl und mache ein fragendes »Mmmhh?«

Aber keiner beantwortet meine Frage, sondern jeder zeigt auf das Wort, das für Kunming, unseren Zielbahnhof, steht und zeigt dann auf das entsprechende Gate. Ich versuche es noch mal und noch mal, bis ich bestimmt zehn Leute gefragt habe. Immer die gleiche Antwort. Es macht mich wahnsinnig. Alle meinen, von Anfang an verstanden zu haben, was ich wissen will, reden auf mich ein, und es gibt keine Chance mehr, ihnen zu erklären, dass das überhaupt nicht meine Frage war. Ich weiß, dass das mein Problem ist, meine Gestik ist hier einfach nicht einleuchtend, irgendwann gebe ich auf. Später, im Zug, stellt sich heraus, dass es tatsächlich die Zahlen der Sitzplätze waren.

Als wir auf das Gleis durchgelassen werden, entsteht ein Tumult. Anders als in Tokio wartet man hier nicht, bis die Passagiere ausgestiegen sind, sondern stürmt die Türen in dem Moment, in dem sich öffnen, und das, obwohl es Sitzplatzreservierungen gibt – zumindest bis alle Plätze belegt sind.

Ein riesiges Durcheinander entsteht, in dem sich einige weder vor- noch rückwärts bewegen können. Kurz bevor ich in den Zug steigen kann, klopft mir plötzlich eine Hand auf die rechte Schulter. »Was denn jetzt noch?«, frage ich reflexartig auf Deutsch, drehe mich um und schaue nicht etwa in Hansens, sondern in das Gesicht eines kleinen Mannes, der mir etwas entgegenhält. Meinen Pass! Das darf doch nicht wahr sein! Sollte ich den etwa verloren haben? Der Mann zeigt hinter sich zu den Rolltreppen und auf den Boden. Anscheinend ist der mir dort tatsächlich aus der Tasche gefallen. Was für ein wahnsinniges Glück, dass dieser Mann die Situation sofort erkannt hat. Wäre ich schon in den Zug gestiegen, wäre der Pass wahrscheinlich für mich verloren gewesen. Und ohne Pass kein chinesisches Visum mehr, kein Visum für Myanmar, Indien, Bangladesch. Kein Flug mehr, keine Reise. All das schießt mir durch den Kopf, während ich dem Mann dankbare Blicke zuwerfe und mich verbeuge. Als ich nach den selbst gemachten Schmuckstücken krame, um ihm einen Finderlohn zu geben, winkt er ab und wirkt beinahe beleidigt. Er dreht sich um und geht. Dieser kleine Herr hat mir gerade die Tour gerettet!

Ich steige in den Zug und quetsche mich in den Gang. Hansen muss schon längt an seinem Sitzplatz angekommen sein. Es gibt Plastiksitze und gepolsterte Sessel. Bei dem kleinen Preis, den wir für die lange Strecke gezahlt haben, befürchten wir, dass wir die nächsten 28 Stunden auf einem knallharten Brett sitzen müssen, erstaunlicherweise sind Platz 32 und Platz 34 Polstersitze mit hübschen, weißen Spitzendeckchen über der Kopfstütze.

Der Zug erinnert mich an Wes Andersons »Darjeeling Limited«: In jedem Fenster hängt eine gehäkelte, violette Gardine, das Innere ist geräumig und gemütlich. Ein bisschen wie Urlaub, jetzt für mehr als einen Tag im Zug zu sitzen, einfach nur zu fahren, zu essen, zu schlafen, zu reden, Musik zu hören.

So dachte ich jedenfalls, bis sich das Bild schlagartig ändert, als an den folgenden Stationen mehr und mehr Menschen zusteigen. »Wie wollen die denn alle hier reinpassen?«, ruft mir

Hansen erstaunt über den Gang zu. Leider liegen unsere Sitzplätze nicht nebeneinander. Zwischen uns wird es jetzt so voll, dass ich Hansen nicht mehr sehen kann. Sitzplätze gibt es zu wenige, und so stehen und sitzen viele Menschen in den Gängen oder quetschen sich zu mehreren auf einen Sitz. Es dauert nicht lange, und jemand hockt auf meiner Armlehne. Nun gut, vielleicht ist das für kurze Zeit eine frequentierte Strecke heraus aus der Riesenstadt Shenzhen.

Am Anfang finde ich es sogar noch schön, wie hier alle zusammenrücken, jeder sich irgendwie einen Sitzplatz organisiert, sich die Gepäckfächer mit riesigen Koffern füllen. Aber nach ein paar Stunden ändert sich das romantische Bild. Die Leute ziehen ihre Schuhe aus, pellen gekochte Eier und veranstalten riesige Picknickgelage mit allerlei deftig riechenden mitgebrachten Speisen. Auch der Mann mit dem Restaurantwägelchen, der sich hin und wieder mühsam durch die Gänge drückt, verkauft hauptsächlich Eierspeisen. Der Mann mir schräg gegenüber bestellt sich Tausendjährige Eier und in Plastik eingeschweißte Hühnerfüße. Na herrlich, das wird nicht nur einmal stinken, freue ich mich schon, denn verdauen muss er es ja auch noch … Sowohl ihn als auch die Frau, die Hansen gegenübersitzt, haben wir zum Platztausch zu überreden versucht. Meine Beine ragen in den Sitzplatz meines Gegenübers, es geht gar nicht anders. Wäre das Hansen, könnte man sich arrangieren und die Füße ausstrecken, aber die Gefragten scheinen das nicht einzusehen. Sitzplatz ist Sitzplatz, und man sitzt auf der Nummer, die einem zugewiesen ist, scheint die Einstellung der beiden zu sein. Seltsam, wenn man bedenkt, dass es gleichzeitig selbstverständlich zu sein scheint, dass man den reservierten Sitzplatz mit anderen Passagieren teilt.

Zwei Schaffner in blauer Uniform laufen durch die Waggons und verteilen münzgroße weiße Tabletten, nachdem sie eine endlose Durchsage gemacht haben.

Wir haben keine Ahnung was das ist. Schlafmittel? Beruhigungsmittel? Hansen lässt sich eine geben und inspiziert die durchsichtige Verpackung. Wir sind skeptisch. Warum bestehen die darauf, dass wir das essen? Das sieht aus wie eine große Aspirin-Tablette! Aber auf der Packung ist ein Glas mit weißer Flüssigkeit zu sehen. Vorsichtig steckt Hansen eine in den Mund und nach einer Weile grinst er: »Aha!«

»Was denn?«

»Das sind Milchtabletten«, sagt er. »Schmecken erstaunlich gut! Wie ein frisches Glas Milch, kein Witz!«

Im Laufe der Zugfahrt kommen die Schaffner immer wieder und werben für unterschiedlichste Produkte. Ein bisschen wie bei den Billigairlines, da sind die Stewardessen ja auch zugleich Verkaufspersonal. Die Gratis-Milchtabletten gibt es aber nicht noch mal, sonst hätte ich auch mal probiert. Aber das ist unser geringstes Problem. Wie sehr würde ich mir etwas mehr Platz wünschen, um wenigstens ab und zu meine Beine ausstrecken zu können. Zwar steigt mein Gegenüber aus, aber die Freude hält nicht lange an.

Ein ganzer Schwung neuer Passagiere drückt sich durch den Mittelgang, und den Platz nimmt eine Frau ein, deren Koffer weder ins Gepäcknetz noch sonst wohin passt. Er steht jetzt vor ihren Füßen und macht meinen Sitzplatz unerträglich eng. Ich versuche alle möglichen Positionen, und irgendwann hilft nur noch Ablenkung. Zum tausendsten Mal auf dieser Reise höre ich die Playlist, die mein bester Freund Koni mir zusammengestellt hat: »End of the World-Mix«, »Melancholia« und dann ein Set von Alexander Kowalski, dessen monotone Rhythmen und hypnotischen Klänge perfekt zum Blick aus dem Fenster passen: Erst flogen noch lange Zeit die Vororte von Shenzhen vorbei, dann folgten graue Industriegebiete, bis die Häuser wieder immer größer wurden und zur nächsten Riesenstadt Guangzhou anwuchsen. Stunden später aber verwandelt sich das Bild vor dem Fenster in eine prächtige Naturlandschaft. Mit saftig grünen Wiesen und Bergketten am Horizont.

Koni und ich haben in den fünf Jahren unserer Freundschaft noch keine Reise miteinander gemacht, obwohl wir uns immer vorgenommen haben, Paris zu besuchen. Ich war noch nie da, und Koni findet, das geht nicht. »Nach Kirgisistan radeln, aber

Paris nicht kennen. Du Kulturbanause!«, schimpft er bei jeder Gelegenheit.

Aber geschafft haben wir es noch nicht. Stattdessen gehen wir nach einem Barbesuch meist noch für einen Gemüse-Kebab am Kottbusser Tor vorbei und machen vor dem Eiffelturm-Graffiti ein Foto, um es auf Facebook zu posten und Verwirrung zu stiften. So gesehen waren wir schon oft in der Stadt der Liebe. Das einzige Problem: Das Graffiti zeigt nicht den Eiffelturm, sondern den Funkturm Ost in Berlin – aber mit ein bisschen Fantasie …

Einmal sind wir doch zusammen mit dem Zug gefahren. Zur »Fusion«, einem Elektro-Festival auf einem ehemaligen Militärflugplatz in Mecklenburg-Vorpommern. Da saßen wir auf der Rückfahrt, müde, verkatert und beseelt von den Eindrücken des Festivals einander gegenüber und starrten auf die vorüberziehenden Stoppelfelder. Mit Koni rede ich nicht viel, trotzdem ist er wie mein zweiter Zwillingsbruder – einer, mit dem ich mich seltener streite.

Ein unangenehmes Kribbeln reißt mich aus meinen Tagträumen. Mein rechtes Bein ist eingeschlafen bis hoch zur Pobacke. Ich habe den wirklich beschissensten Sitzplatz. Die Sitze sind so steil, dass ich mich nicht anlehnen kann, ohne vornüber zu kippen, zur Seite kann ich mich nicht lehnen, weil es keine Ohrenbacken gibt. Neben mir auf dem Boden spielt die ganze Zeit ein Geschwisterpaar giggelnd mit seinem Vater. Was ich am Anfang noch süß fand, nervt mich jetzt. Warum werden die nicht müde? Den Vogel schießt allerdings mein Sitznachbar schräg gegenüber ab. Der hört über sein Handy grauenhafte piepsige Konservenmusik, aber nicht etwa mit Kopfhörer, sondern auf voller Lautstärke über die eingebauten Lautsprecher. Zwischendurch wird die Musik vom Telefonklingeln, der Melodie von »Fröhliche Weihnacht überall« unterbrochen und dann führt er für fünf bis zehn Minuten ein Schrei-Telefonat. Erst habe ich ihm böse Blicke zugeworfen, aber die kommen offenbar nicht an. Niemanden hier stört das Geräuschwirrwarr.

Die Klimaanlage hat den Zug mittlerweile auf Kühlschranktemperatur runtergekühlt. Als ich mir die Fleecejacke aus dem Koffer holen will, ist der mittlerweile zum Tisch umfunktioniert, auf dem Essen zubereitet wird. Daneben wird gegessen, Müll abgeladen, und Hansens Kiste dient als Kopfkissen. Etwas angenervt bitte ich die Gruppe, meinen Koffer frei zu machen und ihn nicht als Schneidebrett zu verwenden, das dünne Plastik ist einfach zu empfindlich.

Als ich zurück zu meinem Platz komme, ist der mittlerweile belegt. Ich rüttele den schlafenden Mann und rede auf ihn ein, bis er den Platz endlich freigibt. Ich könnte ausflippen, wenn ich nicht so todmüde wäre. Irgendwann komme ich darauf, wie ich meine Wasserflasche als Schlafhilfe nutzen kann: Ich stütze die Stirn auf den Boden der Wasserflasche ab und falte die Hände um die auf dem Kopf stehende Trinköffnung der Flasche. Meine Ellenbogen lege ich dabei auf den Knien ab. Die Konstruktion ist ziemlich bequem, sodass ich für etwa eine halbe Stunde tatsächlich schlummern kann. Aber nach einer halben Stunde beginnt meine Stirn zu schmerzen. Es ist hoffnungslos. Erholsam ist diese Zugfahrt wirklich nicht. Wenigstens ist meinem Tischnachbarn der Saft für seine mobile Disco ausgegangen. Endlich ein Geräusch weniger. Als ob er lesen könnte, was ich gerade in mein iPad tippe, beugt er sich plötzlich rüber und tippt auf den kleinen schwarzen Kasten, an dem mein iPad hängt. O je, mir schwant Böses, er hat das Powerpack erkannt, mit dem wir mobil unsere Geräte aufladen können und hält mir grinsend sein Handykabel entgegen. Was tun? Es ihm verbieten? Unmöglich, vor allem, wenn man die ganze Fahrt über Reisbällchen und Tausendjährige Eier angeboten bekommt. Zum ersten Mal auf der Tour wünsche ich mir tatsächlich, mein Powerpack wäre leer, statt voll geladen.

Noch 18 Stunden bis Kunming – halte durch Weltenbummler. Du wolltest es nicht anders.

Grenzerfahrungen

3. JULI, TAG 59, KUNMING, CHINA, KONTOSTAND: 元 2180,21

Hansen

Ich hebe meinen müden Kopf und schaue aus dem Fenster des Waggons. Draußen ist es noch dunkel, aber man sieht am Horizont schon einen leichten Schimmer. In ein bis zwei Stunden ist diese fürchterliche Nacht endlich vorbei. Leider dauert es dann immer noch bis zum Abend, bis wir Kunming erreichen.

Die Landschaft lässt sich nur erahnen. Dem langsamen Geschlängel des Zugs nach zu urteilen, ist sie wohl eher bergig. Ab und an ein Tunnel. Ich lege meinen Kopf erneut auf meine Knie, die ich mit meiner zusammengerollten Jeans gepolstert habe. Das ist die einzige Position, in er ich einigermaßen gut schlafen kann. Mitten in der Nacht habe ich mir meine Jeans aus dem Anhänger geholt – ein sprichwörtlicher Drahtseilakt. Die Leute ohne Sitzplatz haben sich zum Schlafen in sämtliche Ecken und auf sämtliche Flächen des Zuges verkrochen. Nur indem man sich wie an einem Barren an den Kopfstützen entlanghangelt und zwischendurch allenfalls mal mit den Zehenspitzen auf eine freie Stelle am Boden tritt, kommt man vorwärts. Zwischen den Waggons hocken die Raucher, der neblige Dunst ist durch die Türscheiben zu erkennen.

Ein Mann hielt seine schlafende Frau im Arm, Kinder hingen in den unmöglichsten Positionen über den Schultern oder auf dem Rücken ihrer Eltern.

Als ich erneut aufwache, ist es taghell. Vorsichtig richte ich mich auf. Mein Nacken ist steif und unbeweglich von der akrobatischen Schlafposition. Die beiden daueraktiven kleinen Schwestern vom Nachbartisch turnen schon wieder durch das Abteil, auf der gegenüberliegenden Seite sehe ich Paul, die Stirn auf den Boden einer Wasserflasche gestützt, von der er immer wieder herunterrutscht.

Die auf den Tischen stehenden silbernen Schalen werden zum Reinspucken, Müll entsorgen und vergleichbare Aktionen genutzt und nur ab und zu vom Personal geleert, falls dieses bis zu den Tischen durchkommt.

Ich sitze nicht mehr wie anfangs auf dem Platz am Gang, sondern zusammengedrückt in der Mitte einer als Dreierbank gedachten Reihe, auf der sich mittlerweile fünf Leute quetschen. Es begann damit, dass der Mann der jetzt neben mir sitzt, mir so lange im Stehen seinen Hintern an den Kopf gedrückt hat, bis ich ein Stück reingerückt bin, worauf er sich blitzschnell auf die frei gewordenen Zentimeter gesetzt hat. Erst hat es mich wahnsinnig aufgeregt. Hätte der nicht einfach fragen können? Und noch mehr, als sich noch ein zweiter Mann danebensetzte, aber nachdem der modrige Geruch der Tausendjährigen Eier, das Kindergeschrei und das Handygeplärre meinen Geist mürbe und müde haben werden lassen, war es mir irgendwann egal. Einfach bloß irgendwie sitzen und irgendwie ankommen. Was würde ich für eine Schlaftablette geben.

Paul lässt die beiden Schwestern mit dem iPad spielen, so langsam werden wir mit den Leuten um uns herum warm und versuchen, trotz Kultur- und Sprachbarriere mit ihnen zu kommunizieren. Wie auch beim letzten Mal in China stellt sich heraus, dass man, wenn man in seiner Muttersprache und mit natürlicher Gestik spricht, am besten verstanden wird. Aber meistens läuft es darauf hinaus, dass man einfach so gut wie gar nichts versteht. Das führt zu einer Menge Missverständnissen. Hilfe zu leisten, zum Beispiel, kann genauso schwer sein, wie Hilfe zu bekommen: Ich wollte vorhin einem Chinesen sein Rollkofferrad reparieren, das nur noch über den Boden schleifte anstatt zu rollen. Um das zu verdeutlichen, habe ich den Leatherman aus der Tasche geholt. Der Mann machte ein erschrockenes Gesicht und begann, wild zu gestikulieren. Auf keinen Fall wollte er, dass ich mich mit dem Gerät an seinem Koffer zu schaffen mache. Dabei war nur eine Schraube gebrochen, ich hätte sie so einfach ersetzen können. Vielleicht dachte er, ich wolle Geld für meine Hilfe, oder er lehnte aus Höflichkeit ab, da man keinen Gast für sich arbeiten lässt. Wahrscheinlich aber traute er einem Tölpel wie mir die Reparatur einfach nicht zu.

Im Laufe des Tages setzt sich eine kleine Chinesin neben mich, die ein wenig Englisch spricht, und fragt mich über unsere Tour aus. Dass wir aus Deutschland kommen, findet sie interessant, und sie möchte Fotos aus Berlin sehen. Ich wische auf meinem Handy durch die Fotos: Der Kanal bei Pauls Wohnung, der Flohmarkt, meine Werkstatt, die Grillfeste auf dem Tempelhofer Flugfeld, meine WG, in der ich mit zwölf anderen Leuten auf einer riesigen Gewerbeetage wohne, meine Freundin ... Ich bemerke auf einmal, wie erfüllt mein Leben zu Hause ist und wie glücklich ich mich schätzen kann, das alles zu haben. Ich habe Heimweh, das Gefühl kannte ich vor dieser Tour kaum. »*Good Berlin?*«, fragt die Chinesin und ich antworte mit einem tiefen Seufzer: »*Yes, very good.*«

Als wir am späten Abend in Kunming ankommen, stürmen die Chinesen so aus dem Zug, wie sie hineingestürmt sind. Auch wir können es nicht erwarten, ihn endlich zu verlassen. Komischerweise werden Paul und ich nicht, wie sonst immer, von Leuten überfallen, die uns Hotels, Prostituierte oder Restaurants andrehen wollen. Alles ist ruhig. Niemand will etwas von uns.

Wir haben uns eigentlich schon dazu entschieden, im Park zu schlafen, als uns ein etwas unsicherer, älterer Mann anspricht und uns seine Visitenkarte mit Fotos von einem Hotelzimmer zeigt. Er möchte 120 Yuan dafür. Wir sagen, dass wir uns nicht mehr als 80 leisten können, und er willigt ein. Als wir am Hotel angekommen sind und unser chinesisches Geld zählen, müssen wir leider feststellen, dass wir nur noch 67 Yuan haben und alle Banken geschlossen sind. Er will uns nicht glauben, dass wir nicht mehr dabeihaben, vermutlich wegen unserer gigantischen Kameraausrüstung, aber irgendwann schlägt er freundlicherweise ein. Das Zimmer im 17. Stock hat keine Klimaanlage, zwei schmale, durchgelegene Pritschen, dafür Internet und eine gigantische Aussicht über Kunming.

Am nächsten Morgen machen wir uns auf schnellstem Weg zum Busbahnhof. »Ich habe genug von China«, sage ich. »Lass uns hier endlich weg.«

Paul findet, dass ich zu harsch bin. »Es ist eine komplett andere Kultur, Hansen, auf die stellt man sich nicht mal eben im Vorbeigehen ein.«

»Das ist mir klar, aber wir sind nun mal nur auf der Durchreise. Wie sollen wir da Sprache und Eigenarten verstehen lernen. Ich weiß nur, ich komme mit dieser distanzlosen Art nicht zurecht. Nicht heute, nicht morgen, und deswegen will ich jetzt nach Myanmar.«

Paul geht es nicht anders, aber er will jetzt auf verständnisvoll machen, ich hab dafür gerade einfach keinen Sinn. Wir suchen den Eingang und die Ticketstelle. Paul fragt an der Information, an welchem Schalter wir Tickets nach Ruili lösen können. Der Mann antwortet immer wieder etwas auf Chinesisch, und Paul bittet ihn, ihm die Nummer des Schalters einfach aufzuschreiben. Aber der Mann hört nicht auf, immerfort das Gleiche zu sagen. Ich komme dazu und frage mit den Händen auf die Schalter deutend »*One, two, three …?*« und er nickt und wiederholt meine Worte. So langsam fühlen wir uns verarscht und auch der Herr am Infoschalter wird ungeduldig. Er wiederholt jetzt in einer Tour ohne Unterbrechung das Gleiche, bis es Paul wie Schuppen von den Augen beziehungsweise Ohren fällt: »Er redet Englisch!« Genau, jetzt höre ich es auch. Das ist kein Chinesisch. Er sagt die ganze Zeit schon »*any window*«. Man kann das Ticket an jedem Schalter lösen. Jetzt wird uns klar, dass wir hier die Begriffsstutzigen waren. Beschämt verabschieden wir uns und stellen uns an der kürzesten Schlange an.

Keine 15 Minuten später steigen wir in einen Bus nach Ruili, ein kleiner Ort an der Grenze zu Myanmar.

Ich habe selten einen so dreckigen und geflickten Bus gesehen. Von außen sieht er eigentlich ganz schick aus, aber innen scheint er schon länger nicht mehr geputzt worden zu sein. Überall kleben Kaugummis, der Boden strotzt vor Dreck, und die Betten, es ist ein Schlafbus, riechen muffig. Man liegt auf

Stockbetten, den Kopf am Fußende des Hintermanns. Je nachdem, wann der seine Socken zum letzten Mal gewechselt hat, setzt man sich besser eine Nasenklammer auf. Aber ich will mir Pauls Worte zu Herzen nehmen und nicht schon wieder schimpfen. Ich meine: Es ist ein Schlafbus! Ich liege und kann meine Beine ausstrecken. Was will man mehr.

Da es noch nicht Schlafenszeit ist, döse ich die ersten paar Stunden vor mich hin und schaue auf die vorbeiziehende Landschaft. Plötzlich hält der Bus, und der Busfahrer schreit irgendetwas in Militärmanier durch den ganzen Wagen. Prompt springen alle aus ihren Betten, ziehen ihre Schuhe an und eilen aus dem Bus. Jetzt begreife ich: Die rennen in Richtung Toilette.

Da Paul und ich bisher noch nicht reagiert haben, kriegen wir im selben Tonfall noch eine Extraansage. Aus Angst davor, der Bus könne ohne uns weiterfahren, rennen auch wir. Kaum sind wir fertig, steht der Busfahrer hinter uns und brüllt durch das Toilettenhäuschen, sodass es nur so von den gekachelten Wänden widerhallt. Ich fasse es nicht. Wie kann man so unfreundlich sein, oder ist das normal? Alle rennen zurück zum Bus, und keine fünf Minuten später sind wir schon wieder auf der Autobahn. Noch nie habe ich eine so effiziente Pinkelpause mit dreißig Mitreisenden erlebt.

Nachts um halb zwei erreichen wir Ruili. Wir packen unsere Sachen und laufen planlos in die nächtliche Stadt hinein. Viel ist nicht los. Ein paar Leute hängen noch vor kleinen Läden und Bars rum und rufen: »*How are you*«, wenn wir vorbeilaufen. Wenn man aber darauf reagiert und etwa »*Thank you, how are you?*« sagt oder nach dem nächsten Park fragt, erntet man meist nur ein Kichern. Irgendwie lustig.

Wir haben kein freies WLAN am Bahnhof finden können, und da unsere Karte zu undetailliert ist, können wir uns nur vom Kompass in die grobe Richtung der Grenze leiten lassen. Aber wo ist die überhaupt? »Ich vermute von hier aus im Süden«, sage ich mit einem Blick auf die Karte. »Wir können ja in die Richtung laufen und nach einem Schlafplatz suchen.«

Wir gehen eine breite und hell erleuchtete Straße entlang. »Da, der perfekte Kreisverkehr!«, ruft Paul. Und tatsächlich: Vor uns haben wir eine Verkehrsinsel, die ihren Namen verdient hat. Groß, rund und mit großen Bäumen bepflanzt, die unser Zelt auf der kleinen Lichtung in der Mitte perfekt verdecken würden. Ein Minidschungel im Straßenverkehr, fast wie ein Gehege im Zoo.

Es fängt gerade an zu regnen, als wir das Zelt aufstellen. Leider besteht der Boden aus diesem rötlichen, extrem klebrigen Schlamm. Wir legen ein paar herumliegende Palmblätter zu einer Fläche zusammen, auf die wir das Zelt stellen. Ich höre noch eine Weile dem prasselnden Geräusch des Regens auf der Zeltplane zu. Eines der besten Schlafmittel, das ich kenne.

*

Das war's. Tag 61 und wir können schon heute einen Schlussstrich ziehen. Es wird nichts mehr in 80 Tagen. Unsere Koffer mit dem optimistischen Schriftzug kommen mir vor wie ein schlechter Witz.

Heute Morgen noch haben wir sie in freudiger Aufregung zur Grenzstation in Ruili gezogen. Ein farbenprächtiges, dreiteiliges Tor mit goldgeschmückten Dächern, durch dessen Mitte die Autos geschleust werden. Das Visum hatten wir bereits, aber leider beim Beantragen angegeben, dass wir per Flugzeug einreisen würden. Aber das zu ändern sollte ja keine große Hürde sein.

Wie sehr hatten wir uns darauf gefreut, dieses Land zu besuchen, das sich erst so langsam dem Tourismus öffnet. Myanmar mit seinen Dschungeln und goldenen Tempeln. Das wäre ein Abenteuer gewesen, an das man sich sein Lebtag erinnert. Aber daraus wird nichts, denn sie lassen uns nicht rein. Ja, wer mit dem Flugzeug einreist, bekommt ein Visum bei der Ankunft, die kleinen Außengrenzstationen seien aber noch nicht mit dem System vernetzt, daher funktioniert das Ganze hier traditioneller, erklärt uns die Dame, die uns unsere Pässe wieder in die Hand drückt. Einzige Lösung wäre: Jeweils 700 Yuan bezahlen und sieben Tage auf das Permit warten und für den ersten Tag einen Fremdenführer mieten, der auch umgerechnet etwa 300 Euro kostet – beides können wir uns nicht leisten. Aus Zeit- und aus Geldmangel.

Noch bestimmt eine halbe Stunde standen wir fassungslos vor dem Tor, auf ein Wunder wartend. Dass die Frau herausgelaufen kommt und sagt: »Nun wollen wir mal nicht so sein. Hier, wir machen für euch eine Ausnahme.« Dass uns jemand im Kofferraum reinschmuggelt oder was weiß ich. Es ist einfach so deprimierend.

Niedergeschlagen trotten wir schließlich zum Parkplatz und setzen uns auf eine Bank. Was jetzt? Alles hinschmeißen? Irgendwie weitermachen – aber wie?

Paul spricht kein Wort. Er starrt vor sich auf den Boden und wirkt wie betäubt.

»Wir sind gescheitert, Paul. Die 80 Tage können wir uns in die Haare schmieren.«

Keine Antwort.

Irgendwann bewegt sich etwas in ihm. Durch Pauls Kopf gehen die gleichen Möglichkeiten und Unmöglichkeiten, die ich gerade auch abwäge.

»Sieben Tage in Ruili bleiben und das Geld für das Permit und den Guide verdienen. Aussichtslos würde ich sagen«, schlussfolgert er.

»Und trostlos.«

»Zurückfahren geht nicht, denn spätestens in Kunming hätten wir kein Geld mehr und würden da festsitzen.«

»Wir könnten versuchen, in Kunming Geld zu verdienen, um direkt nach Indien zu fliegen.«

»Glaubst du im Ernst, wir können in China Geld für zwei Flugtickets zusammenbekommen? Niemals.«

Paul seufzt.

»Nachts über eine unbewachte Grenze reinschleichen?«

»Wohl kaum. Selbst wenn wir reinkommen, raus kommen wir ohne Stempel nicht mehr.«

»Wir sitzen in der Falle, Hansen.«

»Und wenn wir zurück nach Hongkong fahren und so viel Geld in der Barstraße verdienen, dass wir uns am 80. Tag ein Ticket zurück nach Berlin leisten können?«

»Das ist die langweiligste Weltreise, von der ich je gehört habe. Zurück nach Hongkong und dann schwups nach Berlin und das war's, nur um im Zeitplan zu bleiben? Nein danke.«

»Und was jetzt? Die Tour abbrechen?«

»Ich weiß es doch auch nicht. Aber in 80 Tagen schaffen wir es nicht.«

Es tut gut, dass das ausgesprochen ist. Wir sind nicht Jules Verne und wir haben auch keine 20 000 Pfund in der Tasche. Es tut weh, sich das klarzumachen, aber es tut gut, eine Entscheidung zu treffen. Für das Abenteuer und gegen die Hetzerei. Aber trotzdem, selbst wenn wir weitermachen wollen, wie soll das überhaupt gehen?

»Weißt du was, Hansen?« Paul stupst mich mit dem Ellenbogen an. »Vielleicht ist diese Situation eine Art Rache Chinas dafür, dass wir es so schnell wie möglich wieder verlassen wollten und uns auf die Chinesen und ihre Kultur nicht eingelassen haben«, lacht er bitter.

»Und jetzt reibt sich China die Hände und sagt: »Ihr zwei bleibt noch ein bisschen. Uns zwar so lange, bis ihr uns versteht.«

»Ganz genau.«

»Vielleicht sollten wir direkt damit anfangen.«

Film ab!

Asien II

VON RUILI BIS NEU-DELHI

Zum Knochenkotzen
6. JULI, TAG 62, KUNMING, CHINA, KONTOSTAND: 元 671,13

PAUL

Keine 20 Stunden später, 14 davon verbringen wir wieder in demselben Schlafbus, mit dem wir schon am Tag zuvor angekommen waren, sind wir wieder in Kunming. Wie deprimierend, denke ich die ganze Zeit und muss mich schwer zusammenreißen, um nicht den letzten Funken Lust auf diese Reise zu verlieren.

Als gestern Nachmittag die große Lähmung vor der Grenzstation in Ruili überwunden war, beschlossen wir, den Ort des Scheiterns so schnell wie möglich zu verlassen und uns zurück auf den Weg nach Kunming zu machen. Wie auch immer es weitergehen würde, ob nach Norden oder Süden oder gar nicht mehr, um einen zweiten Besuch der Hauptstadt der Provinz Yunnan würden wir nicht herumkommen.

Jetzt sitzen wir am Busbahnhof und recherchieren die Möglichkeiten. So sehr mich die illegale Route über Tibet reizt: Je mehr ich dazu lese, desto unwahrscheinlicher scheint es mir, dass wir durch das Land kommen würden, ohne verhaftet zu werden.

»Immerhin hätten wir die Tour dann doch in 80 Tagen geschafft«, spottet Hansen. »Falls sie uns rechtzeitig aus der Abschiebehaft entlassen.«

Okay, Tibet also nicht, die Nordroute nicht, weil wir auf der einen großen Teil unserer alten Tour in umgekehrter Richtung wiederholen würden, also bleibt nur noch die Strecke über Bangkok. In Bangkok, so unsere Theorie, sollte es ohne Weiteres möglich sein, genügend Geld für einen Weiterflug nach Indien zu verdienen. Von Tommy haben wir auf unsere Nachricht hin nichts mehr gehört. Ich versuche, ihn per Skype zu erreichen, aber die Verbindung ist so schlecht, dass wir es aufgeben. Wäre er weitergekommen, hätte er sich sicher schon bei uns gemeldet. Also bleibt nur noch eins: Trampen.

»Können wir nicht zumindest bis nach Laos einen Bus nehmen?«, fragt Hansen. »Du weißt doch, wie mühsam das Trampen in China ist. Zuerst nehmen sie einen mit und dann wollen sie Geld haben.«

»Jetzt sei doch nicht so ein Pessimist.«

»Ich bin Realist!«

Es ist schon lustig, wie wir unsere Rollen seit der letzten Tour manchmal getauscht haben. Immer öfter muss ich Hansen, der immer der Abenteuerlustigere war, davon überzeugen, mal etwas einfach auszuprobieren. Dem Glück zu trauen. Wer ist hier noch wer? Bis vor zwei Jahren konnten wir uns ziemlich gut auf unsere jeweiligen Zuständigkeiten verlassen, seit dieser Tour zeigt es sich immer mehr, dass Hansen oft Paul ist und umgekehrt. Unsere gemeinsame Freundin Marie hat kürzlich zum ersten Mal unsere Stimmen am Telefon verwechselt. Das ist ihr früher nicht mal dann passiert, wenn wir es drauf angelegt haben. Was geht da vor sich?

»Lass uns doch erst mal das Geld zählen, das wir noch haben«, schlage ich vor, und Hansen kramt das Geld aus dem Anhänger, das wir dort verstaut hatten, um nicht immer alles im Portemonnaie mit uns herumzutragen. »Umgerechnet 671 Yuan sind alles, was wir haben«

»Was, das kann nicht sein! Wir hatten doch allein im Koffer 2200!«

»1000 davon waren aber Hongkong Dollar und nicht Yuan. Wir haben vergessen, die umzurechnen, und den Rest haben wir für die Bustickets ausgegeben.« Die unterschiedlichen Währungen sind uns über den Kopf gewachsen.

»Das heißt, wir haben viel, viel weniger, als wir dachten.«

»Yep«, sagt Hansen trocken. »Da bleibt nur trampen.«

»Zum Knochenkotzen«, antworte ich, und wir müssen beide lachen. Ein sehr beliebtes Zitat unseres Großvaters, den wir leider nie kennengelernt haben, der aber durch die Geschichten meines Vaters lebendig geblieben ist. Opa war schon bei der Geburt meines Vaters fast sechzig Jahre alt. Er war einer, dem zu fast jeder Situation ein passender Spruch oder ein Zitat einfiel. Und jede Menge Geschichten hat er ihm erzählt. In den 27 Jahren, die mein Vater ihn kannte, hat er so viele davon abgespeichert, dass er noch Jahrzehnte später abendfüllende Geschichten an seine eigenen Kinder weitergeben konnte.

Bevor wir losziehen, muss ich noch einmal die Toilette des Busbahnhofs aufsuchen. Eine ziemlich gewöhnungsbedürftige Angelegenheit. Es riecht so eindringlich nach Ammoniak, dass man am liebsten dauerhaft den Atem anhalten würde. Aber abgesehen von dem beißenden Geruch hat das Toilettensystem durchaus etwas für sich. Man setzt sich nicht auf eine Schüssel, sondern hockt über einem durchgehenden Schlitz, der unter allen Kabinen entlangläuft. Zwar ist es etwas eklig, die Notdurft des Nachbarmannes unter sich durchkriechen zu sehen, aber auf diese Art muss man nichts berühren. Nur darf einem nichts aus der Tasche in den Graben fallen, das wäre ganz, ganz schlecht.

Als ich zurückkomme, sitzt der junge Chinese bei Hansen, der uns vorhin mit einer Engelsgeduld den Weg zum Busbahnhof gezeigt hat. Wir waren an einem anderen angekommen und mussten den Weg zurück zum zentralen Busbahnhof finden. Ganze 20 Minuten ist er vor uns her gelaufen. Hansen versucht gerade, ihm mithilfe von Google Translate unser Reiseprojekt zu erklären. Das ist nicht ganz einfach, aber es funktioniert. Wir versuchen auch herauszufinden, ob es möglich wäre, einen Job in Kunming zu finden, um Geld für einen Flug zu verdienen. Seine Antworten sind allerdings ernüchternd. Wir als Europäer könnten hier mit legaler Arbeit mit maximal 80 Yuan am Tag rechnen, erklärt er. Es würde 20 Tage dauern, bis wir das Geld hätten, um nach Bangkok zu fliegen. Nach ewigem Hin- und Herübersetzen stellt er sich uns als Li vor und ich mich als Paul. Li will noch etwas wissen und tippt dann etwas auf den Screen, von dem ich nicht weiß, wie ich es beantworten soll: »*What is your sexual name?*«, fragt mich der Bildschirm, als er von Chinesisch auf Englisch switcht. Will Li herausfinden, ob ich schwul bin, oder nur nach meinem Namen fragen? Ich antworte noch mal mit »*Paul, nice to meet you!*« und ein paar Minuten später verabschiedet sich Li von uns.

»Also, ich glaube, meinen Namen wollte er nicht noch mal wissen?«, frage ich Hansen.

»Na ja, mit Google Translate weiß man eben nie genau, ob man über das Gleiche spricht«, antwortet der und lacht.

Es ist inzwischen schon spät, weit werden wir heute nicht mehr kommen. Wir beschließen, für die Routenrecherche das Internet am Bahnhof noch ein paar Stunden zu nutzen, während Hansen für das Abendessen sorgt. Vor der Station verkaufen ein paar Damen gegrillte Kartoffeln.

Als er zurückkommt, ist schwer zu erkennen, wer mehr dampft: die heißen Kartoffeln, die er vor sich her balanciert, oder Hansen. Mein Bruder ist außer sich. »Die sind so abgezockt!«, brüllt er fast. »Erst wollten sie von mir das Doppelte von dem, was der chinesische Kunde vor mir gezahlt hat, und dann haben sie sich auch noch geweigert, die zwei Yuan Wechselgeld rauszugeben!«

»Beruhig dich mal. Sind doch nur zwei Yuan.«

»Es geht mir doch gar nicht um die zwei Yuan, sondern um das Prinzip. Nur weil ich ein Ausländer bin, soll ich gleich mehr bezahlen?«

Gerade als Hansen am Höhepunkt seiner Keiferei angekommen ist, gesellt sich ein anderer Europäer zu uns. Justus kommt aus Frankfurt und hat ein Jahr in Shenzhen Chinesisch studiert. Wir kommen ins Gespräch, und er lacht über Hansens Ärger. Ja ja, erklärt er uns, der sogenannte Preisrassismus sei in China ziemlich gängig. Und die Chinesen seien einfach äußerst geschäftstüchtige Leute.

»Dass die Gäste mehr als die Einheimischen zahlen, ist doch gar nichts so Ungewöhnliches. Wo kein Preisschild draufsteht, darf gehandelt werden, oder?«

»Aber wenn sie mich wenigstens handeln lassen würden!«, beschwert sich Hansen. »Stattdessen ziehen sie mich ganz offensichtlich über den Tisch!«

Wir erklären Justus, warum wir wegen ein paar Yuan in solche Aufregung geraten, und er erzählt von seiner Reise und Studienzeit. Es tut gut, sich mal wieder mit jemand anderen als Hansen auf Deutsch zu unterhalten.

»Warum bietet ihr euch nicht als Models an?«, fragt er plötzlich.

»Europäische Models sind hier gefragt, ich hab das auch schon ein paar Mal gemacht. Da kann man ohne Probleme 1000 Yuan am Tag bekommen, auch ohne Arbeitsvisum.«

»Model?!«, lacht Hansen. »Ein unrasiertes, ungeduschtes Mannequin, das seit acht Wochen mit zwei Unterhosen unterwegs ist. Meinst du wirklich, das ist es, was sie wollen?«

»Probieren wir es einfach!« Justus zückt sein Handy, um von uns ein paar Probeaufnahmen zu machen. Er schickt die Bilder zusammen mit unseren Kontakten an ein paar Agenten weiter. Die Chancen, dass ausgerechnet am nächsten Tag jemand ein Zwillingspaar für ein Event in Kunming sucht, sind zwar gering. Aber wer weiß!

Wir verabschieden uns von Justus und beschließen, in Kunming zu übernachten. Vielleicht erwartet uns ja schon morgen der erste Tag einer verheißungsvollen Modelkarriere in China. Aber für heute machen wir Schluss. Wir verlassen den Busbahnhof und hoffen, im Mianshan Forest Ecology Park, den ich im Internet gefunden habe, einen Schlafplatz zu finden. Auf dem Weg dorthin laufen wir durch hübsche kleine Gassen eines Wohngebiets, in dem uns die Menschen auf der Straße freundlich grüßen. Es fühlt sich so an, als würden wir gerade das China entdecken, das wir bisher nicht zu Gesicht bekommen haben. Keiner will uns irgendetwas verkaufen, die Leute nicken uns freundlich zu, lachen uns an, Kinder turnen um uns herum, und keiner schreit uns hinterher. Es scheint fast, als wären wir in einer anderen Welt, und wahrscheinlich liegt das daran, dass wir ausnahmsweise mal nicht da unterwegs sind, wo es von Touristen nur so wimmelt. An der Art, wie er die ihm entgegenkommenden Menschen anstrahlt, merke ich, dass Hansen die geschäftstüchtigen Kartoffeldamen längst verkraftet hat.

»Das ist ein Berg, kein Park!«, sagt er, als wir uns unserem Ziel nähern. Nirgends ist eine ebene Rasenfläche zu erkennen, auf der wir das Zelt aufstellen könnten. Vielleicht auf der Spitze?

Wir laufen schwitzend den steilen Berg hinauf und suchen nach einer Stelle. Endlich scheinen wir den perfekten Platz gefunden zu haben, aber dann macht uns ein inzwischen allzu vertrautes Problem einen Strich durch die Rechnung: Scheiße. Nicht etwa Hunde-, sondern eindeutig Menschenscheiße, zu erkennen am Toilettenpapier, das danebenliegt. Der versteckte Ort wird offensichtlich von Spaziergängern, Anwohnern und Bauarbeitern als Toilette benutzt. Trotz aller Vorsicht trete ich geradewegs mit meinem rechten Fuß in einen riesigen Haufen. Mein Schuh ist bis zum Knöchel eingesaut. »Iiiiigiiit!!!!«, platzt es aus mir hervor. »Das ist ja widerlich!!«

Die nächsten 20 Minuten und eine unserer Zahnbürsten gehen dafür drauf, das ganze Malheur wieder sorgfältig vom Schuh zu entfernen.

»Scheiß drauf«, sagt Hansen lachend und anschließend noch: »Haste Scheiße am Schuh, haste Scheiße am Schuh!«

Mir ist aber nicht nach Witzen zumute. Wir laufen zurück zu einem Parkplatz, den wir vorher gesehen hatten – die einzige saubere und ebene Fläche weit und breit. Direkt vor der Stelle, an der wir das Zelt aufschlagen wollen, parkt ein Auto, in dem ein Mann sitzt und raucht. Es scheint so, als warte er auf jemanden. Wir beschließen abzuwarten, bis er weg ist, damit er uns nicht verscheucht, sobald das Zelt steht.

Nach einiger Zeit kommt ein zweites Auto. Es hält neben dem ersten, und beide Fahrer steigen aus. Im Dunkeln kann ich es nur schwer erkennen, aber es scheint eine Art Übergabe stattzufinden. Auf einmal sagt Hansen: »Paul, das hört sich gerade an, als ob jemand eine Waffe lädt.« Ich schaue meinen Bruder belustigt an. Woher will Hansen denn wissen, wie es sich anhört, wenn eine Waffe geladen wird. Aus dem »Tatort«? Aber noch bevor ich mein Grinsen wieder aus dem Gesicht nehmen kann, knallt es. Jemand feuert schnell hintereinander ein paar Schüsse ab. Kurz und leise, wie schallgedämpft. Ich bin stocksteif vor Angst.

Die beiden Männer lachen und unterhalten sich. Sie drehen uns zwar den Rücken zu, müssen aber wissen, dass wir hier sind, der erste hat uns ankommen sehen. Ich krame vorsichtig nach der Kamera mit der Nachtsichtfunktion und versuche, etwas zu erkennen. Die Entfernung ist zu groß. Wieder hört man das Laden der Waffe und wieder werden Schüsse abgefeuert, diesmal schlagen die Projektile durch die Baumwipfel über uns und danach – Gelächter und Gerede. Hansen holt das Handy raus und tippt vorsorglich die Nummer der Polizei ein – 110, wie in Deutschland.

Als wieder Schüsse abgefeuert werden, folgt ein lautes, kurzes Zischen. Das muss eine luftdruckbetriebene Waffe sein, das ist schon mal beruhigend. Als kurz darauf ein junger Skater angerollt kommt, sich zu den beiden gesellt und ein paar kleine Tricks vorführt, entspannt sich Hansens Körper neben mir. »Ach, jetzt ist alles klar«, flüstert er.

»Was ist klar?«, frage ich.

»Na ja, das sind sicher ein paar Jungs aus der Nachbarschaft, die ihre Pistolen vor den Eltern verstecken und hier ein bisschen rumballern. Haben wir mit unseren Softairs früher doch auch gemacht.«

Da hat er recht, aber warum er meint, dass Skater keine Gangster sein könnten, verstehe ich nicht. Als die Autos endlich wegfahren und wir alleine sind, bauen wir das Zelt auf.

Aus dem Modeljob ist leider nichts geworden, zwei Tage später sind wir in Yuxi. Zugegeben, sehr weit sind wir bisher nicht gekommen, aber als hätte sich etwas in unserer Wahrnehmung gedreht, sehen wir China jetzt aus einer ganz neuen Perspektive. Auch wenn die Verständigungsprobleme dieselben sind, die meisten Leute, die wir ansprechen, sind unglaublich hilfsbereit und freundlich. Und neugierig! Aber wenn man einmal aufhört, das als lästig zu empfinden, und sich im Gegenteil sogar darüber freut, wie offen hier Interesse gezeigt wird, fühlt es sich ganz anders an. Die Gesellschaft ist angenehmer geworden, und wir freuen uns regelrecht, wenn Leute zu uns kommen. Liegt es daran, dass wir unsere Wahrnehmung umgestellt haben? Oder sind die Leute hier einfach netter?

Als wir kochen, schart sich ein Grüppchen von alten Frauen um uns, die zuvor noch in wenigen Metern Entfernung Dehnübungen gemacht haben. Sie schauen uns über die Schulter, es wird kommentiert und gekichert. Sie schütteln den Kopf, als sie sehen, wie wir kochen, und geben uns gut gemeinte Tipps. Was wir so machen, scheint für die Menschen hier immer ein Grund zu sein, eine Pause einzulegen, als würden sie bei einem kleinen Straßentheater zusehen. Gestern gab es die exhibitionistische Uraufführung von »Duschen in der Öffentlichkeit«: Wegen überteuerter Schwimmbäder und öffentlicher Duschanlagen wussten wir uns nicht anders zu helfen, als ein paar Löcher in einen Wasserkanister zu stechen und ihn an einen Baum aufzuhängen. Obwohl wir dachten, wir seien einigermaßen gut versteckt, saß schon bald eine ganze Reihe Chinesen wie in einem Open-Air-Kino etwa 20 Meter von uns entfernt und betrachtete das Spektakel.

Auch das Trampen läuft besser als gedacht. Wir werden zwar meist nur kurze Strecken mitgenommen, und manchmal wird auch nur angehalten, obwohl gar kein Platz im Auto ist. Ein netter Kerl, den wir an einer Raststätte treffen und der gut Englisch spricht, übernimmt es für uns, jeden Autofahrer anzusprechen. Zum Schluss schreibt er uns ein Schild auf Chinesisch, auf dem steht, dass wir nach Laos möchten. Er weist sogar das Tankstellenpersonal an, alle Autofahrer für uns zu fragen. Leider ohne Erfolg.

Jetzt stehen wir an einer Autobahnauffahrt in Yuxi und versuchen unser Glück. Niemand hält an. Wir beschließen, uns hinter die Mautstelle zu stellen, sodass die Leute, die an der Schranke stehen, mehr Zeit haben, unser Schild zu lesen.

Das fünfte Auto in der Schlange ist ein funkelnagelneuer Jaguar. »Pass auf, Hansen, der nimmt uns mit!«, sage ich noch, und tatsächlich hält der Wagen neben uns. Auf der Rückbank sitzt eine elegant gekleidete Frau, die mit ihrem Chauffeur unterwegs ist. Mithilfe des Zettels, den Justus uns geschrieben hat, erklären wir ihr unser Projekt, und sie wirkt interessiert. Leider haben die beiden nicht viel Platz im Auto, sie und ihr Chauffeur scheinen hin und her zu überlegen, bis sie endlich den Kofferraum leer räumen, die Sachen auf die Rückbank legen und einen der Anhänger in den Kofferraum quetschen, der andere passt nur auf die schicke capuccinobraune Lederrückbank. Hinten ist jetzt so wenig Platz, dass die zierliche Dame sich hinter dem Fahrersitz auf den Boden setzt, Hansen und ich sitzen bequem auf Beifahrersitz und Rückbank. Sicher sehr unbequem, aber die Dame besteht darauf und bittet den Chauffeur loszubrausen.

Als wir die Kameras auspacken und fragen, ob es in Ordnung sei zu filmen, gibt uns die Frau zu verstehen, dass sie es gewohnt sei, gefilmt zu werden. Vielleicht ist sie eine chinesische Berühmtheit? Wie oft gehen uns nach einigen Minuten die Gesprächsthemen aus, weil wir mit Sprachschwierigkeiten zu kämpfen haben und es meist nicht für mehr reicht als das Wetter und ein ausgiebiges Dankeschön. Und auch Google Translate stiftet mal wieder mehr Verwirrung als Hilfe. Also bin ich fast erleichtert, dass die Fahrt nach etwa 50 Kilometern endet, es ist mir sehr unangenehm, die Frau so lange auf dem Boden sitzen zu sehen. Sie lässt uns an einer Raststätte raus und schreibt uns noch einen neuen Zettel, der besagt, dass wir nach Jinghong möchten. Das ist der letzte größere Ort vor der Grenze nach Laos. Sie findet, es sei schlauer, ein chinesisches Ziel anzugeben, nach Laos würde hier keiner fahren.

Vielleicht weil wir noch mit unserer flotten neuen Bekannten vor ihrem Jaguar für ein paar Fotos geposed haben oder weil sie uns einfach nett finden, werden wir von den Kellnerinnen an der Raststätte behandelt wie damals in Kanada. Sie bieten uns sogar an, im Restaurant zu schlafen. Ziemlich verlockend, allerdings würden wir es gern heute noch weiter schaffen als die läppischen hundert Kilometer, die wir bisher zurückgelegt haben. Wir sprechen die Autofahrer an der Tankstelle an, haben aber kein Glück. Schließlich schlagen wir unser Zelt tatsächlich hinter der Raststätte auf, kochen unser neues Leibgericht, in Honig geröstete Nüsse, und stehen am nächsten Morgen wieder stramm. Lächeln, Zettel hinhalten, Absagen einstecken, so geht das über Stunden. Oft liegt es einfach daran, dass zwei Riesen mit großen Koffern nicht in die vollgepackten Autos passen. Während in Kanada meist ein einzelner Mensch in einem halben Truck unterwegs war, wird hier ganz anders kalkuliert: Die Autos hier sind bis unter das Dach bepackt.

Drei Männer, die für eine Sicherheitsfirma arbeiten, nehmen uns in ihrem Jeep trotzdem mit. Das Raststättenpersonal lässt es sich nicht nehmen, unsere schweren Koffer mit Ach und Krach einzuladen, und verabschiedet sich herzlich.

Wir fahren endlose Serpentinen bergab, es war uns gar nicht klar, dass wir noch in solchen Höhen unterwegs sind – Kunming liegt auf 1899 Metern. Mit abnehmender Höhe wird die Landschaft trockener und trockener. Jetzt gibt es jede Menge Palmen. Ich befürchte, dass die angenehm kühlen Nächte ab jetzt vorbei sind. »*Hungary?*«, fragt unser Fahrer. Ich verstehe ihn erst nicht. »Nein, nicht Ungarn. Aus Deutschland, Berlin«, antworte ich. Er lacht und schaufelt mit einem imaginären Löffel etwas in seinen Mund. Ach so! Jetzt macht es Klick. »*Very hungry!*« Die drei laden uns zu einem feudalen Mittagsmahl ein. Wie es in China üblich ist, wird das Essen in kleinen Portionen serviert, die auf eine große runde Scheibe in die Mitte des Tisches gestellt werden. Es sind bestimmt 15 verschiedene Leckereien. Das Angebot ist so überwältigend, dass wir gar nicht wissen, wo wir anfangen sollen. Unsere Gastgeber fordern uns auf, alles aufzuessen. Als wir fertig sind, sieht der Tisch aus wie ein Schlachtfeld. Ich fühle mich so vollgefressen, dass ich mir Sorgen mache, mein eher an spärliche und einseitige Kost gewöhnter Magen könnte rebellieren. Aber die einzige Nebenwirkung ist extreme Müdigkeit. Hansen und ich schlafen die nächsten Stunden tief und fest, ich werde erst wieder wach, als wir extrem schnell um enge Kurven fahren. Ich zeige nach vorn und frage: »Laos?« Und der Fahrer lacht wieder und sagt: »*No. Laos. Far away.*«

Buddha und Bierdeckel

10. JULI, TAG 66, BOTEN, LAOS, KONTOSTAND: ₭ 296 564,00

Hansen

Wir laufen durch ein Niemandsland. Es ist unglaublich schwül, wo man hinschaut, Dschungel und rote Erde, und die Sonne brennt vom Zenit. Schatten sucht man vergeblich. So südlich wie jetzt waren wir auf der ganzen Tour noch nicht. Hinter der nächsten Kurve muss die laotische Grenzstation liegen. Und tatsächlich: Ein gigantischer Bau, beinahe wie ein Tempel. Dahinter: noch mehr dichter Urwald. Ein traumhaft schönes Bild. Erinnert mich ein wenig an die Landschaft, die uns erwartete, als wir auf unserer Radtour den letzten Himalajapass hinter uns brachten und durch einen langen, finsteren Tunnel in den Dschungel oberhalb von Ya'an eintauchten.

Ich habe noch nie eine derart freundliche Grenzstation erlebt. Nach der Pleite in Ruili ist das Balsam für die Seele. Das Visum kostet schlappe zwei Dollar, man bekommt einen Zettel mit den wichtigsten laotischen Wörtern, und alle Beamten sind superfreundlich. Eigentlich braucht man ein Passfoto für die Einreise, aber sie machen eine Ausnahme. »Passt schon«, sagt das Augenzwinkern des Grenzbeamten. Der Zöllner sitzt in einer kleinen Kabine und hört den alten Pink-Floyd-Superhit »Wish you were here«. Er winkt uns durch.

»Du stinkst!«, sagt Paul. Ich kann das Kompliment nur zurückgeben. Wir müssen ganz dringend mal wieder duschen, waschen, Geld wechseln, Geräte aufladen.

»Wir brauchen ein Hotel«, fasse ich zusammen. Zwar haben wir so gut wie kein Geld mehr, aber Laos scheint günstig zu sein.

Wir laufen nach Boten, in eine kleine Stadt direkt hinter der Grenze. Die Stadt hat nur eine Hauptstraße, lauter kleine Supermärkte, ziemlich heruntergekommen, nichts ist los. Außer den Menschen, die in den Shops arbeiten, und denen, die die laotische Währung Kip in riesigen Bündeln anbieten, sind wir die Einzigen hier. Dann kommen wir an einem gigantischen modernen Shoppingcenter vorbei, das wir nur wegen des freien WLAN aufsuchen. Wir sind die einzigen Kunden und haben nicht mal vor, etwas zu kaufen. In der klimatisierten Empfangshalle sitzen wir umgeben von Pyramiden von Keksboxen mit mindestens zehn Kilo Inhalt, Sonderangebote für die wohl nie eintreffenden, aber stets erwarteten Touristenmassen. Es ist erbärmlich. Zwar funktioniert das Internet, aber Hotelinformationen in Boten sucht man online vergeblich.

Als wir das Center gerade verlassen, treffen wir Christopher, einen Australier, der ursprünglich aus Chile kommt und jetzt im Ruhestand ist. Er fährt mit seiner Frau mit dem Auto zurück nach Chile – seine Traumreise. Als wir ihn fragen, ob er uns ein paar kanadische Dollar wechseln kann, die wir noch übrig haben, schenkt er uns kurzerhand 100 000 Laotische Kip, das sind zwar umgerechnet gerade mal 11,50 Euro, ist hier aber sehr viel wert. Das durchschnittliche Bruttojahreseinkommen eines Laoten beträgt gerade einmal 1500 Euro im Jahr. Was Christopher uns gerade geschenkt hat, entspricht zwei Tageslöhnen!

Mit 80 000 davon können wir uns ein kleines Hotelzimmer leisten.

Am nächsten Morgen teilen wir uns die Arbeit auf. Ich werde mich um die Wäsche und das Laden der Akkus kümmern, und Paul wird alles daransetzen, Kaffeepulver zu kaufen – und wenn es uns die Hälfte unseres verbleibenden Gelds kosten wird. Bevor er endlich losgeht, sitzt er auf dem Bett und hält ein Plädoyer für das schwarze Brühgetränk. »Kaffee rettet einfach jede Situation«, sagt er und reibt sich die Augen. »Kaffee ist unser Treibstoff, darüber geht nichts und ohne geht erst recht nichts.« Dann dampft er endlich ab.

Auch wenn das Land wunderschön ist, wir wollen es so schnell wie möglich in Richtung Thailand durchqueren. Obwohl es rechnerisch eigentlich nicht mehr möglich ist, hoffen wir auf ein Wunder, die Tour doch noch in 80 Tagen bewältigen zu können. Keiner von uns wagt es, das laut auszusprechen, aber ich weiß, dass Paul dasselbe denkt wie ich.

Doch entgegen unseren Annahmen erweist sich das Trampen als schier unmöglich. Wir laufen Stunden auf der kleinen Straße durch den Urwald. Wieder gibt es keinen Schatten. Völlig nass geschwitzt stehen wir am Straßenrand und lassen uns immer wieder aufs Neue von dem rötlichen Staub, den die LKW und Autos aufwirbeln, einhüllen. Eine Schicht, die fantastisch klebt. Wir sehen aus wie zwei Terrakottafiguren. Am Ende steigen wir in einen Bus, dessen Fahrer nach einiger Feilscherei bereit ist, uns für 40 000 Kip (circa 4 Euro 60) ganze 60 Kilometer weit mitzunehmen. Ich mag das Busfahren. Manchmal tut es zwar ziemlich in den Knochen weh, weil die Stoßdämpfer abgefahren sind und die Straßen löchrig, aber man kann entspannt aus dem Fenster schauen und die Landschaft genießen, ohne sprechen und dankbar sein zu müssen. Ich verspüre mehr und mehr das Bedürfnis, auch mal jemandem aus der Patsche zu helfen. Jemanden bei mir wohnen zu lassen, jemandem Geld zu geben, etwas zu kochen – irgendwas. So schön es ist, die Menschen über ihre Hilfsbereitschaft kennenzulernen – langsam wird es wirklich Zeit, in der anderen Position zu sein und endlich etwas geben zu können.

An dem Busbahnhof, an der wir rausgelassen werden, erkundigen wir uns sicherheitshalber nach den Preisen für eine Fahrt bis zur thailändischen Grenze. Falls wir weiterhin per Anhalter so schlecht vorankommen, bleibt uns nichts anderes übrig.

Der nächste Bus zur thailändischen Grenze fährt erst morgen früh und ist wohl immer schnell ausverkauft. Aber trotzdem beschließen wir, es den Rest des Tages noch mit Trampen zu versuchen. Paul füllt eine Wasserflasche an einem Trinkwasserspender auf, den uns der Busbahnhofsmanager in seinem Büro nutzen lässt. Kaum dass wir an der Stelle stehen, die wir uns zum Trampen ausgeguckt haben, bemerkt Paul, dass das Wasser, von dem er bestimmt schon einen Liter getrunken hat, faulig riecht. Kurzerhand steckt er sich den Finger in den Hals, um zumindest den größten Teil wieder loszuwerden. »Paule, so nimmt uns aber erst recht keiner mit«, stichele ich, während Paul würgt und würgt. Viel kommt nicht mehr raus. Den Rest des Wassers desinfizieren wir mit Chlortabletten.

Wir stehen ewig an der Stelle, aber keiner nimmt uns mit. Zwei Stunden vergehen, drei Stunden vergehen. Vergeblich. In Asien streckt man zum Trampen übrigens nicht den Daumen raus, sondern winkt mit der Handfläche nach unten, so wie es die Verkehrspolizisten machen, wenn sie einen zum Anhalten bewegen wollen. Aber auch das hilft nichts.

Wenn hier jemand mit dem Auto fährt, dann lädt er es randvoll. Keiner kann sich den Luxus leisten, mit einem leeren Auto durch die Gegend zu fahren. Und falls doch mal jemand mit einem großen, leeren Auto vorbeifährt, signalisiert er uns, dass er nicht weit fährt. Die meisten Laoten sind allerdings auf dem Moped unterwegs. Für das Trampen eine Katastrophe.

»Besser, du Kotztyp?«, frage ich Paul, der ein bisschen fahl um die Nase ist.

»Wunderbar, wenn du nicht die ganze Zeit dummes Zeug reden würdest.«

Paul macht mir schon den ganzen Tag den Vorwurf, nur Quatsch zu reden. Vielleicht hat er recht. Die Hitze und die

Sonne haben mein Hirn gegrillt. Ich fühle mich beschwipst. Sicher ein kleiner Sonnenstich.

Am nächsten Morgen wache ich von einem Wecker auf, der schon seit Stunden aus irgendeiner Hütte in der Nähe klingelt. »Geht's noch?«, fragt jetzt auch Paul. »Wie kann man denn einen Wecker drei Stunden lang durchklingeln lassen?«

Als wir das Zelt zusammenpacken, bemerken wir, dass das Weckerklingeln ein Vogel ist. Ach, diese Stadtmenschen …

Wir hetzen zur Busstation und ergattern die allerletzten zwei Tickets. Die Anhänger müssen aufs Dach geschnürt werden, was uns ein bisschen Sorge bereitet, aber anders geht es nicht. Der Bus ist randvoll.

Paul und ich teilen uns die Plätze mit anderen Passagieren, auf meinem Schoß schläft ein kleiner Junge. Mein Bruder sitzt am Fenster und beobachtet ängstlich die Straße. Wenn ich gestern noch vom Busfahren geschwärmt habe, gilt das nicht für diese Strecke. Der Bus schießt über die vier Stunden, die die Fahrt andauert, wild um die Kurven, die Menschen übergeben sich, auf der Straße sind frische Unfallspuren zu erkennen. In den Tälern liegen ausgebrannte Fahrzeugleichen, wahrscheinlich haben ihre Bremsen versagt.

Endlich in Huay Xai angekommen, wollen wir besonders smart sein und uns das Geld für ein Bustaxi sparen. »Die Strecke bis zur Grenze laufen wir doch mit links«, sagt Paul und macht sich schon auf den Weg, umringt von Taxifahrern, die ihm noch einen Deal aufschwatzen wollen. Das letzte Angebot nicht anzunehmen, war ein Fehler. Die mehr als sechs Kilometer ziehen sich unendlich weit, und die Hitze ist unglaublich. Und wieder mal: kein Schatten, nirgends.

An der Grenze gibt es keine Probleme. Deutsche benötigen für Thailand kein Visum. Beim Ausfüllen der Einreisepapiere fällt mir auf, dass ich meine Passnummer mittlerweile schon auswendig kann, so oft habe ich sie irgendwo eintragen müssen. Von der Grenze bahnen wir uns den Weg zur nächsten großen Busstation. Als wir am Ticketschalter stehen, sagt uns die

Dame, der nächste nach Bangkok gehe schon in zehn Minuten. Wir haben die Wahl zwischen dem teuren VIP Cruiser oder dem billigen Bus. Natürlich nehmen wir den billigen. »Mit eurer Größe?«, fragt die Frau am Schalter. »Da passt ihr niemals rein!« Trotzdem nehmen wir das günstigere Ticket.

»Die müssen sich vertan haben, Paul«, sage ich vorsichtig, als wir in den vollklimatisierten, modernen Bus mit Schlafsitzen mit Massagefunktion und TV-Screens steigen. Unsere Plätze sind ganz vorn über der Fahrerkabine, sodass wir eine Panoramasicht auf die Straße und die Umgebung haben. Kann das mit rechten Dingen zugehen – wir haben jeder nicht einmal 20 Euro für eine tausend Kilometer lange Fahrt bezahlt.

»Weißt du noch, wie uns die Frau angeguckt hat?«, fragt mich Paul. »Die muss wegen unserer langen Beine Mitleid gehabt haben und uns ein kostenloses Upgrade gegeben haben.«

»Die VLP-Plätze, für *very long persons*«, lache ich und mache es mir bequem. Eine Stewardess bringt Nackenhörnchen, Decken, Wasser, Snacks und einen All-you-can-eat-Gutschein für die Essenspause. Im TV läuft eine Art thailändisches Musikantenstadl. Eigentlich dem deutschen gar nicht so unähnlich.

»Hansen, Bangkok!«, Paul stupst mich mit seinem Fuß an. Ich bin erst vor wenigen Stunden eingeschlafen, weil der Bus auf völlig übertriebene 13 Grad runtergekühlt wurde. Wahrscheinlich gilt das auch als Merkmal eines Luxusbusses. Nach dem Motto: Ich kann kälter! Ich bin froh, dass ich bald aussteigen kann. Die Sonne geht gerade auf, und um uns herum drängen sich zwei- bis dreigeschossige Häuser an den Straßenseiten, im Erdgeschoss bunte Läden, Restaurants und Bars, Menschen ziehen beladene Sackkarren hinter sich her, Schwärme von Mopedfahrern schießen über den Asphalt, je weiter wir hineinfahren, desto lebendiger wird es. Auch schon um diese frühe Uhrzeit.

Es ist etwa vier Uhr morgens, als wir aus dem Bus steigen. Die Busstation ist voller geschäftstüchtiger Thailänder. Ein Heer von Taxifahrern schart sich um ums, aber wir müssen immer wieder ablehnen. Wir haben wirklich so gut wie gar kein Geld mehr. Um genau zu sein, noch 20 Euro, und dann gar nichts mehr. »Damit kommen wir zwei Tage durch, wenn wir einen Platz zum Zelten finden«, rechne ich Paul vor. »Wichtiger wäre allerdings, dass wir mal in Ruhe neue Souvenirs basteln und dann losziehen und richtig Kohle machen. Ich wäre dafür, mit den letzten 20 Euro ein Hostel aufzusuchen, dort den ganzen Tag zu basteln und dann abends loszuziehen.«

Ich zögere. Zwanzig sind immer noch besser als gar nichts. Was, wenn es hier doch nicht so gut läuft, wie wir denken. Dann stehen wir ganz schnell ohne einen einzigen Cent da.

»Erst mal Kaffee und WLAN«, sage ich, und Paul zeigt sich einverstanden.

Das ist unsere übliche Herangehensweise an einem uns unbekannten Ort. Erst mal ein freies WLAN suchen und sich orientieren. Wo sind hier überhaupt die Hostels, was kosten sie, wo halten sich die Touristen auf, die unsere Souvenirs kaufen könnten? Wie schon so oft: Ein 7-Eleven hilft uns weiter.

»Wie wäre es mit einem Kompromiss«, sagt Paul, den der Kaffee wieder auf Vordermann gebracht hat. »Wir fahren zur Khao San Road, dem Touriviertel, und gucken, ob wir ein Hostel finden, das uns umsonst übernachten lässt. Oder zumindest duschen.«

»Wer sollte das tun?«

»Keine Ahnung, aber versuchen kann man es doch. Zu verlieren haben wir eh nichts.«

Er hat recht. Wir ziehen los. In der Khao San Road hängen noch einige Alkoholleichen in den Straßen. Mir kommt spontan der Gedanke: Gib uns dein Hostelzimmer, du Trunkenbold, wenn du eh die ganze Nacht durchfeierst. Du kannst dann morgens wieder rein! Die Partys sind noch nicht einmal zu Ende. Aus den Bars tönt schlechte Musik, es riecht nach Erbrochenem und Alkohol. Touristen liegen im Straßengraben. Aber das kennen wir ja schon, richtig abschrecken kann uns das im Moment nicht.

Die Straßenfeger reinigen die Straßen mit Schrubbern und Schläuchen nach Leibeskräften. Wir beginnen, um die Partymeile herum alle Hostels abzuklappern und zu fragen, ob sie unser Projekt mit einer Dusche oder sogar einem Zimmer unterstützen. Anfangs fühlt es sich noch so an, als läge es nur an den Umständen, dass es nicht klappt. Es ist Sonntag, und die Manager sind nicht im Haus, die Angestellten sagen, sie könnten solche Entscheidungen nicht treffen. Wir wechseln uns jeweils ab. Einmal Paul, einmal ich. Zuerst lächeln die Rezeptionisten noch, aber sobald die Worte *without money* oder *support* fallen, verfinstert sich die Miene, und dann gibt es eine freundliche oder auch eine harsche Abfuhr.

Paul ist mehr und mehr davon genervt, dass es nicht mal die Spur eines Entgegenkommens gibt. »Eine Dusche wäre doch zumindest mal drin, oder?«

»Ich weiß nicht Paul. Guck uns doch an. Wir kommen hier an mit iPhone und Kamera und schnorren. Wenn man ehrlich ist, ist das nichts anderes. Und genau das wollten wir eigentlich nicht machen …«

Paul wird nachdenklich.

»Für uns, für die Touristen hier, ist das ein Spaß oder ein Abenteuer oder eine Ausnahmesituation, aber für die Leute, die in den Hostels arbeiten, ist das ein Beruf. Damit verdienen die ihren Lebensunterhalt, das ist mir gerade bewusst geworden«

»Na ja, aber die hätten ja auch was davon. Es wäre doch gute PR.«

»Aber erst mal ist es einfach nur Geschnorre, seien wir doch mal ehrlich!«

»Du hast ja recht.«

»Und wenn ich mich hier umschaue, kann ich verstehen, dass man anfängt, Touristen zu hassen. Und dann kommen die auch noch und wollen was umsonst?«

»Ja, ja, ja. Das ist mir jetzt auch klar. Es fühlt sich auch einfach schlecht an. Lass uns lieber wieder Geld verdienen.«

»Und wie?«

»Alles auf eine Karte setzen. Bastelmaterial besorgen, vom restlichen Geld ein Hostel buchen, durcharbeiten, schlafen und dann los.«

»Oder wir finden einen guten Ort, wo wir zelten können.« Ich habe einfach ein ungutes Gefühl, wenn wir unser komplettes restliches Geld ausgeben.

Von der Khao San Road laufen wir westlich in Richtung des Chao Phraya Flusses in der Hoffnung, dort am Ufer eine Ecke zu finden, wo wir in Ruhe schlafen können. Kurz bevor wir dort ankommen, treffen wir ein Ehepaar aus Schottland, das wissen will, was es mit unseren beschrifteten Koffern auf sich hat. Es tut unglaublich gut, nach einem Tag der Abfuhr jemandem unsere Geschichte zu erzählen, den sie auch wirklich interessiert!

John, ein Ingenieur aus Glasgow, fragt uns insbesondere über die technischen Details unserer selbst gebauten Anhänger aus. »Ich wünschte, meine Söhne hätten auch nur einen Bruchteil eures handwerklichen Geschicks«, schmeichelt er uns und wünscht uns eine gute Reise. »Moment mal«, ruft er uns hinterher, als wir gerade weiterziehen wollen. »Damit solltet ihr eine Nacht unterkommen«, sagt er dann, drückt Paul tausend Baht in die Hand und läuft seiner Frau hinterher.

Wir sind baff. »Siehst du!«, sagt Paul. »Wenn man an Wunder glaubt …!« Er dreht sich um und zeigt auf einen bunten Schriftzug hinter uns: »Flapping Duck Guesthouse«, liest er vor. »Da checken wir jetzt ein.«

Einen Tag später verwandeln wir den lauschigen Innenhof des Flapping Duck in eine Open-Air-Werkstatt. Es war mal wieder Zeit für ein neues Produkt, also haben wir gestern lange nachgedacht, was das sein könnte. Es muss Männern und Frauen gefallen, es muss einen Clou haben und es muss einfach herzustellen sein aus Dingen, die man auf der Straße findet. Paul legte zwei Kronkorken wie eine Muschel zusammen: »Das wär's doch!«, rief er. »Eine Minischatulle!«

»Da müssten wir ein Scharnier einbauen, das gleichzeitig eine Öse als Aufhängung hat«, überlegte ich. Der Globus brachte mich auf eine neue Idee. »Wäre es nicht noch cooler, wenn wir die Kronkorken zu Halbkugeln umformen würden und dann einen kleinen Ball haben, wenn wir zwei zusammensetzen?«

»Genial! Aber wie soll das gehen?«

Ich hatte da eine Idee. Den ganzen Morgen konnte ich an nichts anderes mehr denken. Wir brauchten eine Metallkugel mit dem Durchmesser der Kronkorken. Am besten aus einem alten Kugellager. Wir brauchten eine circa fünf Millimeter starke Aluplatte, in die wir zunächst die gehärtete Stahlkugel treiben wollten, um eine Negativform zu erstellen, und anschließend die Bierdeckel darin zu Halbkugeln zu schmieden. Die Aluplatte war nach zwei Kilometern Fußmarsch gefunden, aber woher die Kugel nehmen? Werkzeugläden, Werkstätten und Tankstellen, alle wussten, wovon wir sprachen, keiner hatte etwas Passendes. Hier in Bangkok und auch in anderen asiatischen Ländern gibt es nicht den einen großen Baumarkt, sondern immer eine Gegend mit Hunderten von kleinen, hochspezialisierten Läden. »Da unten ist ein Laden für Kugellager«, wies uns nach einer Weile jemand den Weg die Straße runter. Und Tatsache! So etwas hatte ich in meinem ganzen Leben noch nicht gesehen, geschweige denn mir vorstellen können. Dass so etwas überhaupt existiert: ein Kugellagerspezialist. In allen nur erdenklichen Größen türmten sich die Rädchen in einem Eckladen. Der Laden erinnert mich an einen Piratenschatz in einer Höhle: Wenn man reinläuft, glitzert alles, und die Stapel der Lager wachsen einem in schlanken Türmen weit über den Kopf hinaus. In dem ganzen Laden gab es nichts anderes zu kaufen! Problem: kaputte hatte er keine, einzelne Kugeln … schwierig.

Erst mit Händen und Füßen und, als das nicht klappen will, auf Deutsch erklären wir dem Mann, was wir vorhaben. Die deutsche Version scheint er zu verstehen. Wahrscheinlich liegt es einfach daran, dass die Gestik natürlicher und passender ist –

wenn man keine gemeinsame Sprache hat, ist es oft besser, die Muttersprache zu sprechen. Erst eher abweisend, schien er jetzt von der Idee angesteckt, selbst wenn er immer wieder den Kopf schüttelte, um uns klarzumachen, dass er nicht daran glaube, dass wir so eine Form für unsere Kronkorkenhalbkugeln herstellen könnten. Auch der Sinn dahinter war ihm wahrscheinlich nicht ganz klar. Eine Zeit lang dachten wir, er wollte einfach nicht den ganzen chaotischen Laden durchsuchen. Aber als wir ihn dann nach einer 27,5 Millimeter Stahlkugel fragten, ging er zielsicher in den Laden und kam mit einer genau solchen in der Hand zurück. Volltreffer!

Ich begann, die Kugel mit einem Hammer in die fünf Millimeter dicke Aluplatte zu schlagen. Vorsichtig, sodass eine kleine Delle entstand. Mehr und mehr Neugierige sammelten sich auf dem Gehweg vor der offenen Auslage des Lädchens. Als die Kugel stabil in der Delle lag nahm der Ladenbesitzer einen 20-Kilogramm-Bolzen als Hammer und trieb die Kugel mit kräftigen Schlägen weiter ins Blech. Der Boden bebte. Ich übernahm den Höllenhammer und haute so oft drauf, bis die gewünschte Halbkugel ausgeformt war. Vorsichtshalber gleich daneben noch in verschiedenen Größen mit verschiedenen Kugeln, die uns der Lagerleiter, angesteckt von unserer Begeisterung, kostenlos zur Verfügung stellte.

Auf dem Rückweg zum Hostel sammelten wir alle Kronkorken der Marke Chang Beer, die wir finden konnten, weil sie das schönste Logo haben. Und nun sitzen wir hier und bauen unser neuestes Meisterstück. Das mit dem Scharnier klappt nicht und wäre ohnehin viel zu aufwendig, aber mit einem Stück Fahrradkette (was sonst) schmieden wir einen Anhänger an den kleinen hohlen Ball, dessen Halbkugeln wir mit Heißkleber zusammenkleben. Schon während wir im Hostel-Innenhof basteln, kommt erst Arthur, ein Reisender aus Deutschland, und kauft uns den ersten Anhänger für 200 Baht ab und dann ein Pärchen aus New Orleans, das zwei zu je 100 kauft. Damit können wir uns das Hostel für eine weitere Nacht leisten und, bevor wir überhaupt gegangen sind, schon wieder einchecken.

Ich bastele auch noch ein paar Ringe und Armreifen. Melinda, eine Hostel-Mitarbeiterin, kann zwar kein Geld, aber ein Bier für einen Ring anbieten. Das macht Anja, eine Deutsche aus Frankfurt neugierig – sie lädt uns gegen einen Ring zum Abendessen in der Nähe der Khao San Road ein. Da wollten wir sowieso hin, und so machen wir uns in einer kleinen Truppe auf den Weg zu einer Garküche, die sich mit Sonnenschirmen vor dem sinnflutartigen Regen zu retten versucht, der genau in dem Moment niedergeht, als wir gerade Platz genommen haben. Doch kaum stehen die Speisen auf dem Tisch, da bricht einer der Schirme weg und fluten Wassermassen unser Essen. Zum Glück ist der heftige Guss so rasch wieder vorbei, wie er begonnen hat. Ohne mit der Wimper zu zucken, serviert der freundliche Wirt sofort Ersatz.

Um mehr Aufmerksamkeit zu erregen, haben wir im Hostel unsere Koffer entleert und die leicht transparenten Anhänger mit den batteriebetriebenen Lampen, die wir schon die ganze Zeit mit uns herumschleppen, ausgestattet, sodass sie geheimnisvoll leuchten. Inmitten des Partytrubels ist das allerdings kein großer Eyecatcher, wie wir wenig später enttäuscht feststellen müssen. Die Stimmung ist ausgelassen und wild, unsere Souveniranhänger kommen gut an, bloß können die Leute nicht viel zahlen. Meistens kommen umgerechnet 50 Cent bis 1 Euro für einen Anhänger rum. Wenn das so weitergeht, müssen wir entweder Hunderte Anhänger basteln, wofür wir keine Zeit haben oder … ja, oder was?

»Das Geld für den Flug kriegen wir so nicht zusammen«, nörgle ich leicht verstimmt. »Die meisten Menschen, die in Bangkok Urlaub machen, sind eben keine reichen Touristen, sondern Backpacker.«

»Darauf bin ich auch schon gekommen, du Schlauberger.«

Als wir später auf unserem Bett sitzen, lassen wir uns unsere Strategie noch einmal durch den Kopf gehen. »Ein Problem ist unsere Einstellung«, beginnt Paul, der Professor.

»Jetzt komm mir nicht wieder mit dem Psychokram.«

»Lass mich doch erst mal ausreden. Das hier ist wichtig. Wir müssen dringend etwas an uns selbst ändern.«

»Wir ziehen durch die Gegend mit unseren 80-Tage-Koffern und sagen den Leuten, dass wir es in 80 Tagen eh nicht mehr schaffen können. Wer hat denn da Lust, ein bisschen mehr als 1 Euro lockerzumachen?«

»Stimmt …«

»Die haben doch gar nicht mehr das Gefühl, uns bei etwas helfen zu können!«

»Ja, du hast recht. Aber ich will niemandem etwas vormachen.«

»Müssen wir doch auch nicht. Ich will selber noch daran glauben, dass wir es in der Zeit schaffen!«

Mein Bruder denkt kurz nach und sagt dann mit fester Stimme: »Wir bleiben noch ein paar Tage in Bangkok und verdienen 30 000 Baht.«

»Guter Plan, aber: Du hast doch gesehen, wie es heute lief! Bangkok bedeutet: Low Budget.«

»Indem wir die Leute zu unseren Komplizen machen! Die müssen merken, dass wir nur mit ihrer Hilfe das Unmögliche schaffen können: An Tag 80 in Berlin anzukommen.«

»Trotzdem, das wäre ein Wunder.«

»Und an das müssen wir glauben. Wenn wir es selbst nicht tun, wer dann? Nur so kriegen wir die Unterstützung, die wir brauchen.«

Ich will auch an Wunder glauben, aber ich bin auf dieser Reise skeptischer als Paul. Er muss mich immer wieder aus der Reserve locken. Wir denken den Plan weiter durch. Heute ist Tag 69. Würden wir wirklich das Geld für die Flüge in den nächsten drei Tagen zusammenbekommen können und von der Küste Indiens mit dem Zug nach Neu-Delhi weiterreisen, dann von dort aus nach Astana in Kasachstan weiterfliegen, von Astana mit dem Zug nach Moskau fahren, macht acht Tage – dann hätten wir noch genau zwei Tage, um es irgendwie von Moskau bis nach Berlin zu schaffen.

Ein Plan, an dem an keiner noch so winzig kleinen Stelle irgendetwas schiefgehen darf. Aber wenn das alles klappen sollte, ist es theoretisch machbar. Und wenn wir mit dieser Einstellung morgen auf die Straße ziehen, finden wir vielleicht die Leute, die uns den nötigen Rückenwind geben.

Ich will es in 80 Tagen schaffen. Ich will Abenteuer, Risiko, Wunder und – das kommt dazu: Ich will zurück nach Hause.

Nam

16. JULI, TAG 72, BANGKOK, THAILAND, KONTOSTAND: ฿ 3030,45

PAUL

Gestern haben wir erkannt, dass wir einen entscheidenden Fehler gemacht haben, indem wir die 80 Tage aufgegeben haben, bevor sie überhaupt um sind. Erstens brauchen wir den Zeitdruck als Motivation, um zu versuchen, in großen und nicht nur in kleinen Schritten weiterzukommen, zweitens brauchen wir die Story, um die Leute begeistern zu können. Mal ehrlich, wer will schon zwei Jungs, die ihr Experiment selbst für gescheitert erklären, helfen? Manchmal passiert es uns, dass wir zu sehr mit uns selbst und unseren eigenen Problemchen beschäftigt sind und die Perspektive von außen verlieren. Wie wirkt das Ganze überhaupt auf Menschen, die davon nie gehört haben? Für uns ist es inzwischen die tausendste Wiederholung der Geschichte, für sie aber ist es frisch und neu.

»Das Beste ist, wir erklären den Leuten ganz offen und direkt, dass wir ein Wunder brauchen, um die Reise in 80 Tagen zu schaffen«, sagt Hansen, als er seinen Anhänger packt, obwohl wir uns noch eine Nacht im Hostel leisten könnten, es tut uns nicht gut, es nimmt den Druck raus, den wir jetzt offensichtlich nötig haben, um Großes zu schaffen. »Vielleicht sollte das unser neues Motto sein«, sage ich. »Vielleicht sollten wir durch die Straßen laufen und den Leuten erzählen, dass wir nach einem Wunder suchen?«

Wir ziehen mit Sack, Pack und neuer Energie nach Wat Pho zum großen goldenen Buddha, einem Touristenmagnet, um dort mit Leuten ins Gespräch zu kommen. Auf dem Weg schreibe ich in großen Lettern auf meinen Bauchladen: *Looking for a Miracle*.

Den weiten Fußweg und die gradenlose Hitze haben wir in unserem Elan völlig verdrängt. Schon nach wenigen Kilometern sind wir in einem katastrophalen Zustand: durchgeschwitzt und am Ende unserer Kräfte. Wir beschließen, in der Nähe des Palastes eine Pause einzulegen, und setzen uns in einem Park an einen Zaun. Auf einmal steht eine kleine Gruppe Deutscher vor uns, die Hansen und mich aus dem Fernsehen kennen. »Paul und Hansen, was macht ihr denn hier?« Einer von ihnen erinnert sich sogar an unsere Namen!

Und so erzählen wir von unserem Experiment – zum ersten Mal in der neuen, optimistischen Version – das macht trotz unserem erschöpften Zustand erstaunlich viel Spaß, und dass die vier unsere Vorgeschichte kennen und deutsch sprechen, hilft natürlich. Auch wenn sie alle knapp bei Kasse sind, leiert sich jeder von ihnen ein paar Bahtscheine aus den Rippen, was ich wirklich beeindruckend großzügig finde. Und es geht weiter: Noch bevor wir überhaupt von unserem Rastplatz aufstehen müssen, kommt ein amerikanisches Pärchen vorbei, der Mann ist Regisseur und dreht gerade einen Film über Rassismus und Antisemitismus. Gerade machen sie Urlaub, reisen im Anschluss aber noch nach Israel und dann nach Deutschland weiter, um an dem Film zu arbeiten. Wenn unsere 80 Tage rum sind, sind sie in Berlin. Sollten wir es also tatsächlich schaffen, würden wir sie dort wiedertreffen. In neun Tagen! Wir schenken ihnen zum Abschied einen Schlüsselanhänger, sie uns im Gegenzug ganze zehn Dollar. Neben dem Schottenpaar vom ersten Tag: Bangkok-Rekord. Ein echter Hoffnungsschimmer im richtigen Moment.

Wir treffen noch eine Gruppe Franzosen und andere junge Backpacker – den goldenen Buddha müssen wir uns für heute an den Hut stecken. Stattdessen machen wir uns auf in die Bargegend, die Hansen gestern Abend als das Hang-out der Reichen recherchiert hat.

Als wir gerade an einem Mann vorbeilaufen, fragt der uns in deutschem Englisch, was wir da hinter uns her ziehen. Wir erklären ihm unser Projekt in der Kurzform. Noch bevor wir damit fertig sind, drückt uns Hans-Peter 2000 Baht in die Hand und macht sich auch schon wieder auf den Weg, ehe wir uns richtig bei ihm bedanken können. 2000 Baht, einfach so! Es fühlt sich an wie ein Lottogewinn. Mein Magen knurrt.

»Wie wäre es, wenn wir uns für die Nacht stärken?«, schlage ich vor.

»Unbedingt«, stimmt Hansen zu. »Aber nicht gleich alles auf einmal auf den Kopf hauen!«, witzelt er.

An einer kleinen Garküche auf Rädern halten wir an. Eine einzelne Lampe erhellt die Straßenecke, an der die Köchin ein paar Tische aufgestellt hat. Wir versuchen, das Menü zu entschlüsseln, und studieren dazu die verblassten Bildchen neben den Speisen. »Hey, ihr mit den coolen Anhängern!«, ruft da eine junge Frau, die zusammen mit einem Mann an einem der Tische sitzt. »Braucht ihr Hilfe beim Bestellen?«

Und schon springt sie auf und stellt uns verschiedene Dinge zusammen. Als das Menü steht, nennt sie uns den Preis – der leider weit über dem liegt, was wir ausgeben können. Wir hatten an 50 Baht gedacht, nicht an 500! Eine unangenehme Situation. Peinlich berührt müssen wir sie mit einer kurzen Erklärung bremsen und sie bitten, etwas für ein Zehntel der Summe zu empfehlen. Sie schaut uns schmunzelnd von oben bis unten an, lacht dann und sagt: »Davon will ich mehr hören. Setzt euch zu uns. Ihr seid eingeladen!«

So lernen wir Nam kennen.

Nam und ihr Freund Pana sind Stammkunden des kleinen Straßenlokals und erzählen uns, dass es ein Treffpunkt für politische Aktivisten sei, die sich gegen die repressive Königsherrschaft in Thailand auflehnen. Zwar gebe es ein Parteiensystem, aber leider stehe der König letztlich über allem, und Reformen wären daher sehr, sehr schwierig durchzusetzen. Von einer wirklichen Demokratie könne man nicht sprechen, und das thailändische Volk sei in der Regel sehr königstreu. Während sie spricht, füllt sich der Klapptisch mit den köstlichsten Speisen: *Tom Jam Gung*, eine höllisch scharfe Suppe, *Gai Pad King*, Klebreis, knusprige Nudeln und einiges mehr.

Nam und Pana organisieren Demonstrationen und setzen sich für freie Wahlen ein. Das ist nicht ungefährlich. »Ein Freund von mir lebt im politischen Exil, nur weil er im Kino nicht aufgestanden ist, als die obligatorische Königshymne gespielt wurde!«, erzählt sie. »Das ist reine Willkür!«

Von unserem Projekt sind die beiden begeistert. Mir ist es ehrlich gesagt anfangs fast peinlich, davon zu erzählen, weil es im Gegensatz zu dem, was Nam tagtäglich umtreibt, so egoistisch scheint. Doch sie will das nicht gelten lassen: »Ihr nutzt eure Freiheit, ihr lernt die Welt kennen! Wer kann das schon. Das ist ein Privileg!«, sprudelt die kleine Frau hervor. Darauf will sie anstoßen. Kling! Bierrunde Nummer zwei.

Nam stammt aus dem Süden Thailands, aus Nakhon Si Thammarat, und ist Tochter eines wohlhabenden Tankstellenbesitzers und Treibstofflieferanten. Sie würde gerne in Europa Dokumentarfilm studieren, kann sich das dann aber doch nur leisten, wenn sie ein Stipendium bekommt. Zu ihrem reichen Vater hat sie zwar weiterhin regelmäßig Kontakt, aber sie hat sich ein ganzes Stück abgenabelt, da sie unabhängig sein möchte und, obwohl sie ihre Familie liebt, mit den konservativen Regeln ihrer Familie nicht klarkommt. Ihr Freund Pana kommt aus einer Bauernfamilie aus dem Norden Thailands und passt damit überhaupt nicht in das Ehemannschema von Nams Familie. Obwohl die beiden schon sechs Jahre zusammen sind, hat Pana ihren Vater nie kennengelernt. Sie hätte ihn heiraten müssen, um überhaupt mit ihm zusammen sein zu dürfen.

»Aber ihr könnt ihn kennenlernen!«, lacht sie ein wenig bitter. »Ich bin mir sicher, er würde euer Abenteuer lieben und euch helfen, weiter nach Indien zu kommen.« Nam will am nächsten Morgen sowieso hinfahren und lädt uns ein mitzukommen. Das klingt verlockend, wir haben allerdings das Gefühl, dass wir Bangkok noch eine Chance geben sollten, bevor wir abbrechen und einen solchen großen Umweg einschlagen.

Gespräche, Speisen und Bier haben uns fast vergessen lassen, dass wir heute noch Geld verdienen wollten. Wir verabschieden uns von den beiden, und Nam fragt, ob wir denn einen Schlafplatz hätten. »Wir suchen uns einen Park!«, sage ich und Nam schüttelt mit dem Kopf. »Blödsinn, viel zu gefährlich«, sagt sie. »Ich zeige euch das buddhistische Friedenszentrum, ist gar nicht weit von hier. Da kommt ihr unter.« Nam zahlt die Zeche und winkt uns zu. »Kommt mit, kleiner Verdauungsspaziergang. Danach könnt ihr dann immer noch weiter.«

Im Garten des Zentrums – ein weißer Pavillonbau – sitzen ein paar Leute und trinken Bier. »Hier wird jeden Abend gepichelt«, flüstert Nam und lacht. Wir stellen der kleinen Runde uns und unser Projekt vor und dürfen tatsächlich auf einem flachen Podest im luftigen Erdgeschoss des Hauptgebäudes unsere Matten ausfalten.

Bevor wir uns zu gemütlich einrichten, machen wir uns auf den Weg nach Saladaeng, um wenigstens noch ein paar Baht zu verdienen. Pana und Nam bringen uns zur U-Bahn-Station. Als wir endlich in der Bargegend ankommen, die uns sogar die Buddhisten zum Geldverdienen empfohlen haben, stellen wir überrascht fest, dass es ein Rotlichtbezirk ist. Wie sollen wir denn hier Geld verdienen?

Mehrfach lehnen wir die Einladungen der Zuhälter ab, während die Frauen, teilweise sicher noch minderjährig, am Straßenrand sitzen, sich uns anpreisen und hinter vorgehaltener Hand über uns kichern. Ziemlich verstörend, so etwas aus direkter Nähe mitzubekommen. Kann das wirklich die Straße sein, die die buddhistischen Mönche uns empfohlen haben? Natürlich nicht, stellen wir fest, als wir sie einmal durchlaufen haben und keine einzige »normale« Bar ausfindig machen konnten. Nach einem zweiten Blick auf den Plan, erkennen wir, dass die Straße, die wir suchen, um die Ecke liegt. Auf dem Weg dorthin kommen wir immer wieder mit Menschen ins Gespräch, leider aber ohne auch nur einen einzigen Schlüsselanhänger zu verkaufen. Und als wir ankommen: Sperrstunde.

Alle Bars geschlossen. Obwohl wir viel Glück hatten – heute haben wir nicht genug verdient, um unseren 80-Tage-Plan einzuhalten.

Am nächsten Morgen schlage ich meine Augen auf und weiß im ersten Moment nicht, wo ich bin. Das ist mir auf der Tour schön öfter passiert. Wenn man so oft den Schlafplatz wechselt, gleichen die ersten Sekunden oder Minuten nach dem Aufwachen einem Puzzlespiel. Wo bin ich, welches Land, welcher Ort, welcher Tag? Ich liege auf dem Rücken auf einer Strohmatte. Neben mir ein riesiger Ventilator, der zwar auf die niedrigste Stufe eingestellt ist, aber dennoch sehr viel Wind macht. Ohne ihn hätten wir nicht schlafen können. Die kleinen Mücken, die uns sonst aufgefressen hätten, werden einfach von dem Wind weggeblasen. Es ist acht Uhr morgens, eigentlich hätten wir um halb sieben von Melinda geweckt werden sollen, die hier im Buddhistischen Zentrum morgens Yoga unterrichtet. Aber entweder fiel der Kurs aus, oder sie hat sich einen anderen Ort gesucht.

Ich hebe den Kopf: An der einzigen Wand dieses offenen Raumes hängt ein riesiges Ölgemälde, das einen buddhistischen Mönch zeigt.

Wir ziehen uns an, räumen unsere Sachen in eine Ecke und laufen zu dem kleinen Café im Innenhof. Es ist sehr schön gemacht: drinnen eine Bibliothek mit Holzregalen, draußen eine kleine, mit transparentem, gewelltem Kunststoff überdachte Terrasse und einem von Bänken umringten Tisch. Von dort aus kann man direkt durch ein kleines Fenster hinter die Bar sehen und den heiß ersehnten Kaffee bestellen, ohne den bei uns morgens gar nichts läuft.

Melinda hatte ihren Kurs an einen anderen Ort verlegt. Als sie mit dem Unterricht fertig ist, setzt sie sich zu uns und erzählt, dass das große Ölgemälde, unter dem wir geschlafen haben, ein sehr bekannter und beliebter Mönch in Thailand namens Buddhadasa ist und das Zentrum von Sulak Sivaraksa, einem guten Freund des Dalai Lama, gegründet wurde. Seine Heiligkeit war sogar schon höchstpersönlich zu Besuch.

Das Zentrum bietet Nichtregierungsorganisationen und politischen Flüchtlingen Unterkunft, Hilfe und organisiert Workshops. Außerdem setzen sich Melinda und die anderen für ein freies Tibet ein. So ganz beliebt ist das Zentrum bei den zumeist königstreuen Thais deswegen nicht, erzählt sie. Ständig kommt die Polizei vorbei, führt Razzien durch und verhaftet Studenten, die sich gegen das Regime aufgelehnt haben und hier Unterschlupf suchen.

Von der Straße aus ist der friedliche Ort daher kaum zu erkennen. Nur wer durch eine garagentorgroße Tunneleinfahrt kommt, dem eröffnet sich im Hinterhof das kleine Paradies. Tibetische Gebetsflaggen wehen von den Wänden im lauen Wind, in einem kleinen Teich schwimmen bunte Fische, Buddhastatuen und saftige Pflanzen lassen den Innenhof zu einem Zufluchtsort der Ruhe inmitten der hektischen Stadt werden. Vom Lärm da draußen bekommt man hier nichts mit.

Wir flicken gerade unsere Anhänger, die in letzter Zeit immer mehr Zuwendung benötigen, als Nam und Pana um die Ecke biegen. »Nur mal gucken, wie es euch so geht«, sagt Nam. »Und checken, ob ihr für die nächste Nacht ein Zimmer haben könnt. Das hatte ich doch versprochen!« Was sie uns gestern nach der vierten Runde Bier versprochen hat, daran kann ich mich nicht mehr erinnern. Aber ich weiß noch, dass heute sowohl sie zu ihren als auch ihr Freund zu seinen Eltern aufbrechen wollten. »Machen wir auch noch! Aber erst mal kümmern wir uns um euch Obdachlosen«, lacht sie.

Und tatsächlich gelingt es ihr, einen Raum im oberen Stockwerk für uns zu organisieren. Mit Parkettboden, Ventilatoren, Klimaanlage und zwei Rollmatratzen!

»Wie können wir das je wiedergutmachen?«, frage ich.

»Hilfe ist doch keine Währung, mein Lieber«, belehrt mich die kluge Nam. Trotzdem, ich hoffe, wir können uns irgendwie bei ihr revanchieren.

Nam muss ihren Bus kriegen und verabschiedet sich: »Wenn das mit dem Geldverdienen hier so schleppend weitergeht, kommt ihr bei meiner Familie in Nakhon Si Thammarat vorbei. Auch wenn ich gestern so geschimpft habe. Mein Vater ist zwar sehr königstreu, aber ein netter Kerl. Er hilft euch sicher gerne weiter.«

Wenn sie wüsste, wie sehr sie uns damit hilft. Ich ertappe mich dabei, wie ich mir vorstelle, dass Nams Vater uns die restlichen 50 000 Baht in die Hand drückt und der Straßenverkauf endgültig erledigt ist. Oder uns einen Job anbietet, so wie damals in Barrie. Ein Deal, von dem beide Seiten etwas haben. Das fühlte sich gut an. Menschen, die gar nichts brauchen, etwas verkaufen zu wollen, ist auf Dauer deprimierend.

Wir verabschieden uns von Nam und Pana und sind erst am Abend wieder im Touristenzentrum auf Streife. Gleich der erste Mensch, den wir treffen, ein Tourist aus Montana, versucht mit allen Mitteln, uns die Stimmung zu verderben, indem er alles schwarzmalt: Freundlichkeit gebe es in Bangkok nicht, alle seien bloß auf das Geld aus, außerdem sei die Stadt mordsgefährlich, er sei schon mehrmals nur knapp dem Tod entkommen. Wer ein Boot besteige, würde ausgeraubt und über Bord geworfen, lieber solle man an Land ausgeraubt und von einer Kugel getötet werden. Die einzigen wertvollen Menschen hier seien die Frauen. Obwohl: Da habe er eigentlich auch nur miese Erfahrungen gemacht.

Der Typ spinnt doch gewaltig. Wie kann man bloß so miesepetrig sein, so herablassend über Thailand reden, und dennoch hierherreisen. Am liebsten würde ich ihn schütteln und ihm die schwarze Brille abziehen, aber er scheint ein hoffnungsloser Fall zu sein. »Kann man nur hoffen, dass du den Flug zurück nach Montana überlebst«, sage ich mit bitterer Ironie, und er antwortet bierernst: »Du sagst es, Mann. Du sagst es.«

Nach dieser schwarzen Regenwolke namens Greg treffen wir auf eine ganze Menge interessanter Menschen, Thailänder, Inder und Touristen aus Europa, die ein gutes Gegengift zu Gregs pessimistischem Einlauf sind. Trotzdem will der Handel wieder nicht in die Gänge kommen. Die Leute sind an unserer Geschichte interessiert, möchten oder können uns aber keine Schlüsselanhänger abkaufen.

»Aber guck dich doch mal an«, sagt Hansen. »Sieht so jemand aus, dem man etwas abkaufen will?« Aus dem Handgelenk macht er ein Foto mit seinem Handy und hält es mir vor die Nase.

Ich sehe einen schlaksigen, schwitzigen, etwas ungelenk dastehenden Mann mit unrasiertem und unmotiviertem Gesicht. »Du siehst auch nicht anders aus.«

»Ja, Mann, ich bin dein Zwillingsbruder.«

»Du weißt, was sich meine. Ich bin hier nicht der Einzige, bei dem die Luft raus ist.«

»Aber du versuchst es nicht mal mehr ernsthaft!«

»Musst du gerade sagen. Wenn ich dir zuhöre, hab ich das Gefühl, du stehst überhaupt nicht mehr hinter der Sache.«

»Weißt du was? Tu ich auch nicht. Unsere Tour kotzt mich an. Du kotzt mich an. Es ist alles eine große Lüge, die wir uns schönzureden versuchen. Wir sagen zwar ständig, dass wir nicht betteln wollen, sondern alles eine Gegenleistung hat. Aber wenn man mal ehrlich ist, will niemand den von uns gebastelten Schrott. Die meisten wollen einfach nur eine Spende geben, weil sie uns helfen wollen, weil sie uns loswerden wollen oder weil sie Mitleid haben. Man kann sich das schönreden, aber am Ende sind wir nicht anderes als Schmarotzer, die sich um die Welt schnorren«, wirft Hansen mir vor die Füße.

»Das klang erst gestern noch ganz anders. Du kannst nicht jeden Tag deine Meinung ändern. Entweder wir ziehen das hier durch oder nicht.«

»Wenn ich die vielen armen Leute hier sehe, die jeden Baht hier tausendmal nötiger haben als wir, dann vergeht mir einfach der Spaß!«

»Bin ich schwerhörig, oder hast du mir nicht gerade eben noch vorgeworfen, dass ich nicht mehr hinter der Sache stünde? Was willst du eigentlich?«

Hansen knallt mir den Beutel mit den Schlüsselanhängern auf den Bauchladen und dampft ab. Ich verstehe die ganze Szene nicht, bin aber mindestens ebenso genervt. Musste er jetzt einfach abhauen? Sollten wir nicht besser darüber sprechen, wie es weitergeht? Ich finde ein WLAN und versuche, ihn anzurufen, er nimmt aber nicht ab. Ich schreibe ihm eine Nachricht, dass er an der nächsten Straßenecke auf mich warten soll – nichts. Ich weiß schon, was los ist, aber ich verstehe nicht, warum er sich nicht damit auseinandersetzen will. Wir sind beide ausgebrannt. Zwar gibt es immer wieder schöne und Mut machende Situationen, aber jede kleinste Enttäuschung führt im Moment dazu, dass einer von uns die Nerven verliert. Wir bewegen uns auf einem mittlerweile sehr schmal gewordenen Grat zwischen Motivation und totaler Niedergeschlagenheit.

Es fängt an, in Strömen zu regnen, und ich beschließe, den Bus zu nehmen. Vielleicht kann ich Hansen auf der Strecke aufpicken, wenn er nicht auf dieselbe Idee gekommen ist.

Durch die dichten Regenfäden hindurch sehe ich niemanden, der meinem Bruder ähnelt. Zurück im Buddhistischen Zentrum: keine Spur von Hansen. Ich warte noch eine halbe Stunde und lege mich dann schlafen. Viel später erst bemerke ich im Halbschlaf, wie jemand sich auf die andere Matratze legt. Er muss zu Fuß gegangen sein. Vielleicht brauchte er ein bisschen Zeit für sich allein.

»Sollen wir mal endlich aufstehen?«, versuche ich Hansen am nächsten Morgen zu wecken. Er grummelt nur. Damit die Laune nicht gleich wieder im Eimer ist, warte ich fünf Minuten und starte einen zweiten Anlauf: »Wir sollten besprechen, wie wir heute weitermachen.« Hansen brummt etwas, das wie ein »Ja« klingt.

So liegen wir beide für die nächste Stunde in unseren Betten und diskutieren darüber, ob es Sinn hat, in Bangkok zu bleiben oder ob wir weiter nach Kuala Lumpur reisen sollten, von wo aus die Indienflüge viel billiger sind. Auf dem Weg nach Kuala Lumpur könnten wir zunächst Nam und ihren Vater in Nakhon Si Thammarat besuchen. Das liegt etwa auf halber Strecke. Wenn wir dann von da aus noch einen günstigen Zug nach Kuala Lumpur bekommen, würden wir es mit dem Geld, das wir jetzt zusammenhaben, von dort aus noch bis nach Visakhapatnam an der indischen Ostküste schaffen, aber keinen Meter weiter.

Hansen schreibt Nam per Facebook, ob ihr Angebot noch steht und wir zu Besuch kommen könnten, während ich mich erkundige, wie viel der billigste Zug nach Nakhon Si Thammarat kostet. Ein Sitzplatz in der dritten Klasse für insgesamt zwölf Stunden Fahrt in einem Waggon ohne Klimaanlage kostet tatsächlich nur 130 Baht pro Person, ein echtes Schnäppchen. Wir könnten von dort den Bus nach Kuala Lumpur nehmen und ab da den Flug nach Visakhapatnam an der indischen Küste, der momentan nur 900 Baht kostet.

Unser Plan funktioniert aber nur so weit, wenn alle Preise auch genauso sind, wie wir sie recherchiert haben.

»Nam hat schon geantwortet«, sagt Hansen keine zwei Minuten später. »Sie würde sich riesig freuen und uns sogar vom Bahnhof abholen.«

»Nam ist die Beste!«

Den Streit von gestern vergessen oder verdrängen wir in unserer Organisationswut. Der nächste wird wahrscheinlich nicht lange auf sich warten lassen …

Wir beschließen, als Erstes zum Bahnhof zu fahren, dort dann schon mal das Zugticket zu kaufen und dann in der Nähe des Bahnhofs unser Glück zu versuchen und noch ein wenig Geld zu verdienen, um nicht komplett blank in Indien anzukommen.

Der Zug mit den billigen Plätzen um 22 Uhr ist ausgebucht. Es gebe noch einen, der schon um 19 Uhr 30 fährt. Aber der kostet mehr, 270 Baht pro Person. »Besser als noch länger hier hängen zu bleiben«, findet Hansen. Wir buchen. Damit reicht unser Geld nicht mehr für den Flug, aber vielleicht kann uns ja Nams Vater mit einem Nebenjob aus der Patsche helfen oder wir verdienen das nötige Geld danach noch in Kuala Lumpur.

Als wir auf dem Gleis ankommen, ist der Zug schon da, nur die Waggons der dritten Klasse fehlen noch. Wir setzen uns auf eine Bank und warten vor dem Gleis. Am Ende des Zuges sitzt ein Koch mit Schürze und Kappe in der Hocke und raucht verträumt. Er sieht genauso müde aus, wie ich mich fühle.

Der Bahnhof ist ebenso heruntergekommen wie romantisch. Die Plattformen sind auf der gleichen Höhe wie die Gleise, sodass man regelrecht in den Zug hineinklettern muss. Die Lokomotive wird mit Diesel betrieben, und aus welchem Grund auch immer werden jetzt Unmengen von Wasser in große, an den Waggons angebrachte Tanks gepumpt. Jeder Tank wird dafür an einen Schlauch angeschlossen, bis das Wasser oben wieder herausquillt. Wofür wohl? »Als Kühlung für die Bremsen?«, schlägt Hansen vor.

Als endlich unsere Waggons einrollen und mit ordentlichem Schwung angekoppelt werden, steigen wir ein. Der Wagen ist dreckig, aber die Sitze immerhin gepolstert. Die Fenster lassen sich bis ganz nach unten öffnen, sodass wir selbst im Sitzen locker den Arm hinaushängen lassen können. Langsam und schwerfällig setzt sich der Zug in Bewegung, fast so, als würde er von einer Dampflok angetrieben. Vorbei geht es an endlosen Vororten, Märkten und Bahnübergängen. Je weiter aus der Stadt rausfährt, desto ärmlicher wird es. Teilweise haben die Holzhütten nicht einmal Wände. Auf den Gleisen neben uns laufen Menschen mit ihren Einkäufen entlang.

Ich mag es, im Zug zu sitzen und die Welt da draußen an mir vorbeiziehen zu lassen. So oft auf dieser Reise kommt es mir vor, als ob wir gar keine Zeit finden, die fremde Umgebung wirklich wahrzunehmen. Hier, in diesem ollen und doch irgendwie fast gemütlichen Zug, lenkt mich nichts davon ab, sogar die Nase kann ich in den Wind halten. Ich hänge den Oberkörper aus dem Fenster und lasse den Fahrtwind durch meine Haare streichen. Langsam wird es dunkel.

All Inclusive

19. JULI, TAG 75, NAKHON SI THAMMARAT, THAILAND, KONTOSTAND: ฿ 1530,32

Hansen

»*Fuck!*« Mein Bruder tritt mir mit dem Fuß gegen das Schienbein. »Hansen, wach auf! Ich glaube wir sind zu weit gefahren!« Ich schrecke aus meiner eingesunkenen Sitzposition auf. Alles tut mir weh. »Wie meinst du zu weit gefahren? Wo sind wir?«

»Der Ort, an dem wir gerade vorbeigefahren sind, liegt südlich von Nakhon Si Thammarat!«

Wir reißen das Fenster herunter und stecken die Köpfe raus, als würden wir uns so orientieren können. Und tatsächlich. Auch mein GPS zeigt mir an, dass wir vorbeigefahren sind. Wie konnte das nur passieren? Warum ist der Zug so viel früher als geplant schon dort gewesen? Nam können wir nicht schreiben, weil wir kein Internet haben, was nun?

»*No worry, gentlemen*«, höre ich plötzlich eine Stimme mit indischem Akzent hinter mir. Ein älterer Mann klopft mir vorsichtig auf die Schulter. »*Your station still coming*«, sagt er und zeichnet mit der Hand ein U in die Luft. Und tatsächlich dreht der Zug wenig später ab und fährt in einem Schlenker von Süden in die Stadt ein. Erleichtert lassen wir uns in die Polster zurückfallen.

Als wir aussteigen, stehen Nam und ihre Schwester am Bahnhof und winken uns zu. Es gibt keine Unterführungen, jeder läuft einfach über die Gleise, wie er will. Wir schleppen unsere Anhänger mithilfe der Schwestern bis zum anderen Ende und verstauen sie in Nams kleinem Jeep, mit dem sie uns eine kurze Stadtführung gibt. »Der beste Freund meines Vaters besitzt ein Resort. Ihr seid herzlich eingeladen, bei mir unterzukommen, aber wenn ihr schon Mal die Möglichkeit habt, umsonst in ein Resort mit Pool und Sauna einzuchecken, solltet ihr nicht Nein sagen, stimmt's oder habe ich recht?« Eine halbe Stunde später parkt sie vor einer Anlage mit lauter hübschen Bungalows inmitten einer dschungelartigen Landschaft und führt uns zu einer der Hütten.

Die Bungalows und alle Sitzgelegenheiten sind zwar aus Beton gebaut, aber so gestaltet, dass sie aussehen wie riesige alte Baumstümpfe. Ein bisschen wie das Dorf der Hobbits in »Herr der Ringe«. Von innen sind überall mit Mörtel Äste und Astlöcher an die Wand modelliert. Selbst die Dusche ist ein Ast, der aus der Wand ragt.

»Wenn ihr geduscht habt, meldet euch bei mir. Ich habe eine Überraschung für eure geschundenen Körper«, sagt sie und dreht ab.

Eine halbe Stunde später finde ich mich auf einer Bambusmatte auf einem offenen, überdachten Podest wieder und werde nach allen Regeln der thailändischen Massagekunst durchgeknetet. Tut das weh! Ich habe in meinem ganzen Leben noch keine professionelle Massage genossen, bin aber immer davon ausgegangen, dass es sich vor allem angenehm anfühlt. Der alte Meister, der mich gerade bearbeitet, hat da eine andere Philosophie. Ich muss mehrmals vor Schmerz fast aufschreien, als er meinen Hintern und die Oberschenkel durchknetet, indem er darüberläuft oder seine Ellenbogen mit seinem ganzen Körpergewicht darauf stützt. Nicht nur die Muskeln werden massiert, sondern auch die Knochen! Er reibt über Schlüsselbein, Kniescheiben, Knöchel, und das alles mit unglaublicher Kraft. Bis in die Fingerspitzen bleibt kein Gelenk und Muskel unbearbeitet. Ganze 90 Minuten dauert die wohltuende Qual, ab und zu höre ich Paul und Nam von den anderen Matten aufschreien. Das beruhigt mich irgendwie.

Auf Empfehlung des Masseurs gehen wir danach noch in die Thai-Kräuter-Dampfsauna, die leider bei unserer Ankunft noch sehr kalt ist. Die erste Sauna meines Lebens, in der ich friere. Nach 20 Minuten ist eingeheizt, und wir schwitzen unsere Poren sauber.

Das erschöpft mich so, dass ich mich erst einmal hinlegen muss. Wellness ist anstrengend, wer hätte das gedacht! Nam lacht, als ich ihr das mitteile, und sagt, dass wir sie in einer Stunde an der Bar des Resorts treffen sollen. Sie würde nur schnell ihren Vater abholen, er möchte uns kennenlernen und zum Essen ausführen.

»Mann, Paul, geht's uns gut!«, ächze ich, als wir beide auf unseren bequemen Betten liegen und die falschen Astlöcher begutachten. »Wie soll ich nach so einem Tag jemals wieder zurück auf die Straße?«

Nams Vater ist ein cooler Typ. Auch wenn wir nur über seine Tochter miteinander kommunizieren können, sieht man seiner Mimik an, dass er ein Mann mit Witz und Humor ist. Und er ist ein echter Businessmann und Realist. »Opportunist«, höre ich, wie Nams Stimme mich in meinem Kopf verbessert. Wenn man die beiden miteinander beobachtet, merkt man allerdings, wie gern Nam ihren Vater hat. Er denkt viel konservativer und traditioneller als sie, lebt ein Leben, gegen das sie rebelliert. Aber die beiden sind aus einem Holz geschnitzt.

Herr Bittak spricht mit dem Kellner, und wenig später steht der ganze Tisch voll kleiner und großer Schüsseln und Teller mit kunstvoll angerichteten Speisen. Paul probiert Froschschenkel und ich gebratene Ameiseneier, zumindest ist das Nams Übersetzung.

Wir erzählen Nams Vater von unserem Leben in Deutschland. Auf dem Handy zeige ich ihm einige der Möbel, die ich gebaut habe. Er ist begeistert. Eher beiläufig fragt er uns, ob wir Lust hätten, mit ihm ein weiteres Resort zu bauen, das Grundstück habe er schon, oder ob wir gegen Bezahlung in den umliegenden Dörfern Englisch unterrichten wollen, wenn wir mal wieder da sind. Beide Angebote finden wir super, aber weder das eine noch das andere hilft uns in unserer jetzigen Lage weiter.

Man spürt, dass Herr Bittak ein sehr sozialer Mensch ist. Er fühlt sich für seine Heimat verantwortlich, will Arbeitsplätze schaffen und jungen Menschen Bildung ermöglichen. Seltsam eigentlich, dass er gleichzeitig so konservativ ist, dass Nam zu ihm auf Distanz geht.

Als wir später im Bett liegen, stellen wir uns vor, wie es wäre, nach Thailand zu ziehen und hier zu arbeiten. »Isabel könnte Deutsch unterrichten«, sagt Paul, und ich überlege mir, wie ein Resort aussehen würde, wenn man mir freie Hand ließe. Würde Anka mitkommen wollen? Ohne sie mache ich das nicht. Es macht Spaß, ein bisschen rumzuspinnen und sich eine ganz andere Zukunft auszumalen. Überhaupt tut es gut, mal nicht nur an heute und morgen zu denken, sondern die Freiheit zu haben, eine viel weitere Perspektive einzunehmen. »Was passiert eigentlich, wenn wir zurück in Berlin sind?«, frage ich Paul.

»Wie meinst du das?«

»Ich meine, werden wir einfach da weitermachen, wo wir aufgehört haben, oder wird diese Reise ein Einschnitt sein, der alles verändert?«

»Darüber denke ich auch manchmal nach. Bei der letzten Reise hatte ich oft das Gefühl, dass das Reisen mein Lebenskonzept sein sollte. Jetzt weiß ich es nicht mehr. Im Moment habe ich eher Lust, mir etwas in Berlin aufzubauen.«

»Und Wurzeln zu schlagen?«

»Ja, warum nicht.«

»Und kaum sind ein paar Monate vergangen, schaust du dir die leeren Seiten in deinem Pass an und überlegst, welche Stempel darauf fehlen.«

»Vielleicht. Ich kann es dir nicht sagen.«

In der Nacht träume ich davon, dass wir die Reise in 79 Tagen geschafft hätten, aber total unglücklich waren. Erstens, weil wir direkt von Neu-Delhi nach Hause geflogen sind, und zweitens, weil wir uns um einen Tag vertan hatten und dachten, es wäre schon Tag 80.

Nach dem Aufwachen erzähle ich Paul davon.

»Ich weiß, was dahintersteckt«, sagt er. »Du fragst dich die ganze Zeit, so wie ich, wie du reagieren würdest, wenn Nams Vater sagen würde: ›So Jungs, raus mit der Sprache. Wie viel braucht ihr von mir, um nach Hause zu kommen?‹«

»Kann schon sein …«, antworte ich.

»Es ist wie dieses Spiel im Kopf, wenn man einen Lottoschein ausgefüllt hat. Man stellt sich vor, was man alles machen würde, wenn man gewinnt, und etwas später fragt man sich, ob es überhaupt gut ist, auf einen Schlag so viel Geld zu haben und sich seine Träume zu erfüllen, ohne dafür arbeiten zu müssen. Wie viel sind sie dann noch wert?«

»Was würdest du denn sagen, wenn er uns fragt?«

»Ich glaube, ich würde ihm anbieten, uns eine Arbeit zu geben, für die er uns mit einem Ticket nach Neu-Delhi bezahlt.«

»Also mit anderen Worten: Das Experiment soll weitergehen?«

»Ja, genau. Das hat doch auch dein Traum gesagt.«

Wir verbringen ein paar Tage in Nams kleinem Paradies. Morgens werden wir mit Frühstück (am Bett!) aus frittierten Bananen, verschiedenen Klebreisvariationen in Palmblättern, Fisch-Reissuppe, Kokospralinen und Kaffee geweckt. Tagsüber lassen wir uns in der atemberaubend schönen Natur mit Kajaks ein reißendes Flüsschen hinunterspülen, sehen eine echte Python, lernen Nams Familie kennen. Nachmittags helfen wir ihr dabei, sich für Filmstipendien in Deutschland zu bewerben, und abends gehen wir mit ihrem Vater essen und lassen uns sogar beinahe zum Karaoke-Singen überreden.

Aber schon am zweiten Tag unseres kleinen Urlaubs fällt es uns schwer, die Auszeit von den Strapazen wirklich zu genießen. Wie kommen wir bloß weiter? In Nakhon Si Thammarat haben wir bisher keinen Cent verdient, und die Zeit läuft uns davon. Unser in Bangkok geschmiedeter Zeitplan ist längst nicht mehr gültig, so langsam haben wir ein echtes, ein richtig großes Wunder nötig.

Als hätte Nam meine Gedanken gelesen, piepst kurze Zeit später Pauls Handy. Unsere Wohltäterin hat uns für den nächsten Tag ein Busticket nach Kuala Lumpur gekauft.

»Jetzt brauche ich ein Bier«, sagt Nam, nachdem wir zum Abschied mit ihrem Vater und Onkel zu Abend gegessen haben und sie uns zurück zum Ressort bringt. Im Laufe des Abendessens wurde wieder jede Menge Alkohol getrunken, und während ihr Vater, ihr Onkel und wir schon einen Schwips hatten, musste sie dabei zugucken und an ihrer Cola nippen. Vor ihrem Vater darf sie keinen Alkohol trinken. Absurderweise besteht dann aber der angeheiterte Vater darauf, das Auto zu steuern. Erst als er zu Hause war, durfte Nam übernehmen und uns zurückfahren. Nam steuert mit schnellen Schritten auf die Resortbar zu, aber wie es das Schicksal so will, hat diese bereits geschlossen. Also sitzen wir in dem verlassenen Pavillon im Dunkeln und unterhalten uns über den weiteren Verlauf unserer Reise.

»Wie wollt ihr denn eigentlich den Flug nach Indien bezahlen?«, fragt sie.

»Uns fehlt gar nicht mehr so viel«, antwortet Paul. »Den Rest versuchen wir, in Kuala Lumpur zu verd–«

Und schon fällt ihm Nam ins Wort: »Ich will nicht, dass ihr Zeit in Malaysia verschwendet. Ihr müsst nach Indien. Ich will euch dabei unterstützen. Wie viel fehlt euch?«

Wir schauen sie fassungslos an, dann uns, dann wieder sie. »Meinst du das im Ernst? Du hast schon so viel für uns getan!«

Aber natürlich meint Nam es ernst. Wer, wenn nicht sie. »Also, wie viel?«, fragt sie mit bohrendem Blick.

»3000 Baht«, überschlage ich.

»Sollt ihr kriegen«, sagt sie. »Wie gerne würde ich darauf anstoßen, aber es gibt nichts mehr zu trinken.« Sie schielt sehnsüchtig auf den abgeschlossenen Kühlschrank hinter der Bar. Dann steht sie ruckartig auf. »Genug für heute. Schlaft gut und trefft mich morgen um acht am Eingang, ich bringe euch zum Bus.«

Ich beobachte, wie die zierliche Person sich entlang der geschwungenen Wege zurück zum Parkplatz bewegt. Was für eine tolle Frau. Ich hoffe so sehr, dass wir ihr eines Tages auch so helfen können, wie sie uns.

Am nächsten Morgen buchen wir den Flug nach Indien, und Nam fährt uns fast 200 Kilometer zum Busbahnhof nach Hat Yay, vorbei an schneeweißen Sandstränden, die aussehen wie aus einem Hochglanz-Reisekatalog. Als wir an der Haltestelle unsere Anhänger aus dem Auto laden, hat Nam Tränen in den Augen. Und auch Paul und mir fällt der Abschied nicht leicht. Wir umarmen uns lange und versprechen uns gegenseitig, dass wir uns bald wiedersehen werden. Dabei steckt Nam Paul etwas in die Hosentasche und sagt, dass wir erst im Bus nachschauen dürfen, was es sei. Noch eine Umarmung, dann steigt Nam in ihr Auto ein und fährt zum Abschied hupend davon.

Zwar ist es ein gutes Gefühl, wieder unterwegs zu sein, aber ich werde das Luxusresort, die leckeren Essen und vor allem die Gespräche mit Nam und ihrem Vater vermissen. Jetzt bleibt mir nur noch Paul. Der hat gerade unser ganzes restliches Geld vor sich ausgebreitet und zählt die Scheine und Münzen. Zum Schluss lehrt er noch alle Taschen und stockt, als er etwas aus seiner Hosentasche zieht. »Tausend Baht«, flüstert er. Das war Nams heimliches Geschenk, das wir erst im Bus »auspacken« durften. Wahrscheinlich wusste sie, dass wir es nicht angenommen hätten, wenn sie es uns in die Hand gedrückt hätte. »Damit kommen wir sogar bis nach Neu-Delhi«, murmelt Paul.

Draußen ist es dunkel, und das leise Surren der Reifen auf der Straße macht mich schläfrig. Als wir zwei Stunden gefahren sind, werde ich geweckt. Ein Suchscheinwerfer durchleuchtet den Bus. Wir sind an der Grenze zu Malaysia. Alle Passagiere müssen aussteigen, und während der Bus sich in eine lange Schlange von Fahrzeugen einreiht, laufen die Passagiere voraus zur Passkontrolle.

Alles verläuft problemlos, und so sitzen wir eine gute Stunde später wieder im Bus auf unseren Sitzen und rollen auf Kuala

Lumpur zu. Als wir am Busbahnhof ankommen, sind wir beide angespannt. Wieder ein anderes Land, wieder eine andere Währung, wieder andere Preise, anderer Verkehr, andere Sitten. Man unterschätzt immer wieder, mit wie viel Stress es verbunden ist, sich stets umzustellen.

Jedes Mal beginnt man bei null, die Wortfetzen, die man gerade erst gelernt hat, gelten nicht mehr. Wie funktioniert dieses Land? Was kostet ein Taxi, ein Brot, ein Kaffee, woher bekommt man Trinkwasser, ohne dafür Geld auszugeben? Wo kann man Geld wechseln, und wie weit wollen wir uns überhaupt auf Malaysia einlassen, wenn wir schon heute Abend im Flieger nach Indien sitzen? Eines wird schnell deutlich: Malaysia ist teuer. Außer einer Instant-Nudelsuppe können wir uns keine Nahrungsmittel leisten, und der Bus zum Flughafen kostet die Hälfte von dem, was wir für den Zug von Visakhapatnam nach Neu-Delhi recherchiert haben.

»Unmöglich, den Bus können wir nicht nehmen«, sage ich.

»Was willst du dann machen, laufen?«, fragt Paul angenervt.

»Trampen? Was weiß ich, aber ich schleudere nicht das Geld raus, das uns nach Neu-Delhi bringen soll!«

Wir finden ein WLAN und recherchieren neu. Irgendwann findet Paul einen Bus, der zwar länger braucht, aber nur 4 Euro für uns beide zusammen kostet. Das können wir uns gerade so leisten.

Am Flughafen angekommen hole ich uns heißes Wasser in einem Kiosk und koche die restlichen *MAMA Noodles,* weil wir schon wieder riesigen Hunger haben. Währenddessen packt Paul routiniert unsere Koffer um: Alle Messer und andere, im Handgepäck verbotenen Gegenstände wandern in das Aufgabegepäck und alle Lithiumbatterien und Akkus in das Handgepäck. Wir vergessen dabei etwas die Zeit, und als uns schreckhaft bewusst wird, wie spät es schon ist, rennen wir los. Im Aufzug zu den Abfluggates steht neben uns eine Frau und isst ein Magnum-Eis. Das Knacken der Schokolade macht mich beinahe wahnsinnig. Ich stelle mir vor, wie ich es ihr entreiße und es mir mit einem einzigen Happs komplett in den Mund schiebe. Das »Pling« des Aufzugs reißt mich aus meinen Träumen.

Nachdem wir endlich unser Gepäck los sind, rennen wir los, unser Flug wurde schon mehrfach aufgerufen. Die Gänge im Flughafen sind endlos lang, und unser Gate ist natürlich ganz am hinteren Ende. Während Paul noch an einem letzten Sicherheitscheck seine Tasche auspacken muss, komme ich am Gate an, und mir sackt das Herz in die Hose. *Last Call* steht da bedrohlich blinkend, und es ist keiner mehr da, außer einer Flugbegleiterin. Paul, verdammt, denke ich und schaue den langen Gang entlang. Da ganz hinten kommt er. Schnell gehe ich zu der Frau, die mich wortlos in die Gangway schieben will, als ich gerade noch klarmachen kann, dass der allerletzte Passagier noch fehlt. Als er endlich da ist, schließen sich hinter uns die Glastüren, und kaum dass wir den ersten Fuß ins Flugzeug gesetzt haben, ertönt »*Boarding completed*«. Glück gehabt.

Sobald die Maschine in Visakhapatnam aufsetzt, klatschen die Passagiere, und im Handumdrehen entsteht ein unglaubliches Gedrängel. Mehrfach fordert die Crew die Leute auf, sich wieder zu setzen, bis wir am Terminal sind, aber immer wieder stehen erst vereinzelt Leute auf und dann immer mehr. Noch bevor wir das Gate überhaupt erreicht haben, sind fast alle Leute im Gang und versuchen, ihre sämtlichen Taschen und Koffer aus den Ablagen zu zerren. Ein gigantisches Chaos, das keinem hilft. Bis dieses Durcheinander so weit ist, dass man von Bord gehen kann, vergehen sicher 20 Minuten. Ich bin müde, durstig und dünnhäutig. Wir haben seit der Nacht im Resort nicht richtig ruhig geschlafen und Tausende von Kilometern hinter uns gebracht.

Warum versuchen alle gleichzeitig, als Erste das Flugzeug zu verlassen? Was hat man davon? Als auch wir endlich aus dem Flugzeug steigen, verstehe ich die Aufregung. Die Schlange an der Grenzstelle ist mittlerweile so lang und die Beamten so gründlich, dass es gute zwei Stunden dauern könnte, bis wir dran sind. Ich könnte ausflippen.

Doch dann geht alles schneller als gedacht. Kurz nachdem wir unsere *arrival card* mal wieder mit fiktiver Adresse ausgefüllt haben, diesmal einfach nur »Hilton Hotel New Delhi«, sind wir auch schon an der Reihe. Der Beamte ruft uns beide gleichzeitig zu sich. Weil unser Geburtsdatum im Pass identisch ist, scheint er davon auszugehen, dass das Ausstellungsdatum das Geburtsdatum ist, und fragt uns ungläubig: »*You are only six years old?*«

Bevor ich verstehe, was er meint, antworte ich: »*No, no, we are* 33«, und deute auf das Geburtsdatum.

»*We?*«, fragt er zurück, guckt verdutzt und dann klingelt es: »*You are twins!*«, sagt er so laut, dass alle anderen aufschauen. Jetzt dreht er sich zu seinen Kollegen um, deutet auf uns und ruft lachend: »*Twins!*«

Ich bin immer wieder überrascht, was für eine Sensation das für manche Leute ist. Für mich ist es das Normalste der Welt.

Endlich stempelt der Beamte unsere Pässe ab und reicht sie uns: »*Welcome to India*«, sagt er überschwänglich. Ich kann mich gerade gar nicht freuen. Ich bin zu müde, zu durstig, unsere Nacht wird noch sehr anstrengend, ich will einfach nur schnell alles hinter mich bringen.

Als wir nach der Passkontrolle auf den Zoll zulaufen, kommt eine Frau auf uns zu. Sie ist in einen weißen, bauchfreien Sari gekleidet. In strengem Ton fordert sie uns auf zu warten. Ich frage mich warum, sie wirkt nicht, als ob sie hier arbeiten würde, denn das Flughafenpersonal trägt Uniform. Als sie sich schwungvoll umdreht, erkenne ich auf ihrer Schulter ein Abzeichen. Dieses bauchfreie Gewand ist eine Uniform! Und so, wie es aussieht, hat die strenge Dame hier das Sagen, denn in ähnlich harschem Ton berät sie sich nun mit den anderen Zollbeamten, die allesamt männlich sind und in ihren khakifarbenen, eng sitzenden Uniformen mit langen, durchsichtigen Schlagstöcken und blauen, schief aufsitzenden Kappen aussehen wie aus einer anderen Zeit.

Immer wieder deutet Frau Feldwebel auf unsere Anhänger. »O Mann, hoffentlich nehmen sie uns nicht komplett auseinander«, raunt mir Paul zu. Aber das Gegenteil passiert. Nachdem wir uns mal wieder erfolgreich dumm gestellt haben und den Inhalt mit Kamera und Campingequipment beschrieben haben, winken sie uns doch glatt ohne einen einzigen Blick ins Gepäck durch.

Draußen wartet ein Verkehrschaos auf uns, Taxis, Tuk Tuks, Menschen mit Gepäckwagen, auf denen sich die Koffer stapeln. Wir haben keine Ahnung, wie wir zum Hauptbahnhof kommen, und fragen einen Polizisten. Der sagt uns, wo ein Bus abfährt, und verrät uns noch, dass wir ein günstigeres Tuk Tuk auf der Hauptstraße in einiger Entfernung vom Flughafen bekommen können. Das würde höchstens 30 Rupien kosten zum Hauptbahnhof, wir sollen auf keinen Fall mehr zahlen. Wir bedanken uns und laufen unsere ersten Meter nach Indien hinein. Die Straßen sind dunkel, ich erkenne nicht, wie es hier eigentlich aussieht. Alle zwei Meter kommt ein Mann auf uns zugerannt und will uns ein Tuk Tuk oder ein Taxi anbieten. Erst wollen sie 500 Rupien und je weiter wir uns vom Flughafen entfernen, desto tiefer sinken die Preise. Nach wenigen Hundert Metern sind es nur noch 200, was aber noch immer weit über dem Preis von den genannten 30 liegt. Als wir an der Hauptstraße ankommen, komme ich mir vor wie ein verschrecktes Tier, das vor lauter Reizüberflutung nicht mehr weiß, wo oben und unten ist. Der Verkehr ist so dermaßen unkontrolliert und schnell, dass es absolut unmöglich scheint, auf die andere Straßenseite zu wechseln. Das Chaos in Kombination mit dem Linksverkehr macht die Überquerung in unserem übermüdeten Zustand zu einer riesigen Herausforderung.

In einer nicht enden wollenden Kette fahren uralte, überladene LKW, prächtig beleuchtet mit Lichterketten, ohne Türen und mit offenen Motoren, mit irrsinniger Geschwindigkeit an uns vorbei. Der aufgewirbelte Staub der Straße mischt sich mit den Lichtern zu einem beinahe mystischen, bunt eingefärbten Dunst, aus dem immer wieder neue Fahrzeuge hervorschießen.

Paul und ich schauen uns verzweifelt an. »Wir müssen irgendwie auf die andere Seite, um zur Bushaltestelle zu kommen«, sage ich. Mittlerweile haben sich zu uns ein paar Inder gesellt, die unser Vorhaben neugierig beobachten. »*Just go*«, sagt einer und macht dabei einen mutigen Schritt vorwärts auf die Straße, dazu eine einladende Handbewegung. Der Verkehr schert sich nicht um ihn, sondern weicht lediglich ein wenig aus. Tatsächlich erkenne ich aber in diesem Moment eine mögliche Lücke, die ich zwar in Deutschland niemals nutzen würde, aber es ist die beste Gelegenheit, die sich seit Minuten geboten hat. Ich laufe auf die erste Spur und attackiere von dort aus die zweite. Jetzt nur noch eine …

Von Paul höre ich die ganze Zeit nur »Achtung, pass auf, warte …«, aber tatsächlich bildet sich um mich so etwas wie eine Blase, der Verkehr fließt um mich herum. Schnell laufe ich weiter und behalte dabei vor allem die großen, trägeren LKW im Auge. Vor der dritten Spur zögere ich kurz, und das wird sofort bestraft. Prompt schließt sich vor mir die Lücke und ich stehe zwischen zweiter und dritter Spur gefangen auf der Straße.

Keiner regt sich auf, alles scheint normal, allerdings lässt mich auch niemand weiter. Ich beschließe, erneut mit mehr Zielsicherheit einen Schritt nach vorne zu machen, und schaffe es so endlich auf den Mittelstreifen, den Fels in der Brandung. Ich schaue zurück. Paul wagt es nun auch, und so schaffen wir es tatsächlich nach gut 15 Minuten endlich auf die andere Seite der mörderischen Autobahn.

Der letzte Bus ist schon vor zwei Stunden gefahren, und so bleibt uns nichts anderes übrig, als die zehn Kilometer zu laufen oder ein Tuk Tuk zu nehmen. Etwas weiter unten an der Kreuzung sollten sie sogar nur noch 25 Rupien kosten, sagt uns ein Mann.

Fix und fertig erreichen wir die Kreuzung. Kaum dort angelangt, löst sich ein Junge aus einer Gruppe herumstehender Halbstarker, kommt auf uns zu und fängt einfach wortlos an, an den Griffen meines Anhängers zu zerren. Genervt und vielleicht etwas zu grob nehme ich seine Hand und drehe sie weg. Er wird aggressiv und schreit mich an. Nun hab ich richtig

Angst. Wenn jetzt ein paar seiner Kumpel Lust darauf haben, mich zu vermöbeln, dann wäre das der perfekte Anlass. Schnell gehen wir weiter und lassen den aggressiven Jungen mit seinen Freunden hinter uns, sie folgen uns glücklicherweise nicht.

Wieder kommt ein junger Mann auf uns zu. Ich warte skeptisch ab, was er anbietet und bin positiv überrascht. Er will uns ein Tuk Tuk besorgen, das uns für nur zehn Rupien zum Bahnhof fährt. Woher auch immer er wusste, dass wir dorthin wollen, wir folgen ihm zuversichtlich mit der Aussicht darauf, diese Odyssee endlich hinter uns zu bringen. Doch als wir endlich einsteigen wollen, will er auf einmal 100 Rupien. Paul regt sich über die dreiste Verhandlungsweise auf, sagt ihm, dass wir nicht reich seien, nur weil wir weiße Haut hätten, zieht mich am Arm mit sich und läuft wütend davon. Gerade in diesem Moment hält eine Polizeistreife neben uns und fragt, ob alles in Ordnung sei. Wir erklären die Situation, und der Polizist meint nur: »100 Rupien sind ein fairer Deal, als Touristen werdet ihr darunter nichts finden.« Wir sind resigniert, aber angesichts der späten Stunde und der müden Knochen, geben wir uns die Blöße und gehen zurück zu dem Tuk Tuk-Fahrer. Der hat uns unsere Tiraden nicht übel genommen und packt nun wieder das Gepäck ein.

Die Fahrt geht durch Gegenden, wie ich sie in meinem Leben noch nicht gesehen habe: riesige Müllberge türmen sich am Straßenrand, und sogar um diese späte Uhrzeit klettern Kinder und Straßenhunde darauf umher, um nach Ess- oder Verwertbarem zu suchen. Es stinkt bestialisch nach Aas, Müll und Fäkalien. Die Straße ist so schlecht, dass das Tuk Tuk hin und her kurven muss, um die riesigen Schlaglöcher zu umfahren. Willkommen in Indien, geht mir der Gruß des Grenzbeamten wieder durch den Kopf. Die Leute hier müssen Müll essen, und wir machen ein Abenteuerprojekt in diesem Land. Das alles kommt mir gerade so unglaublich doof vor.

Nach einer Weile stehen wir vor dem Bahnhof. Das gesamte Gelände ist buchstäblich gepflastert mit Menschen, die auf dem Boden schlafen, essen und warten. Wir bahnen uns den Weg zum Ticketschalter. Ich versuche, mich anzustellen, aber mit meinen europäischen Manieren komme ich nicht weit. Immer wieder drängeln sich Menschen an mir vorbei, und sogar als ich endlich am Ticketschalter stehe, halten Menschen an mir vorbei dem Beamten Geld hin, um vor mir dranzukommen. Trotzdem klappt es irgendwann. Ich frage den Mann am Schalter nach zwei Tickets nach Neu-Delhi, und der, ganz anders als erwartet, sagt: »Das macht dann 250 Rupien pro Person.«

»Ähm«, stottere ich. »Sind Sie sicher?« Ich weiß aus mehreren Quellen, dass die Tickets mindestens 2000 kosten.

»Natürlich bin ich sicher«, antwortet der Mann leicht genervt. »Aber Sie brauchen eine Reservierung und die gibt's am Reservierungsschalter.«

Das ist der Haken. Die Reservierung ist das Teure.

Am anderen Schalter angekommen, finden wir eine riesige Schlange vor. Als wir endlich an der Reihe sind, sage ich: »*We need a reservation to New Delhi*«, und glaube nicht wirklich daran, dass wir eine bekommen. Der Beamte sieht kurz in seinen Computer und macht dann eine Kopfbewegung, die ich nicht deuten kann. Ich habe diese Bewegung schon bei vielen Indern gesehen, es eine Art fließende Mischung aus Kopfschütteln und Nicken, und genau das versteht man dann auch. Ich bin also unsicher und frage noch mal: »Gibt es noch eine?« Wieder macht der Mann die Bewegung, und diesmal untermalt er sie mit einem »Die nächste Reservierung habe ich erst wieder für Züge in sieben Tagen.«

»Was?!«

»Tut mir leid, Sir.«

Enttäuscht drehe ich mich zu Paul um, der hinter mir wartet. Ich fühle mich, als ob ich gleich zusammenbrechen würde. Der ganze Stress hierher, alles für nichts, und noch viel schlimmer: Sieben Tage an diesem Ort ohne Aussicht auf ein Weiterkommen, sieben verlorene Tage!

Aber wie schon so oft auf dieser Tour, wenn man gerade denkt, dass es keinen Ausweg mehr gibt, kommt von irgendwoher Hilfe.

Ein junger Mann, der das Drama mitbekommen hat, nimmt mich am Arm, dreht mich um und drängt sich mit mir zum Schalter zurück. Er redet mit dem Beamten auf Hindi. Es ist eine lange Diskussion, bis er sich schließlich mir zuwendet und sagt: »Es gibt noch zwei Reservierungen aus dem Touristenkontingent. Die können nur Auswärtige kaufen. Wollt ihr sie?«

Ich fasse mein Glück nicht. »Ja, klar!«, rufe ich und krame nach den fast 3800 Rupien, die wir dafür brauchen. Mist, denke ich, wir haben nicht genug gewechselt. Ich drehe mich zu Paul um: »Lauf und wechsle das restliche Geld in Rupien, wir haben zwei Tickets, schnell!«

Paul ist perplex, läuft aber sofort los.

Die nächsten Minuten werden unerträglich. Immer wieder muss ich den Beamten hinhalten und ihm sagen, dass wir die Tickets wollen, aber noch kurz Geld wechseln müssen. »*I am sorry*«, fängt der Beamte gerade einen Satz an und will mir mitteilen, dass er die Tickets jetzt an jemand anderen verkaufen werde. »Ich hab's«, ruft da Paul hinter mir und reicht mir über die drängelnde Menschenmenge hinweg ein Bündel Geldscheine. Sekunden später halten wir die Tickets in den Händen.

Kaum ist die Panik überwunden, bemerke ich, wie unglaublich erschöpft ich bin. Die Reise hierher seit unserem Abschied von Nams Paradies war ein Höllenritt. Erst die Nacht im Bus, in der wir trotz verhältnismäßigem Luxus nie länger am Stück ein Auge zugemacht haben, dann der Tag im schwülen und heißen Kuala Lumpur, am selben Abend der Flug, auf dem wir nicht schlafen konnten und nichts zu trinken hatten, weil es zu teuer war, die Fahrt zum Bahnhof, der Kampf um das Ticket – ich bin nur noch ein Bündel offen liegender Nerven und kaum in der Lage, meine Knochen zu bewegen. Noch drei Stunden, bis der Zug abfährt. Den dürfen wir nicht verpassen. Jetzt bloß nicht einschlafen.

Gescheitert
24. JULI, TAG 80, NEU-DELHI, INDIEN, KONTOSTAND: ₹ 690,12

PAUL

Ich wache auf und schaue aufs Handy. 24. Juli. Tag 80. Ich liege in einer Bahnhofswartehalle in Neu-Delhi. Die Chancen, im Laufe des heutigen Tages die Haustür in der Friedelstraße aufzuschließen und meine Freundin in den Arm zu nehmen, sind gleich null. Das Experiment ist offiziell gescheitert.

Natürlich wusste ich das auch gestern und vorgestern und selbst vor fünf Tagen schon, und dennoch versetzt es mir einen Stich. Ich verliere nicht gerne. Und das hier fühlt sich an wie eine große Niederlage.

So groß der Schock bei der Ankunft in Visakhapatnam gewesen sein mochte – das war noch immer nichts im Vergleich zu der Ankunft in Neu-Delhi. Gestern, als unser Zug in dieser Riesenstadt eintrudelte, wurde mir klar, warum jeder, der einmal in Indien war, sagt, es sei das verrückteste Land der Welt. Unvorstellbare Menschenmassen drängeln sich auf den Bahnsteigen, dazwischen versuchen Taxifahrer, sich ihre Gäste zu angeln. Der Ausgang des Bahnhofs ist so zugestellt mit Taxis, dass man beinahe gar nicht nach draußen kam, ohne zumindest durch ein Taxi regelrecht hindurchzukriechen. Alles zerrt an einem, von den Langfingern, die versuchen, einem in die Tasche zu greifen, über die Gepäckträger, die versuchen, einem das Gepäck abzunehmen, bis zu den Taxi- und Autofahrern, die versuchen, einen in ihre Wagen zu ziehen. Und nicht zuletzt sind da noch die Schlepper, die einem direkt die nächste Reise verkaufen wollen. Hansen und ich waren gnadenlos überfordert.

»Lass uns einfach erst mal hier weggehen«, meinte Hansen und lief einfach drauflos, weg vom Bahnhof. Ich folgte ihm und versuchte, mir ebenfalls einen Weg durch die Massen zu bahnen. Nach etwa hundert Metern war alles etwas ruhiger. Wir liefen in Richtung einer Brücke, hinter der wir eine große Straße vermuteten, vorbei an endlosen Reihen von Essensständen, Werkbänken und bettelnden kleinen Kindern, die uns bald in einer Traube folgten.

Ich ging zu einem Stand und fragte, was die Flasche Wasser kostet. »40 Rupien«, sagte die Frau, was, so viel hatte ich schon gelernt, unverschämt teuer war für eine 0,7-Liter-Flasche. Als ich ablehnte und mich umdrehte, stand ein freundlich grinsender, älterer Inder vor mir. Irgendetwas schien mir an diesem Menschen anders zu sein. Er hatte mitbekommen, was ich für die Flasche zahlen sollte, und stellte sich vor: »*My name is Tyran, you want water? Come with me, come.*« Etwas zögerlich folgten wir ihm zu seinem Stand. Dort nahm er unsere leeren Wasserflaschen und füllte sie mit kaltem, klarem Wasser aus einem Kanister. »Gefiltertes Trinkwasser«, versicherte er uns und nahm zum Beweis selbst einen Schluck. Als ob das noch nicht genug gewesen wäre, holte er zwei eisgekühlte Litschi-Limonaden aus dem Eisfach und schenkte sie uns. Was für ein Mann! »*Excuse me*«, fragte er dann höflich. »Nimmt das auch Ton auf?«, und zeigte auf unsere Kamera. Als wir bejahten, fragte er: »Okay, kann ich ein Lied singen?«, und nickte dabei übereifrig. Nach einem kräftigen Zug an seiner Bidi-Zigarette legte er los und stimmte das Lied »I Wanna Go Home« von Billy Grammer an. Dabei wippte er mit dem ganzen Körper, und die Kinder tanzten um ihn herum. Was für ein wunderbares Willkommen mitten im Chaos von Neu-Delhi. Kurz darauf bahnten wir uns unseren Weg weiter durch die Straße, vorbei an Mais-Grillständen.

Das Chaos wird wieder schlimmer, je weiter man nach Alt-Delhi hineinkommt. Neben extrem baufälligen Häusern stehen mehrstöckige, aus Blech und Holz gezimmerte, windschiefe Hütten, Werbeschilder an jeder nur erdenkbar nutzbaren Fläche kämpfen um die Aufmerksamkeit mit waghalsigen Versprechungen. Im Erdgeschoss eines jeden Hauses werden Geschäfte gemacht. Auf der Straße drängeln sich Fahrräder, Rikschas, Motorräder, Autos, Tuk Tuks, LKW und zwischen all den Gefährten laufen gemütlich ein paar Kühe herum wie anderswo nicht mal Katzen oder Hunde. Beobachtet wird das Ganze von sich gegenseitig lausenden Affen, die auf den Stromleitungen, den Dächern und den Regenrinnen herumturnen.

Hansen und ich standen, auffällig durch unsere Hautfarbe, Größe und die Anhänger, mitten in diesem bunten, überbordenden Bild. Unser erstes Ziel war noch immer, ein WLAN zu finden, aber es schien aussichtslos. Niemand konnte uns weiterhelfen.

Wir brauchten das WLAN vor allem, um mit Karim in Kontakt zu treten. Ihn hatten wir in Hongkong kennengelernt und über die ganze Reise hinweg mit ihm Kontakt gehalten. Als wir eine Adresse brauchten, an die wir unsere frischen Pässe mit den Visa für Usbekistan, Kasachstan und Russland schicken lassen konnten, bot er uns seine an. Außerdem erhofften wir uns, bei ihm schlafen zu können. Draußen auf der Straße, das ging hier in Delhi nicht.

Als es schon langsam dunkel wurde, wir noch immer keine Schlafgelegenheit oder Internet gefunden hatten, kamen wir am Kashmere Gate an. Uns war beiden klar, dass der erste Tag an einem neuen Ort immer der härteste ist, aber wir hatten in diesem Moment wirklich jede Hoffnung verloren, dass es hier noch irgendwie weitergehen sollte.

Am Eingang der U-Bahn trafen wir dann unseren nächsten Engel. Oder er traf uns, denn Shahid sprach uns von sich aus an.

Sein Englisch war perfekt, er arbeitet als Journalist bei einer *news*-Plattform, und er findet unsere Geschichte faszinierend. Shahid ließ uns mit seinem Handy das Internet nutzen und rief Karim an, um von ihm die gute Botschaft zu erfahren, dass unsere Pässe angekommen waren und wir auch ab morgen bei ihm übernachten konnten.

»Und heute?«, fragte Hansen.

»Zurück zum Bahnhof«, fiel mir dazu ein.

Wir tauschten noch Nummern mit Shahid aus und verabredeten uns für die nächsten Tage. »In Neu-Delhi lass ich euch nicht allein«, versprach uns unser neuer Held. »Vielleicht kann ich sogar einen Job für euch auftreiben.«

Wie schon in Visakhapatnam haben wir uns letztendlich wieder in dem klimatisierten *Sleeper Class*-Warteraum im Bahnhof eine Schlafecke eingerichtet. Auch wenn man eigentlich ein Ticket braucht, wird man als Weißer nicht danach gefragt. Rassistisch, aber in diesem Fall nutzten wir den Vorteil, den das für uns hatte. »Morgen ist Tag 80«, hatte sich Hansen in den Schlaf verabschiedet.

Was das bedeutet, wird mir heute – jetzt – erst bewusst. Morgen ist jetzt heute. Wir sollten eigentlich zu Hause sein, sind wir aber nicht. Das Experiment ist gescheitert. Aber die Reise geht weiter.

Film ab!

Nach Hause

VON NEU-DELHI BIS BERLIN

Zwischen Welten

24. JULI, TAG 80, NEU-DELHI, INDIEN, KONTOSTAND: ₹ 690,12

Hansen

Es gibt diese Tage, da wacht man bester Laune auf, obwohl es gar keinen Grund dafür gibt. Die ganze Nacht hindurch waren die Zug-Abfahrtszeiten der nächsten zehn Stunden mit einem lauten Gong in Hindi und Englisch angekündigt worden. In dem überfüllten *Sleeper Class*-Warteraum hatten unsere Matten nur vor den Eingangsbereich der Bahnhofstoilette gepasst. Ich kann also nicht einmal behaupten, dass ich besonders gut geschlafen hätte – und trotzdem bin ich guter Dinge. Heute ist der 80. Tag, wir müssten jetzt auf dem Weg zum Flughafen sein, um noch rechtzeitig in Berlin anzukommen. Das sind wir aber nicht. Wir werden es also nicht schaffen und irgendwie entlastet mich das. Obwohl ich oft wahnsinnige Sehnsucht nach Berlin habe und mir nichts mehr wünsche als eine Butterbrezel mit Bergkäse – heute bin ich glücklich, hier zu sein. Und zu wissen, dass ich mich ein paar Tage lang auf diese irre und betörend chaotische Stadt einlassen kann. Die Aussicht darauf, heute Nacht bei Karim übernachten zu können und den hilfsbereiten Shahid wiederzutreffen, lässt mich schnell aus dem Schlafsack kriechen.

Paul scheint heute der Grummeligere zu sein, er liegt noch auf dem Boden und hat seine Augen starr auf die Anzeigetafel gerichtet. »Ich geh dann mal duschen«, sage ich und greife nach Zahnbürste und Seife.

In den Bahnhofstoiletten gibt es einen Schlauch, mit dem man sich abspritzen kann. Erst klemme ich alle Klamotten zwischen die Wasserleitungen in der Ecke, damit sie nicht nass werden, und dann kann es losgehen. Als ich fertig bin, steht vor der Toilette eine lange Schlange ungeduldiger Inder. Während ich mich im Flur anziehe, verstehe ich, warum: Wofür ich mindestens fünfzehn Minuten gebraucht habe, das bringen die Profis in zwei bis drei hinter sich.

Als Paul so weit ist, machen wir uns auf den Weg zur U-Bahn Hauz Khas, um zu Karims Haus in der Nähe von Sarvapriya Vihar zu fahren. »Hauz Khas klingt wie Indisch für Hüttenkäse«, kalauere ich, aber Paul grinst nur schief.

Sarvapriya Vihar im Süden Delhis ist ein schickes, grünes Wohnviertel. In der Umgebung stößt man überall auf Spuren aus dem 14. Jahrhundert. Hinter einem hohen Zaun zeichnen sich im staubigen Himmel die Fassaden der vergleichsweise prächtigen Häuser ab. Das Tor zum Viertel wird bewacht, uns lässt man aber ohne Probleme passieren. Paul fragt einen der beiden Wachmänner nach dem Weg und bekommt eine gestenreiche Antwort, die nur schwer zu deuten ist, gefolgt von der uns mittlerweile vertrauten Mischung aus Kopfschütteln und Nicken, dem sogenannten *head bobble*.

Wir laufen an einem schönen Park vorbei, in dem sich die gemauerten Überreste eines alten Wasserreservoirs befinden. Kein Vergleich mit dem Gedränge im Zentrum. Auch wenn Neu-Delhi die Stadt mit der dreckigsten Luft ist, hier kann man durchatmen. Karim hat uns gestern am Telefon gesagt, dass wir einfach vorbeikommen sollten. Unsere Pässe seien bei seiner Tante, die im selben Haus wohnt, gut aufgehoben, und solange er noch im Süden Indiens sei, könnten wir in seinem Zimmer schlafen. Klingt beinah zu einfach.

Das schlichte Haus in vergilbter Farbe liegt hinter einer hohen Mauer mit einer großen Gittertür. Noch bevor wir klingeln können, öffnet sich die große schwarze Pforte wie von selbst. Vor uns steht ein uniformierter Wachmann. »Zu wem wollt ihr?«, fragt er mit stark indisch eingefärbtem Englisch.

Paul erklärt ihm, dass Karims Tante uns bereits erwarten würde, da sie ein Paket für uns empfangen habe. In diesem Moment erscheint auf dem obersten Balkon des dreigeschossigen Hauses eine Gestalt im Bademantel, die mit schriller Stimme etwas herunterschreit.

Sie unterhält sich mit dem Wachmann, der uns zu verstehen gibt, dass wir warten sollen. Kurze Zeit später erscheint die Frau erneut auf dem Balkon und teilt uns auf Englisch mit, dass sie das Paket an die Tür bringen lasse. Nicht ganz, was wir erwartet hatten. Etwas baff schauen Paul und ich uns an. Eigentlich sollte die Frau uns doch auch den Schlüssel zu Karims Wohnung geben. Der Wachmann kommt zurück und drückt uns ein Päckchen mit deutschem Absender in die Hand. Es sieht aus, als hätte es schon jemand geöffnet. Paul reißt das Papier auf und seufzt erleichtert: »Alles da«, sagt er und blättert in den frisch gedruckten Pässen. »Usbekistan, Kasachstan, Russland.«

Der Wachmann weist uns freundlich die Tür, und so stehen wir wie bestellt und nicht abgeholt wieder auf der falschen Seite der Pforte. Weiß die Tante denn gar nichts von Karims Angebot, uns bei ihm einzuquartieren? Paul bittet den Wachmann, die Tante zu fragen, ob sie Bescheid wisse und uns den Schlüssel besorgen könne. Er geht zu einer Sprechanlage und gibt Paul kurz darauf ein Zeichen, ihm zu folgen. Ich warte draußen bei den Anhängern, bis eine mir inzwischen wohlbekannte Stimme vom Balkon ruft: »Worauf wartest du denn? Komm rein!« Ich weiß nicht, ob ich mich vor Karims Tante fürchten soll oder ob ich nur ihre etwas harsche Stimmlage fehlinterpretiere.

In der zweiten Etage des kühlen, dunklen Hauses angekommen, treffe ich auf meinen Bruder. »Erst die gute oder die schlechte Nachricht?«, fragt er mich.

»Die schlechte.«

»Karims Tante sagt, dass es gerade keinen Schlüssel für seine Wohnung gebe, da die Putzfrau ihn hat. Die gute: Sie hat uns etwas zu essen angeboten!«

In diesem Moment erscheint die etwa fünfzigjährige Frau, die nun statt des Bademantels ein elegantes Kleid trägt. Sie führt uns in ein Zimmer mit Marmorboden, das mit schweren Holzmöbeln und einer Ledercouch eingerichtet ist. Sie bittet uns, Platz zu nehmen, und erklärt auch mir die Situation. Ich habe das Gefühl, dass sie ein wenig genervt ist von unserem Anliegen. Außerdem wirkt es, als sei sie in Eile.

Das Essen wird nur wenige Minuten nachdem wir uns gesetzt haben, von einem kleinen Jungen gebracht, der offenbar zum Team der Hausangestellten gehört. Es besteht aus Biryani, Fladenbrot und gemischtem Currygemüse und schmeckt vorzüglich. Ich frage mich zwar, wie mein seit Tagen nur kümmerlich gefüllter Magen mit dieser Riesenportion umgehen wird, aber es wäre eine Schande, etwas verkommen zu lassen, erst recht in unserer finanziell prekären Lage.

Die Tante beobachtet uns neugierig und gibt uns den ein oder anderen Rat zu gewissen scharfen Zutaten, die wir als Europäer besser auf dem Teller liegen lassen sollten, und wie man das gulaschartige Fleisch fachmännisch mit dem *Roti* vom Teller nimmt. Kaum sind wir fertig, erklärt sie uns ihre Aufbruchsstimmung. Sie will mit ihrer Tochter shoppen gehen. Den Wink mit dem Zaunpfahl verstehen wir, bedanken uns für das Essen, nehmen unsere Rucksäcke und verabschieden uns.

»Schade«, sagt Paul, als wir wieder vor dem Tor stehen. »Ich hatte mich schon so auf ein richtiges Bett gefreut.«

Wir sitzen eine Weile am Straßenrand und überlegen, wo wir einen Schlafplatz finden könnten. »In dem Park vielleicht?«, schlägt Paul vor.

»So, wie die das Viertel bewachen, glaube ich nicht, dass das geht.«

»Wir könnten Shahid anrufen, vielleicht hat er eine Idee.«

»Ja, klar!« Paul kann über das WLAN der Tante Skype benutzen und wählt Shahids Nummer. Niemand hebt ab.

Wir warten noch fünf Minuten, ob er sich zurückmeldet, und stehen dann auf. In diesem Moment ertönt die leicht knarzige Frauenstimme hinter uns. »*Boys!*«, ruft Karims Tante und winkt mit einem Schlüssel. »Die Putzfrau war gerade da. Ihr könnt bleiben!«

Ob das stimmt oder ob sie mit ihrem Neffen Rücksprache halten wollte, um erst einmal abzuklären, ob sie die beiden Landstreicher wirklich hereinlassen kann, ist mir egal. Wir haben ein Bett!

»Shahid hat geschrieben«, sage ich wenig später zu Paul, der sich gleich in die Federn geschmissen hat und nicht so aussieht, als wolle er so schnell wieder aufstehen. »Es bleibt bei heute Abend. Wir sollen zum Essen zu ihm kommen.«

Die nächsten paar Stunde vertrödeln wir und träumen von Grillabenden auf dem Tempelhofer Feld. »Isabel sagt, sie würde mich bald holen kommen, wenn es noch länger dauert«, lacht Paul, während wir unsere Sachen waschen und sie zum Trocknen auf den Balkon hängen. Dann mahnt er zur Eile: »Wir sollten endlich losgehen, sonst verpassen wir noch das Festmahl, wer weiß, wie lange wir nach Abul Fazal brauchen!« Paul hat recht. Shahid wohnt im muslimischen Stadtteil von Delhi. Und wir glauben kaum, dass man sich in einer derart chaotischen Stadt auf Busfahrpläne verlassen kann.

Trotz der Hitze ziehen wir das langärmlige Hemd und die Jeans an. Wir meinen, uns daran zu erinnern, dass kurze Hose und T-Shirt bei Muslimen nicht immer gerne gesehen sind. Draußen ist es jetzt dunkel, aber immer noch heiß. Die rötlichen Straßenlaternen werfen ihr Licht durch den Staub auf die dreckigen Straßen. Auf halbem Weg zur Busstation fährt ein weißer S-Klasse-Mercedes im Schritttempo neben uns her. Die Insassen sind durch die getönten Scheiben nicht zu erkennen. Als das Beifahrerfenster heruntersurrt, steckt eine Frau ihren Kopf heraus: »Wo wollt ihr hin?« Es ist Karims Tante, diesmal auf dem Weg in die Oper.

Als Paul ihr zeigt, wo wir hinmüssen und welche Verbindung wir uns rausgesucht haben, schüttelt sie resolut mit dem Kopf. Sie bittet Paul um Shahids Nummer und ruft ihn an. Sekunden später weiß sie, wie wir fahren müssen, und bringt uns zur richtigen Station.

Busfahren in Indien ist eine Wissenschaft für sich. Während der Fahrt springen Leute auf und ab, wirklich anhalten tut der Bus nie. Die Leute hängen in Trauben an den Türen, wie Insekten, die sich im Wasser an einem Schwimmkörper festhalten. Erst wenn der Bus schneller wird, sehen einige ein, dass sie wohl keinen Platz mehr finden, und lassen sich zurück in das hupende, staubige Meer aus Tuk Tuks, Rikschas und Motorrollern fallen. Auch Paul und ich brauchen mehrere Anläufe, bis wir den Dreh raushaben. Man muss dem ankommenden Bus schon entgegenlaufen, und während die Ersten abspringen, muss man einen Platz ganz vorn in dem laufenden Mob ergattern. Nur so hat man eine Chance reinzukommen.

Erst um kurz vor neun haben wir endlich den ersten Bus geentert. »Wenn das so weitergeht, kommen wir viel zu spät!«, rufe ich Paul zu, der wie eine zu lang geratene Ölsardine zwischen den anderen Passagieren im Gedränge steht. Aber telefonieren, um Bescheid zu sagen? Unmöglich. Einerseits, weil wir noch immer keine SIM-Karte haben, und selbst wenn: Die Motorgeräusche und die harten Schläge auf die Achse des Busses übertönen jedes Telefonat. Außerdem braucht man beide Hände, um sich festzuhalten, weil der Fahrstil des Busfahrers jenseits jeglicher Vernunft liegt. Vollbremsung, Vollgas, Vollbremsung, Vollgas. Abgelenkt von dieser Kamikazefahrt verpassen wir beinahe den Umstieg.

Um 21 Uhr 30 sind wir am vereinbarten Treffpunkt, dem Fortis Escorts Hospital. Leider kein Shahid weit und breit. Wir warten auf einer kleinen erhöhten Verkehrsinsel, um einen Überblick über Staub und Verkehr zu bekommen. »Zum Glück scheint Pünktlichkeit in Indien keine Tugend zu sein«, sagt Paul. Dann endlich, 20 Minuten später, bremst ein Motorroller neben uns. Es ist Shahid, selbstverständlich ohne Helm, der uns einlädt, auf seinem Sattel Platz zu nehmen. Wir sind überrascht, eigentlich hatten wir ein Auto erwartet. Aber wenn man sich aufmerksam umschaut, war diese Annahme ganz schön naiv. Ein Auto benutzt man hier erst, wenn man vier, fünf oder acht Personen befördern will. Für drei reicht ein Motorroller.

Das muss ein lustiges Bild sein: Vorne unser neuer Freund, dahinter: zwei Köpfe größer, erst Paul, dann ich. Die Federung des Rollers ist komplett am Anschlag, und bei der für Delhi üblichen rasanten Fahrweise staucht mir jede kleine Schwelle das Rückgrat zusammen. Es gibt hier keine Spuren oder Linien auf den Straßen. Ein Roller fährt da, wo Platz ist, und wenn kein Platz ist, hilft ein Hupen oder Klopfen auf das Dach des störenden Autos, um für Platz zu sorgen. Die Gassen werden immer kleiner, bis die Fahrt schließlich in einer Einfahrt endet.

Im dritten Stock eines Flachdachhauses wohnen Shahid, seine Eltern und seine Schwester. Er zeigt uns die Zimmer, stellt uns seine Familie vor und bittet uns dann, in seinem kleinen Zimmer Platz zu nehmen. Es ist hell und freundlich eingerichtet und dient offensichtlich sowohl als Arbeits- als auch als Schlafzimmer oder, wie jetzt: als Esszimmer. Er erzählt uns von seiner Arbeit als Journalist und dass er plane, in einem Jahr zum Studieren nach Deutschland zu gehen. Er ist brennend an unserer Reise interessiert, und während wir ihm erzählen, was wir bisher erlebt haben, tischt seine Mutter auf einem kleinen Couchtisch auf: Es gibt Buryani, Reis und Gemüse und eine Art Rindsgulasch. Plötzlich hat Shahid eine Idee: »Ich arbeite für eine Nachrichtenagentur, die hat Millionen Follower. Wenn ich über eure Reise berichte, findet sich bestimmt jemand, der euch hilft, weiter nach Kirgisistan zu kommen!«

»Mann, das wäre absolut perfekt!«, rufe ich und verschlucke mich beinah am Fladenbrot.

Noch lange reden wir über Gott und die Welt, insbesondere die politische Situation zwischen Indien und Pakistan und die Konflikte zwischen Hindus und Muslimen in Neu-Delhi. Shahid möchte außerdem alles über unser Leben in Berlin erfahren. Wie dort mit Muslimen umgegangen wird, ob es eine indische

Community gibt, wie man als Student lebt. Wenn er ein Stipendium bekommt, würde er am liebsten in Berlin studieren.

Die Zeit vergeht so schnell, dass es für den Bus schon zu spät ist. Shahid bietet an, uns zum Taxistand zu bringen und ein Tuk Tuk nach Hause zu zahlen. Am Stand besteht er darauf, uns – obwohl wir völlig überfressen sind – noch ein Eis auszugeben, und verabschiedet sich mit einem »*See you!*« in die Nacht.

Was für ein schöner Abend. Mit Karim und Shahid haben wir schon am zweiten Tag in Neu-Delhi zwei echte Freunde gefunden. Gestern hatte ich noch Panik, die Stadt würde uns einfach verschlucken. Heute, ausgerechnet an Tag 80, sieht die Welt ganz anders aus.

Shakeel

27. JULI, TAG 83, NEU-DELHI, INDIEN, KONTOSTAND: ₹ 658,94

PAUL

Irgendwann musste es ja passieren. Pünktlich am 81. Tag wurden wir beide krank. Erst Hansen, der schon am Morgen mit Schüttelfrost aufwachte, und ich im Laufe des Abends. Den ganzen nächsten Tag verbrachten wir damit, abwechselnd auf die Toilette zu laufen. Derjenige, der es gerade hinter sich hatte, suchte im Internet nach einem billigen Hotel, da Karim später aus Hyderabad nach Hause kommen würde und wir ihm sein Zimmer wieder überlassen wollten. Wir hatten noch umgerechnet 9 Euro, von denen wir Bahn fahren, essen und irgendwo übernachten mussten.

Tatsächlich habe ich ein Hotel gefunden, in dem wir heute Morgen wie gerädert aufwachen. Es ist eine Baustelle. Die Klimaanlage funktioniert nicht, beziehungsweise der Besitzer hat einfach die Sicherung rausgedreht. Hansen hat sich immer wieder zu dem Kasten geschlichen, um sie wieder in Gang zu setzen, aber das hielt nie lange an. Gut, 390 Rupien – bei diesem unschlagbaren Preis darf man darüber nicht schimpfen. Jetzt bleiben uns noch 270. Dafür gibt es auch in Indien nichts. Für heute Nacht müssen wir uns etwas Neues überlegen.

»Shahid schreibt, er wüsste etwas«, liest mir Hansen wenig später eine SMS vor.

Ich bin immer noch schlapp und leicht fiebrig. Eine Ibuprofen 600 muss helfen. Wir brechen in Richtung Connaught Place auf. Dort wollen wir versuchen, etwas Geld zu verdienen und uns später mit Shahid im muslimischen Viertel Abul Fazal Enclave zu treffen.

Der Verkauf unseres Schmucks läuft mehr schlecht als recht, sehr schlecht sogar. Angesichts der vielen bettelnden Menschen fühlt es sich auch einfach falsch an. Wie soll man einer Frau, die einen Säugling auf dem Arm hat und uns anfleht, ihr etwas zu geben, klarmachen, dass wir nichts entbehren können, wenn wir zugleich mit iPhone und Kamera unterwegs sind?

Die Menschen hier sind angewiesen auf Touristen, die Geld hierlassen. Und wir sind hier, um Geld zu verdienen. Das Schlimmste daran ist, wir haben es eigentlich noch nicht einmal nötig. Ein Griff in die Tasche mit der Notfallkreditkarte und wir könnten ins nächste Hotel gehen, der Bettlerin etwas zu essen kaufen und in ein paar Tagen wieder zu Hause sein.

Wäre es nicht viel wichtiger, Menschen zu helfen, anstatt unser Projekt durchzuboxen und angeblich hilflos an ihnen vorbeizulaufen?

Ich merke, Hansen fühlt dasselbe. Wir sind ziemlich wortkarg in der nächsten Stunde. Ist unser Projekt nur ein riesengroßer Egotrip? Mein ohnehin flauer Magen fühlt sich noch leerer an.

»Ich habe eine Idee«, sage ich nach einer langen Pause. »Wie wäre es, wenn wir all das Geld, das wir unterwegs verdient und geschenkt bekommen haben, nach der Tour aus eigener Tasche für einen guten Zweck spenden. Damit haben wir zwar nicht den Menschen hier geholfen, aber vielleicht ist es sogar eine langfristigere Unterstützung als jetzt die Tour zu beenden und ein paar von ihnen noch 10 Euro in die Hand zu drücken.«

»Ich weiß nicht, Paul. Irgendwie sträubt sich in mir alles bei diesem Gedanken. Nicht wegen des Geldes, viel eher weil es wie eine Absolution ist. Sich im Nachhinein für etwas zu entschuldigen, ist niemals so gut wie den Fehler erst gar nicht zu machen.«

»Ich verstehe, was du meinst. Aber trotzdem! Es wäre eine gute Sache. Und wenn wir das hier durchziehen, können wir uns auf diese Art bedanken.«

»Irgendwas müssen wir tun, das ist klar. Vergessen werde ich diese Situationen so schnell nicht.«

Nachmittags bauen wir unseren Verkaufsstand ab und fahren wieder ins muslimische Viertel. Eine andere Welt. Hier scheint man Touristen so selten zu sehen, dass man nicht darauf vorbereitet ist, einen Vorteil aus ihrem Besuch zu schlagen oder Geschäfte zu machen.

Die Menschen grüßen freundlich, schütteln einem kurz die Hand, lassen uns aber ansonsten in Ruhe. Die Enclave ist tatsächlich durch einen Graben von dem Rest der Stadt getrennt, beinahe wirkt es wie in Ghetto. Um zu Shahid zu gelangen, passieren wir den Kanal über eine kleine Fußgängerbrücke. Der Graben ist bis oben hin mit Müll vollgestopft. Die schwarze Suppe, die an der einen oder anderen Stelle durch die Abfälle hindurch zu erkennen ist, wirkt wie das giftigste Konzentrat der Welt. Es blubbert und stinkt bis zum Himmel. Ich will gar nicht wissen, welche neuartigen Bakterien hier entstehen.

Wir biegen in eine kleine Seitengasse ein und laufen an einer Gruppe Herren vorbei, die gemütlich in einem Stuhlkreis im Schatten sitzen, plaudern und rauchen. Wir sagen Hallo und werden prompt eingeladen, einen kleinen Zwischenstopp einzulegen. Während wir noch kurz zögern, weil wir nicht wissen, ob die Zeit reicht, holt einer von ihnen schon zwei weitere

Plastikstühle und erweitert die Runde. Shahid wird sowieso nicht pünktlich sein und wenn, dann hat er die Nummer der SIM-Karte, die wir heute billig erstanden haben.

Vom jungen Mann bis zum blinden Tattergreis ist in unserer Herrenrunde jeder vertreten. Der Wortführer, ein weiser Herr mit akkurat gestutztem Bart, heißt Nazim und spricht perfektes Englisch. Ein anderer, Surya, ist der Bidi-Beauftragte. In regelmäßigen Abständen fischt er ein paar der starken Kräuterzigaretten aus einem Paket, zündet sie an und verteilt sie dann in der Runde. Als ich vier Mal hintereinander abgelehnt habe, lasse ich mich beim fünften Mal zu einem Zug überreden. Dazu wird Tee und *Kachori*, mit Linsen gefüllter Sauerteig, gereicht. Der aufmerksame Nazim will gern wissen, was uns ausgerechnet hierher, an den Stammplatz dieses bunt gemischten Freundeskreises, geführt hat. Wir beginnen zu erzählen, und er übersetzt für den Rest der Runde. Der Älteste in der Runde nickt immer mal wieder ein, wacht dann kurze Zeit später mit einem leichten Zucken wieder auf und tut, als sei nichts gewesen. Ich fühle mich in dieser Runde augenblicklich wohl.

Nazim ist schwer beeindruckt von unserer Reise. Als ich ihm von den Erlebnissen am Mittag erzähle, die uns so an unserem Vorhaben zweifeln lassen, hält er kurz inne und sagt dann mit einer Stimme, der man alles glauben will: »Seht ihr, was ihr macht, hat eine weit größere Bedeutung, als einfach nur günstig um die Welt zu kommen. Es geht hier nicht um Geld, sondern darum den Menschen zu zeigen, dass es überall auf der Welt, in jeder Kultur und jeder Nation, Leute gibt, die gut sind und die gerne helfen. Ob sie wohlhabend sind oder arm. Ihr verzichtet selbst auf vieles, um das herauszufinden. Ich bin sehr beeindruckt und hätte selbst nicht gedacht, dass so etwas gelingen kann. Aber jetzt sitze ich hier mit euch, 83 Tage, nachdem ihr losgereist seid, und das zeigt mir, wie wundervoll die Welt ist. Ihr zeigt der Welt, wozu sie fähig ist«, sagt der kluge alte Mann, und ich bekomme Gänsehaut bei seinen Worten. »Ich bin sehr dankbar dafür, dass ihr diese Reise auf euch genommen habt. Ihr dürft nicht aufgeben, bevor ihr nicht am Ziel seid. Das seid ihr all den Menschen, die euch geholfen haben und an euch glauben, schuldig.«

Es ist, als hätte der Himmel diesen Mann geschickt. Die ganzen letzten Tage und Wochen, seitdem wir in ärmeren Ländern unterwegs sind, hatte ich immer wieder große Zweifel, ob dieses Projekt richtig ist. Ich weiß, dass auch Hansen diese Fragen quälen. Nazim hat dem Ganzen kurz vor Schluss noch eine neue Bedeutung gegeben. Ich schwöre mir in diesem Moment, nicht aufzugeben. Egal, wie lange es noch dauert.

Am nächsten Tag wollen wir es mit dem Geldverdienen richtig angehen. Selbst die 500 Rupien, die wir im Bus nach Lissabon geschenkt bekommen haben, um ein Bier mit einem Inder zu trinken, mussten wir schon anbrechen. Das geht nicht. Das Geld muss wieder rein und für den versprochenen Zweck ausgegeben werden, und davon abgesehen, brauchen wir Mäuse, Schotter, Zaster, was auch immer, um weiterzukommen!

Hansen läuft vor mir her, als ein Motorrad neben mir hält. Der Fahrer klappt das Visier seines Helms auf – der erste Helm, den ich in Neu-Delhi sehe –, schaut mich freundlich und neugierig an und fragt, ob er irgendwie behilflich sein kann. Ich erzähle ihm, was mein Bruder und ich vorhaben, und er rollt langsam neben mir her, bis wir zu Hansen aufgeschlossen haben.

»Ich bin Shakeel, wie Shaquille O'Neal«, sagt er. »Ihr seid meine Gäste. Jetzt muss ich zur Arbeit, aber gebt mir eure Telefonnummer, und ich schicke euch meine Adresse.« Wir tauschen die Nummern aus, und Shakeel braust mit einem »*See you later!*« davon.

Wir stärken uns mit *Samosas* von einem Straßenstand und einer Flasche Wasser. Wie gut das schmeckt nach all dem Wasser, das wir aus Brunnen oder Wasserhähnen abzapfen und erst mit den mitgebrachten Chlortabletten trinkbar machen.

»Meinst du, wir können uns auf Shakeels Angebot verlassen?«, frage ich.

»Ich wünschte, dass es so wäre, aber mittlerweile habe ich das Gefühl, es ist besser, immer einen Plan B parat zu haben. Wie oft sind wir schon enttäuscht worden, wenn uns etwas angekündigt worden ist. Überleg mal!«

»Stimmt leider!«

»Das heißt ja nicht, dass man das den Menschen vorwerfen kann. Manchmal sind die Pläne einfach zu optimistisch, wie gestern bei Shahid.«

Den Schlüssel für die leer stehende Wohnung, den er uns besorgen wollte, hat er doch nicht bekommen. Schließlich halfen uns aber unsere Freunde von der Straßenecke weiter. Einer der Männer brachte uns zu der Großküche, in der seine Frau arbeitet, und verpflegte uns, ein anderer machte sein Zimmer frei, damit wir dort übernachten konnten.

»Trotzdem haben wir in Indien bisher viel Glück gehabt. Vielleicht sollten wir einfach daran glauben.«

»Paul, wir haben nur noch ein paar Cent in der Tasche. Du kannst gern ans Glück glauben, aber wir müssen heute Geld verdienen, um uns notfalls eine Bleibe leisten zu können!«

Genau in diesem Moment piepst mein Telefon. Auf dem Display steht *»Shakeel Mohammed has added 500 Rupies to your account«*. Ich halte Hansen das Handy hin. Wir schauen uns verdattert an. Wie kann das sein? Wir haben seit gestern vergeblich versucht, unsere SIM-Karte aufzuladen, aber der Betrag, den wir uns maximal hätten leisten können, war zu gering. Bis jetzt konnte man uns anrufen, andersherum aber nicht. Shakeel muss irgendwie von seinem Guthaben etwas auf unser Konto übertragen haben.

»Ich glaube, der meint es ernst!«, lache ich glücklich. »Und er denkt mit. Wir hätten ja gar nicht mit ihm kommunizieren können, wenn er uns kein Geld auf die Karte geladen hätte. Das ist ein gutes Zeichen wenn wir uns auf jemanden verlassen können, dann auf Shakeel!«

Am Abend, nach einem schlechten Businesstag am Connaught Place, machen wir uns auf den langen Weg zu der Adresse unseres Gastgebers im muslimischen Viertel. Nach zweistündiger Busfahrt sind wir sogar ausnahmsweise zu früh da. Shakeel, der fünf Minuten später anbraust, parkt sein Motorrad und führt uns zu dem Eingang des mehrstöckigen Hauses, in dem er mit seiner Frau und seinen beiden Söhnen wohnt. »Lasst eure Koffer hier stehen, wir müssen in den vierten Stock«, sagt er. Erst zögern wir, immerhin ist in diesen zwei weitgereisten Kästen alles, was wir auf dieser Reise besitzen. Shakeel bemerkt unsere Unsicherheit und vertreibt diese mit einem Lächeln. Er hat eine so direkte und verlässliche Art, dass man ihm alles anvertrauen würde. Die Anhänger, unser Ein und Alles, sind ein guter Anfang.

Im vierten Stock des Hauses öffnet sich, noch bevor wir die letzte Treppenstufe erklommen haben, wie von Geisterhand die Tür. Ein kleiner Junge steckt vorsichtig seinen Kopf heraus und schaut uns neugierig an. »Das sind Paul und Hansen, die ich auf der Straße getroffen habe«, sagt Shakeel auf fließendem Englisch zu seinem Sohn Arslan. Die Tür öffnet sich ein Stück weiter, und Shazia, Shakeels Frau, heißt uns herzlich willkommen.

Unser Gastgeber zeigt uns seine sehr gemütlich eingerichtete Wohnung. Dunkle schwere Holzfurniermöbel an den Wänden, eine graue ausgesessene Couch, eine kleine Küche, aus der es herrlich duftet, zwei Schlafzimmer und zwei Bäder. In der Mitte das Wohnzimmer, nach dem sich alle anderen Räume ausrichten. »Das hier wird euer Zimmer sein für heute Nacht«, sagt er und zeigt uns eine Nische mit einem Doppelbett, an dessen Fußende ein ziemlich moderner Computer steht. Shakeel bemerkt meinen interessierten Blick und erklärt uns, dass er Video-Animationen für Fernsehen und Werbung macht und sein eigenes Studio gegründet hat.

Sein zweiter Sohn, Ali, kommt gerade nach Hause und begrüßt uns in einwandfreiem Englisch. Als wir ins Wohnzimmer zurückkommen, stehen da unsere beiden Anhänger. »Wie sind die denn hierhergekommen?«, frage ich. »Der Portier hat sie gebracht«, antwortet Shakeel.

»Aber das hätten wir doch selber machen können!« Ich bin peinlich berührt. Die Anhänger sind tonnenschwer! Außerdem sind sie unhandlich, dreckig und haben scharfe Kanten.

»Ihr seid meine Gäste«, antwortet Shakeel in bestimmtem Tonfall.

Shazia tischt das Essen auf, bringt Getränke, serviert Nachtisch und bleibt selbst die ganze Zeit über in der Küche. Als ich mich anbiete, ihr zu helfen, und Anstalten mache, die Küche zu betreten, pfeift ihr Mann mich zurück.

Er selbst sei noch tolerant, aber bei anderen Familien wäre ein fremder Mann in der Küche fast mit Fremdgehen gleichzusetzen. Die Küche sei das Reich der Frau, da habe der Besuch nichts zu suchen.

Das Essen zieht uns das Blut aus dem Gehirn in die Magenregion, und ich werde todmüde. Shakeel, der aufmerksame Gastgeber, bemerkt das sofort und schlägt uns vor, vor dem Schlafengehen noch auf das Dach des Hauses zu steigen. Wir folgen ihm die Stufen hinauf und sind oben von der Aussicht wie benommen. Der Fluss, die Moscheen und Hindutempel Delhis liegen unter uns in einem gelblichen Meer aus Lichtern. Wir lauschen den abendlichen Gebetsgesängen, dem Hupen und Brummen der Motorräder. Die Luft hier oben ist klarer als in den Straßen und auch deutlich kühler. Wir bleiben eine Weile, und Shakeel erklärt uns die verschiedenen Gebäude. Als wir wieder hinuntersteigen, macht Shakeel nicht vor seiner Wohnungstür halt, sondern eine Etage tiefer. Er dreht einen Schlüssel im Schloss und lässt uns einen Blick in eine bis auf ein paar Kartons leere Wohnung werfen.

»Das ist ab morgen euer Reich«, sagt er. »Die Wohnung wollen die Nachbarn ausbauen, aber im Moment steht sie noch leer. Wenn Shazia geputzt hat, lege ich euch eine Matratze hinein, und ihr könnt so lange bleiben wie ihr wollt.«

Wir fallen Shakeel vor Glück um den Hals, er scheint von unserem Gefühlsausbruch überrumpelt und klopft uns höflich auf die Schulter.

»Womit haben wir das eigentlich verdient?«, fragt Hansen mich, kurz bevor wir in einen tiefen Schlaf fallen.

Während der nächsten Tage werden wir zu Familienmitgliedern der Mohammeds. Morgens weckt Shakeel uns mit Kaffee, Omelett und Toastbrot, dann nehmen wir den Bus Nummer 181 von der Haltestelle Okhla Head aus zum Connaught Place zur »Arbeit«. Inzwischen kennen wir die Stationen, die Schlaglöcher, die Bremsschwellen. Wir wissen, wie man einsteigt, ein Ticket löst, wo man die Koffer am besten unterbringt, wo die guten und wo die schlechten Plätze sind. An der Station angekommen, rollen wir los und suchen uns einen Platz an dem kleinen Amphitheater, wo wir uns auffällig platzieren und anfangen, Schmuck zu produzieren. Ich bin unmotiviert, aber Hansen legt direkt los: Spirale links rum, Spirale rechts rum, schleifen, polieren, Armreif fertig. Spiralen ineinander verdrehen, schleifen, schmieden, Ring fertig. In kürzester Zeit hat sich um uns eine beinahe unheimlich große Menschenmenge versammelt, leider kein kaufkräftiges Publikum, sondern die anderen Straßenhändler – unsere Konkurrenz. Sie scheinen aber an einem Deal interessiert zu sein: uns den Schmuck abkaufen und teurer weiterverkaufen.

Es dauert nicht lange, bis der Erste fragt, wie viel so ein Ring kosten soll. Da wir aus Prinzip keine festen Preise haben, sondern die Leute geben sollen, was sie möchten, sagen wir auch jetzt wieder: »Entscheide du, was ein fairer Preis ist.« Da sind wir bei den Händlern aber an die Falschen geraten. »Eine Rupie«, grinst der Erste. Das ist weniger als 2 Cent. Zwar hatten wir uns zur Regel gemacht, dass wir den vorgeschlagenen Preis immer annehmen, aber wenn wir das in dieser Situation tatsächlich machen würden, sind wir gleich all unsere Schmuckstücke für einen Preis los, von dem wir uns nicht mal ein *Samosa* leisten könnten.

Während Hansen mit den Händlern diskutiert, klingelt mein Handy. Es ist Karim, der wissen will, wie es uns ergeht. Ich klage ihm unser Händlerleid, und er lacht. »Was macht ihr denn auch da, ihr Dummköpfe? Geht lieber in die Bargegend von Hauz Khas Village – da ist das kaufkräftige Publikum. Warum habt ihr mich nicht früher gefragt? Geht Freitag, geht Samstag und ich schwöre euch, ihr habt das Geld für den Flug zusammen.«

Ich stupse Hansen daraufhin in die Seite und gebe ihm ein Zeichen, dass er nichts verkaufen soll. Wir beratschlagen uns und planen, am nächsten Tag so viel Schmuck wie möglich zu schmieden, Shakeel mit Reparaturen im Haus zu helfen und abends in die schicke Ausgehmeile zu ziehen. »Karim und ein paar Freunde wollen auch dorthin«, sage ich. »Da muss es einfach besser laufen. Hier haben wir jetzt wirklich alles probiert.«

Beim nächsten Frühstück erzählen wir Shakeel von unserem Plan. »Das ist sicherlich eine gute Idee, Jungs», sagt er »Aber ich habe mir auch meine Gedanken gemacht. Ich möchte euch den Flug nach Bischkek zahlen. So geht ihr auf Nummer sicher und kommt endlich wieder nach Hause.«

»Auf gar keinen Fall«, ruft Hansen. »Was du für uns getan hast, ist schon viel zu viel!«

Shakeel zieht ein ernstes Gesicht. Ich kenne das schon: keine Widerrede, heißt das. »Wir machen Folgendes: Ihr verdient heute und morgen Abend so viel ihr könnt. Ich bezahle euch den Rest.« Und schon verlässt er mit einem kurzen Gruß unser Zimmer.

Dieser Deal macht mich nervös. Ein Mann aus Indien, mit Frau und zwei Kindern, in einer überschaubaren Wohnung, will uns umgerechnet bis zu 350 Euro für einen Flug zahlen. Das ist hier vermutlich ein Monatsgehalt. Er wird sich aber, wie ich ihn kenne, auch nicht davon abhalten lassen. Gestern, als wir abends mit ihm in einem kleinen Supermarkt an der Ecke waren, wollte der Verkäufer kein Geld von uns.

»Wisst ihr das nicht? Für deutsche Zwillingsbrüder ist das Einkaufen in diesem Laden umsonst!«, lachte Shakeel. »Das steht doch draußen groß an der Tür!«

Natürlich hatte er heimlich für uns bezahlt. So ist er. Mit dem Handyguthaben fing es an, mit dem Flug hört es auf, wenn wir nichts dagegen unternehmen.

Ich bin skeptisch, dass wir an zwei Abenden genug zusammenbekommen. »Wir haben in den letzten vier Tagen gerade mal 100 Rupien verdient und etwa 300 ausgegeben. Wie sollen wir es da jetzt auf 10 000 am Tag schaffen?«

Hansen lässt das nicht gelten und kommt mir mit dem Wunder.

»Aber was, wenn kein Wunder geschieht? Gibt es nicht einen anderen Weg, wie wir es Shakeel ›heimzahlen‹ können?«, frage ich.

»Na ja, einen wüsste ich«, sagt Hansen. »Wir machen ihm eine Website. Er will doch Fotograf werden, da braucht er sicher eine.«

Eilig recherchieren wir, ob er schon eine hat und ob die Domain mohammedshakeel.com noch zu haben ist, und schmieden dann einen Plan. Shakeel wird am Samstag verreisen und erst am Sonntagabend wiederkommen. In der Zeit werden wir hier in der Wohnung ungestört und ohne sein Wissen die Website bauen. Das ist zwar nicht als gleichwertiger Gegenwert zu verstehen, aber eine Überraschung ist es allemal. Jetzt haben wir quasi zwei Optionen, uns aus dem moralischen Morast zu ziehen: Arbeiten und Geld verdienen auf der Straße und zudem eine professionelle Foto-Website bauen. Beides zusammen genügt fürs Erste, um mein Gewissen halbwegs zu beruhigen.

Als ob unsere Zweifel durch die Decke zu hören waren, kommt Shakeel mit Motorradhelm unterm Arm in die Wohnung und sagt, dass er wisse, wie wir ihm helfen könnten. Die Eingangstür im Erdgeschoss habe einen automatischen Schließer, der sei kaputt. »Die bräuchte etwas Aufmerksamkeit von technisch versierten Zwillingen«, gibt er uns mit einem Augenzwinkern zu verstehen und verabschiedet sich zur Arbeit.

Ein gefundenes Fressen für Hansen, den Hausmeister. Keine zehn Minuten später hat er das übel zugerichtete Herzstück des

Mechanismus in der Hand. »Die einzigen Werkzeuge, die wir haben, sind Rohrzange und Säge, was man hier bräuchte, wäre wohl eher eine komplette Schmiede«, sagt er und guckt verzweifelt auf das Stückchen Metall in seinen Händen.

Ich kenne diese Situationen nur allzu gut. Wenn irgendetwas Technisches ausweglos scheint, braucht man nur einen Satz zu sagen und in Hansen legt sich ein Schalter um: »Ich glaube, es ist unmöglich, diesen Mechanismus zu reparieren.« Ich schaue ihn mit gespielt ernstem Blick an. Hansen weiß schon, dass ich ihn hier gerade auszutricksen versuche, aber er kann nicht anders. Hört er das Wort »unmöglich«, wird er es so lange probieren, bis es doch geht.

Wir nehmen die Teile mit in die Wohnung und suchen nach einer Lösung. Dazu ist es immer hilfreich, die Anhänger komplett auszumisten und alles, was einem in die Hand fällt, als Inspiration zu betrachten. Im letzten ausgeräumten Winkel kommt Hansen auf eine Idee. Wir haben seit Anfang der Tour Kabelbinder dabei, die er nie wegschmeißen wollte. »Ich wusste immer, dass ich sie irgendwann brauchen werde!«, ruft er und macht das Hansen-Heureka-Gesicht. Ich verstehe nur Bahnhof. Hansen erklärt, dass richtig starke Kabelbinder, und gleich zwei Dutzend davon, das Problem lösen könnten. Statt den Mechanismus wie zuvor mit Schrauben im dünnen Blech der Tür zu befestigen, spannen wir die Kabelbinder einmal komplett um den Rahmen herum. Dann sind die abgebrochenen Halterungen am Herzstück des Türschließers auch nicht mehr wichtig. Gesagt getan.

Als ich noch meine Hand im Rahmen habe, versucht Hansen, der das nicht bemerkt, erst vorsichtig und dann mit einem festen Knall, die Tür zu schließen. »Ahhhhh!!!« Ich schreie so laut auf, dass die Katzen in der Straße einen Satz machen. »Du Vollidiot, mein Finger!!! Du hast mir den Finger zerquetscht!!!« Mir wird leicht schwindelig vor Schmerzen. Der Stahlrahmen der Tür hat sich komplett um meinen kleinen Finger geschlossen. Ich halte den schon blau anlaufenden Finger mit meiner anderen Hand umschlossen. Rasend vor Schmerz trete ich die

Tür auf und renne nach oben ins Zimmer. »Mach doch deinen Scheiß alleine«, rufe ich Hansen noch zu.

»Aber immerhin schließt sie jetzt, wenn dein Finger nicht im Weg ist«, ruft der mir hinterher. Ich könnte platzen vor Wut!

Mit dem ersten großen Schmerz schwindet auch der Ärger. Hansen fertigt Schmuckstücke an, während ich weiter an der Website bastele. Unter einem Vorwand haben wir uns Shakeels tolle Kamera geliehen und die schönsten Bilder auf den Server geladen.

Als wir gerade aufbrechen wollen, kommt Shakeel nach Hause, und bittet uns zu sich hoch. Er will uns heute Abend mit der Kamera begleiten und fotografisch festhalten, wie wir versuchen, unser Geld zu verdienen – es ist für ihn eine perfekte Gelegenheit, seine Fähigkeiten als Dokumentarfotograf zu schulen, sagt er.

Wir trinken also noch einen Kaffee, und ehe wir uns versehen, ist es schon zehn Uhr. Shakeel schlägt vor, mit dem Auto zu fahren, so sind wir schneller. Die Straßen sind schlammig und nass, es hat den ganzen Abend heftig geregnet. Hoffentlich trübt das die Partylaune der Neu-Delhi Society nicht.

Als wir ankommen, müssen wir in einiger Entfernung parken, denn wie bei einem Festival strömen die Menschenmassen in das Viertel. Aber Karims Tipp scheint richtig gewesen zu sein: Bevor wir überhaupt in der Nähe der Partymeile sind, haben wir schon die ersten 500 Rupien verdient, und es geht weiter. Alle paar Meter halten wir an, erzählen unsere Geschichte anhand des auf Hansens Bauchladen installierten leuchtenden Globus, und präsentieren die Schmuckstücke und Schlüsselanhänger in dem schwarzen Kästchen, das auf meinem Bauchladen montiert ist. Wir sind ein großartiges Team, und mit der Übung, die wir mittlerweile darin haben, unsere Geschichte zu erzählen, schaffen wir es immer wieder, ganze Gruppen zu fesseln. Es hilft auch, dass Shakeel uns mit seiner Kamera beobachtet. Als wir die Straße das erste Mal durchzogen haben, klingeln schon ganze 4000 Rupien in unserem Beutel. »Wahnsinn!«, flüstere ich meinem Bruder ungläubig zu.

Um ein Uhr haben wir schon gut 7000 verdient und treffen im Getümmel auf Karim und seine Freunde. Die Gruppe ist gut angeheitert, einer seiner Freude sogar ziemlich betrunken. Karim stellt uns vor, und wir erzählen von unserer Tour, als der Betrunkene sein Portemonnaie zückt und uns 2000 Rupien in die Hand drückt. Wir schauen Karim fragend an, doch der nickt uns aufmunternd zu. Schon okay, keine Sorge!, sagt sein Blick. Wir bedanken uns, und schon nimmt er seinen Geldbeutel wieder aus der Tasche und zieht diesmal alle Scheine heraus, die sich darin befinden. Insgesamt sind das umgerechnet fast 100 Euro! Ein richtiger Stapel Geld.

»Das können wir nicht annehmen, morgen bereust du es bestimmt!«, sagt Hansen, aber der Mann will nichts davon wissen.

»Keine Sorge, der kann sich das leisten«, sagt Karim.

Trotzdem fühlen wir uns unwohl dabei, von einem Menschen, der nicht ganz klar im Kopf ist, so viel Geld anzunehmen. »Frag ihn bitte morgen noch mal, wenn er nüchtern ist. Wenn er es sich anders überlegt, geben wir ihm da Geld zurück«, sage ich.

Da meldet sich der großzügige Trunkenbold erneut zu Wort: »Ich zahl euch den Flug zurück nach Hause«, kündigt er an.

»Aber wir brauchen nur einen nach Bischkek.«

»Ist das euer Zuhause?«

»Nein, das ist Berlin, aber in Kirgisistan geht unsere Reise weiter.«

»Aber ihr wollt doch nach Hause. Ich zahle euch den Flug nach Berlin«, tönt er. Und so geht das weiter. Es ist sinnlos, ihm zu erklären, dass wir erst einmal nur nach Kirgisistan wollen, und so endet die Diskussion damit, dass Karim ihn beiseitenimmt und ruhig auf ihn einredet. »Ich bringe ihn jetzt mal nach Hause«, sagt er grinsend in unsere Richtung und führt seinen schwankenden Freund ab. Der dreht sich aber noch ein letztes Mal ruckartig um: »Okay, aber wenn ihr nach Berlin wollt … lasst es mich wissen!«, bricht es aus ihm hervor. Dann verschwindet die Truppe im Gedränge.

So langsam ist die Luft raus, wenn man selbst nüchtern ist, strengt es an, mit Betrunkenen zu reden. Aber wir wollen weitermachen bis zum bitteren Ende – diese Welle müssen wir ausreiten. Außerdem sind wir es Shakeel schuldig, alles zu geben. Leider macht uns dann die Sperrstunde um zwei Uhr morgens einen Strich durch die Rechnung. Als hätte sie eine Viehherde vor sich, treibt eine im schrillen Befehlston schreiende Polizistin – Spitzname »der Besen«, wie wir erfahren – die Betrunkenen vor sich her zum Ausgang. Es funktioniert. Keiner traut sich, sich hinter sie zurückfallen zu lassen. Die Straße ist in kürzester Zeit wie leer gefegt.

Shakeel ist beeindruckt, wie viel Geld wir verdient haben. »So viel Geld verdienen viele in Neu-Delhi kaum in einem Monat!«, sagt er, und ich glaube, er spricht auch von sich. Ich bin schwer erleichtert, dass es so gut lief. Erstens konnten wir Shakeel zeigen, dass wir alle Gelegenheiten nutzen, um das Geld, das er uns morgen für die Flugbuchung vorstrecken will, zurückzuzahlen, und zweitens wissen wir jetzt fast mit Sicherheit, dass wir in bald in Bischkek sind.

Goodbye India

3. AUGUST, TAG 90, NEU-DELHI, INDIEN, KONTOSTAND: ₹ 6600,30

PAUL

Zwei Tage später haben wir zwar nicht ganz so viel Geld verdient, dass wir Shakeel die gesamten Flugkosten sofort zurückzahlen können, aber es hat fast gereicht. Zwei Mal sind wir zurück in die Bargegend gegangen, bis wir von der strengen Polizistin, weggescheucht wurden.

Shakeel besteht darauf, dass wir 7000 zur Reserve einbehalten sollen, falls in Kirgisistan etwas schiefläuft.

Wieder verwahrt sich der immerzu lächelnde Retter jeder Diskussion. »Belehrt mich nicht, ich weiß, was ich tue«, sagt er. Er versichert uns, dass ein Großteil des Geldes von einem wohlhabenden Freund stamme, dem er von uns erzählt hat. Ob er unser Gewissen damit nur beruhigen will, wissen wir nicht, aber es erleichtert uns tatsächlich ein wenig.

Für unseren letzten Tag in Neu-Delhi hat Shakeel uns eine To-do-Liste geschrieben, die wir abarbeiten sollen, um ein Mindestmaß an kulturellen Sehenswürdigkeiten erlebt zu haben: Dilli Haat, ein Basar, und Qutub Minar, ein altes Minarett, stehen auf dem Programm. Zuerst wollen wir uns aber noch von Shahid verabschieden und jemanden finden, den wir mit unseren 500 Rupien aus Lissabon zu einem Bier einladen können. Wir versuchen beides miteinander zu verknüpfen, aber auch Shahid trinkt natürlich keinen Alkohol. Ein erster und ein zweiter Mann, den wir auf dem Heimweg ansprechen und einladen wollen, winken ab. Der zweite gibt uns zu verstehen, dass es verboten ist, in der Öffentlichkeit Bier zu trinken. *Mission impossible*. Wir müssen das in Berlin nachholen.

Am frühen Abend tischt Shazia Tee und ein paar Köstlichkeiten auf und verzieht sich dann, wie schon am ersten Tag, wieder in die Küche. Als wir mit dem Tee fertig sind, wollen wir Shakeel überraschen. Unter einem Vorwand locken wir ihn an den Computer und checken zusammen mit ihm die Abflugszeit.

Plötzlich sagt Hansen: »Was passiert eigentlich, wenn man deinen Namen bei Google eintippt?«

Shakeel lacht, führt es uns vor und sagt: »Nicht viel!«

»Und wenn du *photography* hinzufügst?«

Aus Spaß tippt Shakeel den Begriff ins Suchfeld und – siehe da! Als drittes Ergebnis wird seine Website angezeigt, von der er noch nichts weiß. Shakeel klickt sie an und landet auf der Startseite. Damit hatte er nicht gerechnet. Der Mann mit der wunderbaren Mimik verliert für eine Sekunde die Kontrolle über sein Gesicht und seine Worte. Er scheint sehr gerührt. Wir erklären ihm den Aufbau, dass wir uns Gedanken nicht nur über die Seite gemacht haben, sondern auch darüber, wie er sich darstellen will, was seine Spezialgebiete sind, seine Unternehmensphilosophie, sein Werdegang und so weiter. Natürlich ist das nur ein Vorschlag, und er kann es abändern, wie er will. Shakeel ruft seine Frau und seine Söhne, um ihnen die Seite zu zeigen.

Es tut gut, endlich etwas Kleines zurückgeben zu können, auch wenn es nur eine Geste ist. Shakeel umarmt uns fest und kündigt an, zum Dank und zur Feier des letzten Abends auswärts essen zu gehen. Im Überschwang der Gefühle drücken wir auch die beiden Söhne und nur ganz flüchtig Shazia – dafür kassieren wir allerdings einen kurzen freundlich-strengen Blick von ihrem Ehemann, und auch Shazia ist das Ganze höchst unangenehm. Diese europäischen Tölpel können sich einfach nicht benehmen. So eine Geste gehört sich nicht. Ein Mann umarmt nicht die Frau eines anderen.

Es ist die letzte Nacht in Neu-Delhi, eine Stadt, die mir dank Shahid, Karim, der Männergruppe aus dem muslimischen Viertel und ganz besonders dank Shakeel und seiner Familie so sehr ans Herz gewachsen ist. Shakeel lädt uns in das beste Restaurant des Viertels ein, es gibt *Schawarma*, höllisch scharfe Linsensuppe, und Hühnerkeulen, die sie hier *Lollipops* nennen. Auf dem Rückweg trage ich seinen kleinen Sohn Arslan auf den Schultern, der es sichtlich genießt, einen so großen Freund und eine entsprechend gute Aussicht zu haben. Er war kurz entschlossen mitgekommen, und da ihm keine Zeit mehr blieb, sich noch umzuziehen, blieb er einfach in Schlafanzug und Hausschuhen. Jetzt ist er müde und freut sich, dass ich den Packesel spiele.

Dass wir uns ausgerechnet in der chaotischsten aller Städte am meisten zu Hause fühlen würden – wer hätte das gedacht. Morgen werden wir in Bischkek ankommen und dann sehr bald auf denselben Straßen unterwegs sein, die wir vor drei Jahren in umgekehrter Richtung mit dem Rad gefahren sind. Durch Kirgisistan, Kasachstan, Russland, Litauen, Polen nach Hause. In einer Woche, spätestens in zehn Tagen, könnten wir in Berlin sein. Unser neues Ziel heißt: weniger als hundert Tage.

Alte Bekannte

4. AUGUST, TAG 91, BISCHKEK, KIRGISISTAN, KONTOSTAND: K.S. 500,40

Hansen

Der Flug von Neu-Delhi nach Bischkek dauert etwas mehr als vier Stunden. Wir fliegen über gigantische überschwemmte Gebiete in der Nähe des pakistanischen Lahore – über das wunderschöne Pamirgebirge und sind kurz vor der Landung so dicht über dem Boden, dass Paul und ich Landschaften wiedererkennen, durch die wir damals mit dem Rad gefahren sind. »Guck mal, da», stupst Paul mich an, der am Fenster sitzt. »Haben wir da drüben nicht gezeltet – erinnerst du dich?«

Der Flughafen in Bischkek ist ziemlich klein, und die beiden Grenzbeamten sind mit der Flut indischer Gäste, die sich ins Terminal ergießt, vollkommen überfordert.

Als Deutsche bekommen wir einfach nur einen Stempel in den Pass und werden durchgewunken – für Kirgisistan brauchen wir kein Visum.

Der erste Schritt aus dem Flughafengebäude heraus ist ein bisschen, als würde man zu Hause ankommen. Die frische Luft, der Geruch von Nadelbäumen und gemähten Feldern, eine Pappelallee am Horizont: Auch wenn wir noch Tausende Kilometer von Berlin entfernt sind – das Klima, die Farben, die Gerüche sind uns so vertraut. Wir stehen eine Weile vor dem Ankunftsterminal, ein lang gezogener flacher Bau, der mich an die Architektur der Märklin-Modelleisenbahn aus den Fünfzigerjahren erinnert. Während wir das WLAN nutzen, um die für uns beste Route nach Kasachstan zu recherchieren, taumelt alle paar Minuten ein stockbetrunkener Taxifahrer auf uns zu, der immer wieder vergisst, dass er uns schon gefragt hat.

Dann machen wir uns auf den Weg auf die 15 Kilometer lange Straße, die schnurgerade nach Bischkek hineinführt. Die Sonne steht tief, es ist etwa 25 Grad warm, eine angenehme Erholung nach der drückenden Hitze der letzten Wochen. Eigentlich ist es egal, wie weit wir heute kommen. Hier kann man überall am Wegesrand zelten.

In großen Buchstaben malen wir Shymkent, unser erstes großes Ziel in Kasachstan, auf ein Schild und halten den Daumen raus. »Hey, Moment, Paul«, fällt mir ein. »Gilt der ausgestreckte Daumen nicht als Beleidigung in Kirgisistan? Irgendwas war da doch …«

»Ja, du hast recht!« Paul klappt ihn augenblicklich ein und steckt den Arm mit nach unten zeigender Handfläche aus. »So ist's richtig!«

Keine zwei Minuten später hält das erste Auto. Zwei junge Brüder nehmen uns mit, Kurman und Almas. Die beiden kommen gerade von einem *dragrace*, also einem Rennen, bei dem es darum geht, so schnell wie möglich zu beschleunigen. Die Straßen hier eignen sich hervorragend dafür, denn Kurven gibt es keine. Kaum sitzen wir drin und sind losgefahren, als Kurman auf offener Strecke eine halbe Vollbremsung hinlegt, stehen bleibt, mit dem Gaspedal spielt und uns jetzt zeigen will, wie schnell dieses Auto sein kann. Es ist ein relativ alter Subaru Geländewagen, aber als er die Kupplung kommen lässt, bin ich schwer überrascht. Es schleudert mir den Kopf in den Nacken, und ich habe Probleme, ihn wieder aufzurichten. Kurman krallt sich an dem Lenkrad fest und lacht dabei laut. Als wir schon beinahe hundert Stundenkilometer schnell sind, schaut er kurz rüber und fragt: *»Ready?«*

Für was?, denke ich noch, da geht es schon los.

Ich kenne mich nicht aus, aber er legt irgendeinen Schalter um, und schon hört man Gas zischen oder was auch immer das ist. Das Auto beschleunigt nochmals so stark, wie ich es mir niemals hätte träumen lassen. Die eben noch endlose gerade Strecke scheint mir nun beinahe zu kurz, um wieder abzubremsen, und so sind wir in weniger als einer Minute schon an der Kreuzung, an der sie uns leider – oder zum Glück – schon rauslassen müssen. Es war ein kurzes Vergnügen, aber nach dem raschen Erfolg, sind wir bester Hoffnung, es heute noch nach Kasachstan zu schaffen.

Und tatsächlich, kaum dass wir uns wieder in Position gebracht haben, gabelt uns schon das nächste Geschwisterpaar auf. Mila und Dschingis sind auf dem Weg nach Hause und bieten uns an, bei ihnen die Nacht zu verbringen. Paul und ich überlegen kurz, ob wir nicht doch versuchen wollen, noch weiter zu kommen, nehmen die Einladung aber schließlich dankend an, denn inzwischen ist es schon stockdunkel.

Das winzige Dorf, in dem Mila und Dschingis mit ihren Eltern und Milas Kind auf einem kleinen Bauernhof wohnen, heißt Sokuluk und ist noch etwa hundert Kilometer von der kasachischen Grenze entfernt. Nachdem wir dort angekommen sind, schlagen wir unser Zelt im Garten auf. Der Vater der beiden lässt es sich nicht nehmen, uns mit literweise Bier zu begrüßen – Mila bringt Brathähnchen mit Nudeln und warme Milch, die sie gerade erst gemolken hat. Es ist erstaunlich, wie viele Fetzen Russisch von der letzten Reise bei uns noch hängen geblieben sind. Obwohl der Vater kein Wort Englisch oder Deutsch spricht, gelingt es uns, mit Zeichnungen und unseren Russischfetzen, ihm unser Experiment zu beschreiben.

Am nächsten Morgen stehen wir schon um fünf Uhr morgens an der Landstraße, die Hähne krähen, die aufgehende Sonne zieht einen roten Streifen am Horizont, im Dämmerlicht erkennen wir noch einige andere Leute, die am Straßenrand stehen und darauf warten, mitgenommen zu werden. Es sind Frauen und Männer auf dem Weg zur Arbeit. Die Luft riecht unverbraucht und fühlt sich frisch auf der Haut an, alle Geräusche sind besonders deutlich zu hören – immer wenn ich es schaffe, so früh aufzustehen, bin ich fest davon überzeigt, dass es die schönste Zeit des Tages ist. Wenn es bloß nicht so hart wäre, aus dem Bett zu kommen …

Unsere Glückssträhne von gestern will sich zunächst nicht fortsetzen. Die Autos rasen auf der staubigen Straße an uns vorbei, ohne uns auch nur in Augenschein zu nehmen.

Immer glaubt man den Grund für das leer vorbeifahrende Auto zu kennen und sucht in Gedanken nach Entschuldigungen: »Der hatte bestimmt keinen Platz für unsere Anhänger.« Oder »Der hatte es zu eilig.« Oder »Der konnte nicht lesen, was auf unserem Schild steht.« Oder »Der muss noch jemanden abholen.« Mit dieser Methode erhält man sich die Hoffnung, trotz Dutzenden vorbeifahrender »Potenzieller« irgendwann mitgenommen zu werden.

Da, jetzt hält einer. Vorn am Lenkrad sitzt ein älterer, drahtiger Mann und auf dem Beifahrersitz seine etwas fülligere Frau. Die beiden plappern gnadenlos auf mich ein, und ich versuche, ihnen klarzumachen, dass mein eben formulierter Satz so ziemlich mein komplettes russisches Vokabular enthielt. »*Dawai!*«, höre ich aber immer wieder raus und gebe Paul zu verstehen, dass wir vermutlich einsteigen können. Der alte Audi 80 hat die besten Jahre hinter sich, und der Kofferraum scheint nur mittels eines groben Tritts gegen die Stoßstange aufzugehen.

Wenige Minuten später rauschen wir in dem auf der Beifahrerseite etwas abgesenkten Auto Schlaglöchern ausweichend über die Straße. Der Mann bekundet größtes Interesse, mit uns einen Autoexport zu starten. Das scheint hierzulande der Traumberuf eines jeden Mannes zu sein – vor allem, wenn er auf deutsche Touristen trifft. Seine Frau wirft uns über den Rückspiegel hin und wieder ein bemutterndes Lächeln zu. Nach ein paar waghalsigen Überholmanövern erreichen wir mit einer abrupten Bremsung die Grenze. Eine dicke Wolke aus aufgewirbeltem Staub wabert um das Auto herum und lichtet sich erst nach einigen Sekunden wieder. Ein kräftiger Handschlag zum

Abschied, und wenige Minuten später sind wir schon in Kasachstan.

Die Zollbeamten, die unsere Anhänger zunächst skeptisch beäugen, entscheiden sich, das Ganze lustig zu finden, und verdonnern uns statt Gepäckdurchsuchung zu einer kleinen Fotosession mit Victory-Zeichen.

Hitchwiki hatte recht – Trampen ist in Kasachstan ein Kinderspiel. Zwar wird man manchmal nur ein paar Kilometer weit mitgenommen, aber bisher mussten wir nie lange auf eine Anschlussfahrt warten.

Ein bulliger Typ in einem weißen VW Kombi nimmt uns fast 300 Kilometer weit mit bis nach Taras. Hupend und fluchend bahnt er sich mit halsbrecherischer Geschwindigkeit seinen Weg durch den Verkehr. Wie der am Lenkrad zerrt! Hat da jemand eine niedrige Aggressionsschwelle? Ich bete innerlich, dass das Lenkrad gut verschraubt ist. Einen Vorteil hat seine Fahrweise aber. Wir erreichen den Abzweig Richtung Shymkent sehr zügig.

»O je, o je, jetzt stehen wir ausgerechnet hier«, sagt Paul und sieht so aus, als würde er sich am liebsten verstecken. Ich weiß, warum. Wir haben beide ein schlechtes Gewissen. Genau in dieser Stadt hat uns auf unserer letzten Tour eine Familie zwei Tage lang beherbergt und uns wie den König von Frankreich verwöhnt. Beim Abschied haben wir einander versprochen, uns wiederzusehen. Wenn wir jetzt allerdings bei Nurliks Familie vorbeischauen würden, gäbe es keine Chance, ihr Haus am nächsten Tag wieder zu verlassen. »Vier Tage Minimum!«, sagt Paul. »Und um das Auto-Exportbusiness, das sie mit uns aufziehen wollten, kämen wir auch nur schwer herum.«

Bevor wir vor Scham im Boden versunken sind, gabelt uns zum Glück ein Fahrer auf, der uns bis nach Shymkent mitnehmen kann. Ich schaue wehmütig auf die Straßen, die wir vor fast exakt drei Jahren in die andere Richtung gefahren sind. Was seitdem alles passiert ist!

In Zentrum von Shymkent angekommen, haben wir ein altbekanntes Tramperproblem: Aus einer Stadt rauszukommen ist schier unmöglich, fast alle Autos fahren nur ein paar Straßen weiter oder nicht in unsere Richtung. An drei Stellen versuchen wir es: ohne Erfolg. Also beschließen wir, mit öffentlichen Verkehrsmitteln so weit es geht aus der Stadt zu fahren.

»Wir müssen herausfinden, ob es hier irgendwo Busse gibt«, sage ich und laufe, das Handy wie einen Peilsender in die Luft gereckt, auf der Suche nach einem WLAN durch die Gegend. Kein freies. Ich beschließe, in einem Baumaschinenverleih nachzufragen, ob ich mich kurz einloggen darf. Ehe ich es mich versehe, sitze ich vor Tee und einem Teller Keksen und surfe durchs Internet und versuche, Informationen über lokale Buslinien zu bekommen. Ich bin so konzentriert, dass ich kaum bemerke, dass sich das Paar, das mich hier so freundlich versorgt hat, mir gegenüber setzt und mich schmunzelnd beobachtet. »Wo müsst ihr denn hin?«, fragt die Frau, und Paul, der inzwischen nachgekommen ist, erklärt ihr unseren Plan.

Die Frau ist hin und weg von unserem Vorhaben, verschwindet im Büro und kommt kurze Zeit später mit der Nachricht zurück, dass es einen Zug nach Uralsk gebe, der heute Abend um 21 Uhr 05 abfährt. Sie und ihr Mann würden den Laden jetzt ohnehin zumachen und könnten uns zum Bahnhof bringen. »Vielleicht können wir ja mit dem Schaffner reden und ihn davon überzeugen, euch gratis mitzunehmen«, schlägt sie vor. Wie das gehen soll, ist mir ein Rätsel, andererseits scheint diese Frau so patent, dass ich ihr gern glauben möchte.

Mittlerweile ist es schon fast acht Uhr, und ich werde langsam unruhig. In einer Stunde soll der einzige Zug, der diese Woche fährt, abfahren. Wir haben noch immer kein Ticket und wahrscheinlich auch zu wenig Geld. Die beiden bemerken meine Unruhe und beschwichtigen mich. Zum Bahnhof sei es nicht weit.

Die Fahrt dauert auch in der Tat nicht lange. Der Bahnhof ist winzig klein – aber keine Gleise weit und breit. Seltsam. Als wir das Gebäude betreten, wird mir klar, dass das gar nicht der Bahnhof ist, sondern ein Restaurant. Die beiden wollen es sich nicht nehmen lassen, uns vor der langen Fahrt noch zum Essen einzuladen. Ich frage mich, wie in Gottes Namen sie das noch schaffen wollen, aber die beiden sind zuversichtlich. Es gibt Cola aus Literflaschen und dazu Reis mit Gemüse und Hühnchen. Wir schaufeln das Abendmahl in uns hinein, den bald fahrenden Zug im Nacken. Das Pärchen lässt sich nicht aus der Ruhe bringen, und nervös rutschen Paul und ich auf unserer Bank hin und her. Als wir endlich am Bahnhof ankommen, laufen wir zum Schalter vor. »Tut mir leid, ausverkauft«, sagt die Dame. Es gebe noch Zugfahrkarten für 17 000 Tenge auf dem Schwarzmarkt, erklärt mir jemand, als ich mich mit hängenden Schultern vom Schalter entferne. Das ist viel zu viel. Wir könnten es uns zwar so gerade eben leisten, würden dann aber nur mit ein paar Cent in Russland ankommen. Aber was bleibt uns anderes übrig?

Ich wechsele die kirgisischen Som, die noch übrig sind, und zähle exakt 17 800 Tenge.

Nur noch fünf Minuten bleiben uns, bis der Zug abfahren soll. Das hilfsbereite Pärchen nagt langsam an meiner Geduld. Sie stehen gemütlich in der Schlange der Leute, die sich auf dem Schwarzmarkt eine Karte kaufen möchten, und scheinen alle Zeit der Welt zu haben.

Paul spricht die beiden auf unsere Angst an, den Zug zu verpassen, doch die beiden lächeln nur: » Ach was, das schaffen wir locker.«

»Die meinen, wir brauchen uns keine Sorgen zu machen, ich versteh das nicht.«, sagt er.

Ich halte es nicht länger aus. Ich gehe noch mal hin und zeige auf meine Uhr auf dem Handy. »Der Zug fährt in vier Minuten. Das schaffen wir doch niemals in dieser Schlange.« Beide fangen laut an zu lachen: »Ruhig Blut, der Zug fährt um 21 Uhr 50, nicht um 21 Uhr 05.« Ich krame nach dem Post-it, auf dem die Frau uns vorhin die Abfahrtszeit notiert hat. »Hier, 21 Uhr 05!« Ich halte ihnen den Zettel vor die Nase. O je, die beiden haben in ihrer Erinnerung einen Zahlendreher eingebaut. Jetzt wird auch ihnen schlagartig klar, wie knapp die Zeit ist. Ihre entspannte Haltung wandelt sich in Aktionismus:

»Scheiß auf die Tickets«, sagt die Frau und rennt voran auf das Gleis zu, an dem der Zug schon abfahrtbereit steht. Es gibt hier an Bahnhöfen keine Unterführungen. Man schaut rechts und links und dann geht's los. Über die Gleise, zwischen Zügen hindurch. Natürlich steht unser Zug auf dem hintersten Gleis.

Fix und fertig vom Rennen mit den schweren Koffern quetschen wir uns durch die zähe Masse der Menschen, die sich am Gleis verabschieden. Unsere neuen Freunde reden auf den Schaffner ein, der schon in der Zugtür steht und eben zur Abfahrt gepfiffen hat. Ich höre, wie ein Klacken durch alle Waggons geht: Der Zug fährt an. Das Kopfschütteln des Schaffners entmutigt mich. Doch dann sagt er irgendetwas in schroffem Ton und steigt auf ihr heftiges Nicken hin wieder von der Stufe runter. Die beiden signalisieren uns, sofort das Geld rauszuholen. Mein Körper pumpt sich voll mit diesem Wundermittel namens Adrenalin. Der Zug wird langsam schneller. Die beiden erklären uns eilig, dass sie ihm unsere Story erzählt haben und er uns für 10 000 Tenge schwarz mitfahren lässt. Oder anders gesagt: sich bestechen lässt. Der Schaffner brüllt uns an, die Koffer sofort in den Zug zu laden, und es bleibt keine Zeit mehr, unseren Helfern mehr als ein »Danke!« hinterherzurufen. Wir wuchten unsere Koffer die kleine Treppe hoch, während wir neben dem Zug her laufen. Kaum sind wir drin, knallt der Schaffner die Tür zu, und der Zug nimmt richtig Fahrt auf.

Der kleine bullige Mann kassiert direkt ab, 10 000 cash auf die Hand, ohne Beleg oder Ticket natürlich. Dann gibt er uns zu verstehen, dass wir uns nicht auf einen Sitz freuen können, sondern auf dem Boden in dem Durchgang zwischen den Waggons Platz nehmen müssen – für die nächsten 36 Stunden! Der Mann spricht kein Wort Englisch und redet in einer Tour auf uns ein. Weil wir ihn nicht verstehen, wird er dabei immer ungeduldiger. Jetzt reißt er an den Koffern und will sie mitnehmen. Wir wissen gar nicht, was das alles soll. Als wir die Koffer zurückhalten, wird er richtig sauer. Erst jetzt begreifen wir: Er muss alle Indizien verwischen, die uns als Schwarzfahrer entlarven könnten.

Aber wenn er das Gepäck versteckt, geht einer von uns mit. Wir müssen zumindest wissen, wo! Was denkt der sich eigentlich, uns wie den letzten Dreck zu behandeln, immerhin haben wir ihm eben ein schönes Taschengeld zugesteckt.

Ich laufe mit ihm mit. Am Ende des Waggons öffnet er mit einem Quadratschlüssel eine Luke in der Decke. Mir strömt warme Luft und Staub entgegen. Meint er das tatsächlich ernst? Wir sollen unsere Anhänger aufs Zugdach legen? Erst als ich genauer hinschaue, bemerke ich, dass es sich um eine Art Gepäckstaufach handelt. Puh. Er wuchtet die Koffer unter das Dach des Zuges.

Jetzt zeigt er auf meinen Rucksack, der soll auch da hoch. Ohne mich. Ich mache dem Schaffner klar, dass er uns die nicht wegnehmen kann, da sind alle wichtigen Papiere, Kameras und Geld drin. Er willigt zwar ein, scheucht mich aber nun schubsend durch das paradiesisch gemütliche Schlafabteil zurück zu Paul. Mein Bruder und ich sitzen uns gegenüber, jeweils eine Zugtür im Rücken. Es ist unglaublich heiß hier drinnen, und überall liegen Zigarettenstummel auf dem Boden, da dieser kleine Zwischengang als Aschenbecher in Gebrauch ist. Ein Passagier nach dem anderen kommt hinein und qualmt sich eine. Ein Fenster gibt es in diesem etwa drei Quadratmeter großen Raum nicht.

Trotzdem bin ich glücklich. Auch Paul grinst mich durch den Zigarettenrauch hindurch an: »Hansen, raffst du eigentlich, was gerade passiert ist?«, fragt er. »Wir sitzen im Zug nach Russland und haben sogar noch Geld übrig, um von dort aus weiterzureisen. Bald sind wir zu Hause!«

Mich überläuft ein warmer Freudenschauer, und ich denke an Anka, der ich bei nächster Gelegenheit sagen kann, dass ich wahrscheinlich zum WG-Grillfest am 13. August, zurück sein werde. Sie wird sich so freuen. Sie hat schon den ganzen Sommer ohne mich verbracht. Und ich ohne sie. Hoffentlich ist es noch warm genug für einen Ausflug zum See.

In Gedanken versunken, schließen sich langsam meine Lider, und mein Kopf sinkt auf die Knie. Aber wirklich schlafen kann ich nicht. Immer wieder werde ich mit Fußtritten aus meinem Nickerchen gerissen, weil der Schaffner oder sein grober Assistent irgendetwas von uns wollen. Auch jetzt hat der Zug wieder irgendwo gehalten, und Leute steigen ein. Zehn Minuten stehen, dann kann man wieder sitzen und versuchen weiterzuschlafen.

Mitten in der Nacht wache ich wieder auf, als der Schaffner mir gegen den Kopf tippt. »*Dawai, dawai*«, ruft er immer wieder und zeigt auf die Tür. Sollen wir jetzt aussteigen? Was will er von uns? Als ich nicht gleich reagiere, wird er ungemütlich und zieht mich am Arm hoch. Dann knufft er mich so fest in die Seite, dass ich kurz keine Luft bekomme und schiebt mich zum Ausgang. Erst jetzt begreife ich, was los ist: Draußen vor dem Zug steht ein Mann und reicht mir eine riesige Honigmelone durch die Tür. Von hinten stupst mich der Schaffner an, an den ich sie weiterreichen soll. Bei der einen bleibt es aber nicht. Nach und nach werden sicher 300 dieser gigantischen Zehn-Kilo-Honigmelonen durchgereicht und an den unmöglichsten Stellen im Zug versteckt. In Gepäckfächern, unter Betten, Sitzen, überall. »Wie Ostereier«, lacht Paul. Nach diesem Arbeitseinsatz bekommen wir zum ersten Mal einen freundlichen Klaps von unserem Lieblingsschaffner. Offenbar schmuggelt er neben blinden Passagieren auch Früchte.

Die Zugfahrt bleibt ungemütlich, und schon nach zehn Stunden will ich einfach nur noch raus, aber dort ist nichts als kasachische Einöde. Es ist affenheiß, wir haben kaum noch Wasser, nur ein paar Kekse und etwas Brot. Meine Knochen tun mir weh, es gibt keine Position, in der es bequem wäre. Um wenigstens etwas Luft zu bekommen, haben wir die Tür einen Spaltbreit aufgemacht, dafür ist es jetzt unerträglich laut. Wir vegetieren vor uns hin und zählen die langsam vergehenden Stunden.

Auch in der zweiten Nacht kommen wir nicht zur Ruhe. Zwar haben wir unsere Schlafposition inzwischen optimiert und uns zu kleinen Knäuel auf dem Boden zusammengerollt, aber das hält den nachtaktiven Schaffner nicht davon ab, uns zu belästigen. Bei der Ausreise aus Kasachstan müssen wir uns zwischen den anderen Reisenden im Schlafabteil als Mitglieder einer kirgisischen Großfamilie tarnen, während die Grenzbeamten den Zug durchsuchen und die Pässe kontrollieren. Weder die Melonen noch unsere Koffer werden entdeckt. Zum Abschied von unserer Gastfamilie, die wir über die ausgedehnte Zeit der Kontrolle ins Herz geschlossen haben, singen wir der kleinen Anya, die seit Mitternacht ihren vierten Geburtstag feiert, ein Ständchen.

Die Fahrt endet am Bahnhof von Sol Ilezk, wo wir uns bibbernd vor Kälte in die Schlange der russischen Einreisekontrolle reihen. Ich fühle mich elend und leicht kränklich. Wahrscheinlich ist das die totale Übernächtigung. Ein älterer Mann, der uns von seinen Rauchpausen kennt, winkt uns zu sich ganz nach vorn. Unter lautem Protest der anderen Wartenden reihen wir uns bei ihm ein. Mir ist das sehr unangenehm, gleichzeitig bin ich dem Mann zutiefst dankbar. Wir würden hier sonst noch zwei Stunden stehen, und ich will einfach nur noch irgendwo mein Zelt aufbauen und endlich schlafen.

Wie ein Schäferhund verteidigt er uns vor den fluchenden Menschen. »Das sind meine Freunde, die können bei mir stehen!«, sagt er immer wieder. Und so geht der Grenzübertritt schneller als gedacht. Der Zug fährt weiter in Richtung Moskau, wir können mit unserem Schwarzfahrerstatus nicht weiter mitfahren, da an der Grenze das Personal ausgewechselt wird. Schade. Um direkt bis Moskau zu kommen, hätte ich den Höllenritt noch weitere 18 Stunden ausgehalten.

39,5 °C

9. AUGUST, TAG 96, MOSKAU, RUSSLAND, KONTOSTAND: ₽ 1592,50

PAUL

Wir haben es bis nach Moskau geschafft. Ich wache an einer Raststätte an der südlichen Umgehungsstraße auf und stelle mich noch ein paar Minuten schlafend, um die letzten beiden Tage Revue passieren zu lassen. Von Sol Ilezk ging es nach nur drei Stunden Schlaf mit insgesamt sechs Mitfahrgelegenheiten weiter bis nach Moskau. Fünf davon am ersten Tag.

Zuerst nahm uns ein verstrahltes Pärchen in einem winzigen Lada mit, den der Fahrer, ein Raver-Opa, zu dröhnenden russischen Ibizabeats immerhin auf rasante 130 Stundenkilometer peitschte. In perfekt synchronisierten Bewegungen nickten und wiegten er und seine blondierte Beifahrerin im Takt zu den wummernden Bässen durch die Pampa. Als Nächstes brachte uns Putin-Fan Deniz, der eigentlich zur Arbeit hätte fahren sollen, 50 Kilometer weiter, und ein Busfahrer fuhr uns bis fast nach Samara, ohne uns dafür eine Kopeke abzuknöpfen – im Gegenteil: Er spendierte uns den längsten Schaschlikspieß, den ich in meinem Leben je gesehen, geschweige denn gegessen habe.

An einer Tankstelle versuchten ein paar betrunkene Jugendliche, uns aus dem vorbeifahrenden Auto aus unerklärlichen Gründen einen Faustschlag mitzugeben, bevor uns schließlich der nette Dimitri in seinem tonnenschweren Kamaz-LKW aufgabelte.

Leider rollte das Gefährt so langsam, dass wir nicht weit kamen, und auch der nächste LKW ließ uns schon nach wenigen Kilometern wieder aussteigen. Bei Yuri, der ausschließlich Rap-Speedrock-Kracher hörte, in denen die Worte »Vladimir Putin« vorkommen, haben wir wohl etwas falsch verstanden. Wir dachten, er würde bis nach Moskau fahren, leider ließ er uns aber an einem Seitenstreifen 50 Kilometer hinter Samara raus, wo wir die Nacht im Zelt verbrachten. Und dann kam Alex, genauer gesagt Alexej, der gutmütige Biobauer mit dem rosigen Gesicht, der uns tatsächlich in 16 Stunden ohne große Pause bis in die russische Hauptstadt brachte. Mit Joe Cocker und Pink-Floyd-Untermalung statt Putin-Rap oder Terrortechno. In Russland trifft man auf ebenso viele warmherzige wie durchgeknallte Leute, weiß ich spätestens seit der Zugfahrt.

Ich merke, dass Hansen wach ist. Er zittert, obwohl er in langer Hose und Fleecejacke im Schlafsack liegt. Es ist zwar morgendlich frisch, aber alles andere als kalt.

»Was ist los Hansen, frierst du?«

»Mir ist bitterkalt, und meine Knochen tun weh, als ob sie allesamt gebrochen wären. Wahrscheinlich von dem ganzen Sitzen in den letzten Tagen.«

»Warte, ich geb dir eine Ibuprofen 600.«

»Hab vorhin schon eine genommen, geht auch schon besser.«

»Das nennst du besser? Du siehst aus wie ausgekotzt! Lass mich mal einpacken, und du ruhst dich noch aus«

»Wahrscheinlich Erschöpfung. Wenig Schlaf und schlechte Ernährung«, will Hansen mich beruhigen. Aber so ganz gelingt ihm das nicht. Ich will nicht wahrhaben, dass er krank sein könnte, aber wenn sich sein Zustand in den nächsten Stunden nicht rasant bessert, dann haben wir ein Problem.

Ich packe zusammen, wir frühstücken eine Tüte Minischokocroissants und stellen uns an die Tankstelle der Raststätte, um zu trampen. Ich werfe einen Seitenblick auf Hansen. Er sieht krank aus, wie er so mit glasigen Augen dasitzt und friert, obwohl er seine Jacke trägt, während ich nur ein T-Shirt anhabe.

»Hast du mal Fieber gemessen?«, frage ich.

»Nein.«

»Warum nicht? Weil du nicht wahrhaben willst, dass du krank sein könntest?«

»Wahrscheinlich«, antwortet er, und ich sehe, wie ihn ein Kälteschauer erzittern lässt. »Wir sind so kurz vorm Ziel!« Ich merke, wie er mit den Tränen kämpft.

»Ich weiß, Hansen, was meinst du, wie mich das ankotzt, wenn du jetzt krank sein solltest, aber ignorieren können wir das nicht.«

Ich krame das Thermometer aus dem Koffer und reiche es ihm. Piep. 39,1 °C unterm Arm. Das ist nicht gut, denn das wären fast 40 °C, wenn er im Po gemessen hätte. 40 °C ist für uns die Grenze, das haben wir nach der letzten Tour, als ich eine Weile vor Erreichen der chinesischen Grenze in Tash-Kömür ins Krankenhaus musste, festgelegt. Das kann man nicht ignorieren. Egal ob Visa-Ablauffristen oder Heimweh drängen. Kann es Malaria sein? Sollte Hansen jetzt Malarone einnehmen, das wir vorsorglich mitgenommen haben? Ich google im WLAN der Tankstelle nach einem Krankenhaus, und Hansen versucht, unseren Vater anzurufen, der ist Kinderarzt. Leider erreicht er ihn nicht.

Ich finde einen Bus in der Nähe, der bis zu einem Krankenhaus fahren soll, und so schleppen wir uns zur Haltestelle. Es ist heiß, fast 30 °C, ich trage Shorts und T-Shirt, während mein Ebenbild neben mir in Fleece, Jacke, langer Hose und mit dem Seidenschlafsack als Schal um den Hals gewickelt immer noch bibbert. Dass mit Hansen etwas ganz gewaltig nicht in Ordnung ist, erkennt man auf den ersten Blick. Das ist keine Erkältung oder Erschöpfung. Das ist etwas Ernstes.

Passanten, die uns begegnen, machen einen Bogen um uns, vermutlich aus Angst, sie könnten sich anstecken. Der Busfahrer will kein Geld von uns. Vielleicht hat er Mitleid.

Hansen ist nur noch ein Bündel Elend. »Ich kann nicht mehr«, ist alles, was er noch rausbringt. Trotz der brennenden Sonne schlottert er ununterbrochen, sein Fieber unterm Arm ist auf 40,5 gestiegen. Er schwankt und scheint nicht mehr klar sehen zu können. Ich nehme ihm seinen Anhänger ab, schiebe einen, ziehe den anderen, und so erreichen wir mit allerletzter Energie das Krankenhaus.

Wir bitten den Pförtner, uns zu helfen, doch der sagt immer nur »Njet«. Ich zeige ihm das Fieberthermometer – trotzdem: »Njet.« Was ist denn mit dem los? Er versperrt uns den Weg und macht abweisende Handbewegungen.

Ein Mann, der gerade aus dem Krankenhaus kommt, spricht Englisch und hilft uns, Hansens Beschwerden zu übersetzen. Aber immer noch schüttelt der Pförtner den Kopf. Der hilfsbereite Mann erklärt mir, dass dies das falsche Krankenhaus sei. Dieses hier behandelt nur Drogensüchtige und könne uns tatsächlich nicht helfen. Ich flippe aus. Das kann doch nicht wahr sein. Mein Bruder hat lebensbedrohlich hohes Fieber und kein Arzt kann hier mal kurz zumindest Erste Hilfe leisten?

Ich messe Hansens Temperatur und lese: 41 °C. Er kann sich nicht einmal mehr sitzend halten und sackt in sich zusammen. Ich werde panisch: »Dann soll er einen verdammten Krankenwagen rufen!«, brülle ich unseren Übersetzer an und meine mit meiner Wut natürlich den Pförtner.

Jetzt erst rührt er sich. Endlich scheint ihm der Ernst der Lage bewusst zu werden, und er nimmt den Hörer in die Hand. Hansen ist wie weggetreten. Ich mache mir große Sorgen. Was kann das bloß sein?

41 °C

9. AUGUST, TAG 96, MOSKAU, RUSSLAND, KONTOSTAND: ₽ 1592,50

Hansen

Vor meinen Augen schwimmt es, ich friere, als säße ich in einem Eiskübel, und versuche Geräusche und Silhouetten zu identifizieren, um nicht das Bewusstsein zu verlieren. Die Stimme meines Bruders, auch wenn sie aufgebracht klingt, beruhigt mich. Etwas Vertrautes. Ich höre entfernt eine Sirene und kurz darauf quietschende Reifen. Jemand hebt meinen auf die Hände gestützten Kopf an und leuchtet mir in die Augen. Ich bin geblendet.

Verschwommen sehe ich eine in Weiß gekleidete Person. Ich werde auf meine wackeligen Beine gestellt und zum Krankenwagen geführt. Man legt mich auf eine Liege und misst meine Temperatur. Der Sanitäter stellt Paul Fragen, will wissen, wo wir überall waren. Während Paul die Liste von fast 15 Ländern durchrattert, höre ich ein ernstes »Aha«. Er dreht mich auf den Bauch und rammt mir eine Spritze in die Pobacke. Es fühlt sich an, als ob das ganze Gewebe drum herum zerreißt. »Das ist wahrscheinlich ein fiebersenkendes Mittel«, beruhigt mich Paul. Die Schmerzen lassen mich etwas klarer werden. Der Sanitäter beruhigt mich und erklärt auf Russisch, dass der *ból*, damit meint er den Schmerz, bald vorbei sei. Er fragt mich nach meinen Personalien und nach meiner Adresse in Moskau. Als ich antworte, dass wir im Park schlafen und keine Adresse haben, schüttelt er den Kopf. Viel zu gefährlich in Moskau und bestimmt kein Ort, um eine Krankheit auszukurieren. Er spricht mit Paul, während ich wieder leicht wegdämmere.

»Er will dich ins Krankenhaus fahren«, sagt mir mein Bruder.

»Aber du musst mit!«, jammere ich. Ich will nicht allein sein, ich brauche jemanden, der für mich spricht, wenn es nötig ist, ich kann meinen eigenen Wahrnehmungen nicht trauen. Paul überredet den Sanitäter, dass er mitfahren kann. Dieser scheint nicht gerade begeistert, willigt aber schließlich ein.

Von der Fahrt bekomme ich kaum etwas mit, da ich durch das sinkende Fieber unglaublich müde werde. Im Halbschlaf fühle ich das Gewackel und höre die ab und zu eingeschaltete Sirene. Wenn ich die Augen öffne, sehe ich meinen Bruder über mir sitzen, der entweder mich besorgt anschaut oder starr nach vorn blickt. Ich weiß, was er denkt. So kurz vor dem Ziel …

Paul zieht das Fieberthermometer unter meinem Arm hervor. »Immer noch 39,5«, sagt er besorgt und fasst an meine

Stirn. Der Sanitäter bittet Paul, ein T-Shirt nass zu machen und meine Gelenke und die Stirn damit zu kühlen. Das tut gut. Ich weiß jetzt nicht mehr, ob ich friere oder schwitze. Ich habe immer abwechselnd Gänsehaut und kurz darauf wieder das Gefühl zu verglühen.

Im Krankenhaus scheint man diesmal die Lage ernst zu nehmen, denn nur wenige Minuten nachdem ich angekommen bin, liege ich in einem Zimmer auf einer Liege und eine besorgt wirkende Ärztin befragt mich mithilfe einer Übersetzungs-App. Mittlerweile ist mein Kopf klar genug, um die Fragen selbst zu beantworten. Das Fieber ist gesunken, und ich fühle mich fast schon fit – vielleicht lässt sie mich ja gehen, und wir können schon morgen früh weiter? Die Ärztin hört meine Lunge ab, tastet meine Beine und Gelenke ab. Da die Gliederschmerzen noch recht stark sind, tut es weh, wenn sie zum Test meine Beine anwinkelt. Sie gibt mir zu verstehen, dass sie mir nun Blut abnehmen werde, um mich auf Malaria, Denguefieber und – hierbei bleibt mir das Herz fast stehen – Ebola zu testen.

Das Ergebnis für Malaria liegt schon kurze Zeit später vor und ist glücklicherweise negativ. Die anderen Tests dauern etwas länger. Solange man nicht wisse, was ich habe, müsse man mich dabehalten, sagt die Ärztin, und zwar auf der Quarantänestation.

Kaum ist das ausgesprochen, wird es Paul untersagt, sich in meine Nähe zu begeben, und alle Schwestern und Krankenpfleger tragen Mundschutz. Ein Krankentransport bringt mich in eine nur wenige Hundert Meter entfernte Baracke, in der mich eine grummelige Schwester zum Zimmer begleitet.

Sie hat offensichtlich keine Lust, sich mit einem des Russischen nicht mächtigen Patienten auseinanderzusetzen und gibt mir harsche Anweisungen, die ich nur aufgrund ihrer unmissverständlichen, körperlichen Art verstehe: »Rein hier, raus hier, rein hier, da lang, schnell, mach schon, zieh dich aus, zieh das hier an (einen rot-weiß-blau gestreiften Pyjama), leg dich da hin.« Und schon zieht sie ab und schließt die schwere Stahltür hinter sich zu.

Ich komme wir ein wenig vor wie ein Strafgefangener, der in Einzelhaft verlegt wird. Das ebenerdige Zimmer ist mit grauen Marmorplatten gekachelt, von außen sieht die Baracke aus wie eine Kaserne aus den Dreißigerjahren. Grauer, bröckeliger Putz, kein Schnickschnack.

Die Matratze des schmalen Betts ist hart und mit einer dicken Plastikfolie überzogen. Darüber ist ein dünnes Laken gespannt. Mir ist schon wieder kalt, und die dünne Decke ist für meinen langen Körper viel zu kurz. Ich weiß, dass das Fieber zurückkommt.

Meinen Anhänger durfte ich gar nicht mitnehmen und meinen Rucksack konnte ich erst nach heftigen Protesten bis zur Eingangsschleuse bei mir behalten. Ich bin allein. Wo ist Paul, wo wird er schlafen? Weiß er überhaupt, wo ich bin? Er durfte nicht mitkommen, und ich habe noch gehört, dass er verzweifelt versuchte herauszufinden, wo sie mich hinbringen, ohne eine Antwort zu bekommen. Ist er allein im Park mit beiden Anhängern? Wird er sich ein Hotel nehmen müssen? Dann ist die Reise vorbei. Trotz Fieber, Quarantäne und Seuchengefahr will ich mir immer noch vorstellen können, dass wir morgen weiterfahren. Aber wenn Paul heute Geld abhebt, um ein Hotel bezahlen zu können, dann war's das.

Plötzlich klopft es an der Milchglasscheibe. »Hansen?«, fragt eine mir vertraute Stimme. Paul hat es geschafft, das Zimmer zu finden, und hat sich über den Hof angeschlichen. Wir haben beide keine russische SIM-Karte und müssen uns daher durch das dicke Glas unterhalten. »Die lassen mich nicht zu dir rein«, beklagt er sich in empörtem Ton. Anscheinend nehmen die die Sache hier sehr ernst.«

Er sagt, er wird versuchen, die Schwestern zu überreden, dass er auf dem Gelände zelten darf. So streng, wie die hier sind, sehe ich da allerdings schwarz. Durch das Milchglas erkenne ich Pauls Silhouette wie er in dem Anhänger kramt und sich anschließend auf die Fensterbank setzt. Plötzlich klopft er wieder an die Scheibe. Ich stehe auf und gehe auf wackeligen Beinen zum Fenster. Ich höre seine Stimme nur dumpf, aber was er zu sagen hat, klingt nach einer genialen Idee: »Hey, Hansen, wir haben doch die Funkmikrofone von der Kamera, jeder eins. Die können senden und empfangen. Wenn wir unsere Kopfhörer daran anschließen, können wir darüber kommunizieren, ohne dass du dauernd aufstehen musst.«

Super Plan, nur wie komme ich jetzt an das bei Paul liegende Funkmikrofon? Da entdecke ich einen Hebel neben der Scheibe. Das Oberlicht lässt sich einen Spaltbreit öffnen. Paul nimmt die Teleskopstange des Anhängers und befestigt das Mikrofon daran. Ich öffne das Fenster mit dem kleinen Hebel neben dem Fensterbrett, und er steckt das Mikrofon hindurch und lässt es von der Stange rutschen. Auf dem Fensterbrett stehend, fange ich es auf. Ich hoffe inständig, dass die strenge Schwester das nicht mitbekommt. Der würde das wahrscheinlich gar nicht gefallen, und da ich es mit ihr hier vermutlich ein paar Tage aushalten muss, will ich es mir auf keinen Fall mit ihr verscherzen.

Zum Glück biegt sie erst wieder um die Ecke, als unsere Schmuggelaktion abgeschlossen ist. »Kannst du mich hören?«, krächzt es übersteuert aus meinen kleinen Kopfhörern. »Ja, der Adler ist im Horst«, antworte ich und kann mir ein Schmunzeln über Pauls Findigkeit nicht verkneifen. In diesem Moment kommt die Schwester rein, und ich verstecke das Mikrofon. Sie muss allerdings immer erst durch die Schleuse und sich Mundschutz und Schutzanzug anziehen, das gibt mir genug Zeit, mich auf ihren Besuch vorzubereiten.

Sie nimmt mir Blut ab, und eine andere Schwester streckt ein Tablett mit Essen durch eine kleine Schleuse. Dann verschwinden beide wieder.

Nun überfällt mich zusammen mit dem nächsten Fieberschub eine bleierne Müdigkeit. Ich spreche noch einmal kurz mit Paul, der vor dem Fenster gewartet hat, und wir verabreden, dass er später versucht, wieder zu mir zu kommen. »Schlaf gut, Hansen, werd gesund«, sagt er und verschwindet. Durch das Milchglas hindurch sieht es so aus, als ob er sich in Luft auflöse. Ich komme mir auf einmal schrecklich verlassen vor.

Mein Kopf rauscht derart laut, dass es mich am Schlafen hindert, meine Schläfen pochen, und die Gliederschmerzen haben wieder ein unerträgliches Level erreicht. Ich meine mich zu erinnern, dass man das Denguefieber auch Knochenbrecherfieber nennt. Sollten die Untersuchungen bestätigen, dass ich daran erkrankt bin, kann ich verstehen, warum es diesen Namen trägt. Jede Bewegung schmerzt, und selbst das bloße Liegen ist fast nicht auszuhalten. Immer wieder werde ich von neuen Schüttelfrostschüben aus dem Halbschlaf gerissen. Die Zeit vergeht und von Paul keine Spur.

Einzelkämpfer

10. AUGUST, TAG 97, MOSKAU, RUSSLAND, KONTOSTAND: ₽1521,80

PAUL

Gestern Abend haben sie mich irgendwann nicht mehr auf das Krankenhausgelände gelassen, die Quarantänestation durfte ich nicht mal mehr »von außen« am Fenster besuchen. Ich konnte Hansen nur noch eine Nachricht schreiben, als ich ein offenes WLAN-Netz fand, weiß aber nicht, ob er sie überhaupt bekommen hat.

Auch wenn uns jeder hier davon abgeraten hat, draußen in Moskau zu schlafen, habe ich mir ein Plätzchen hinter einer Schallschutzwand der Volokolamskoe Shosse gesucht, direkt in der Nähe der Klinik für Infektionskrankheiten. Wenn mich heute Nacht jemand überfallen hätte – Pech gehabt. Aber ein Hotel buchen und das Experiment damit begraben, hätte ich nicht übers Herz gebracht. Das hätte bedeutet, Hansen seine letzte Hoffnung zu nehmen. Es war seltsam, allein im Zelt zu liegen. Einsam und auch ein bisschen unheimlich. Das erste Mal seit mehr als drei Monaten ohne Hansen.

Heute Morgen bin ich ausgeschlafen wie schon lange nicht mehr. Und das ist gut, es gibt viel zu tun heute. Zuerst will ich mir und Hansen zwei SIM-Karten kaufen, sodass wir besser miteinander sprechen können. Mit den gerade noch rund 1500 Rubel wird das schwierig, aber es ist wichtig, dass Hansen und ich vernünftig kommunizieren können, damit ich weiß, wie es ihm geht und wie wir weitermachen.

Tatsächlich bekomme ich im Einkaufszentrum zwei SIM-Karten für gerade mal 500 Rubel, Guthaben und Internet sind schon dabei. Mir kommt es so vor, als ob Deutschland was Mobilfunkpreise angeht am meisten Nachholbedarf hat.

Ich laufe zum Krankenhaus und versuche, den Wärtern klarzumachen, dass ich zu meinem Bruder muss, um ihm die Karte zu geben. Wieder wird eine so einfache Sache so unendlich kompliziert gemacht. Man sagt mir, der Arzt persönlich würde kommen und die Karte abholen, aber kurze Zeit später werde ich doch in Begleitung einer der Wärter zu Hansens Gebäude gebracht. Dort nimmt mir der Arzt die Karte ab, er gibt sie einer Schwester, die sie meinem kranken Bruder bringt, und bittet mich in sein kleines Büro. Es ist ein wirklich lieber Kerl, er bewirtet mich mit Kuchen, Keksen und Kaffee und will alles über unser Abenteuer erfahren. Ich habe das Gefühl, dass er am liebsten für Hansen auf dem Rest der Strecke einspringen würde. Er fragt mich, wie er uns helfen kann, und schlägt sogar vor, dass seine Frau uns an die lettische Grenze bringen könnte. Ich bin etwas überrumpelt von dem Vorschlag und gehe nicht weiter drauf ein, was ich nachher bereue, denn er wiederholt sein Angebot nicht. Noch einmal danach zu fragen kommt mir blöd vor.

Er erklärt mir in seinem brüchigen Englisch, dass Hansen ein Parainfluenzavirus hat, also keine Grippe, mehr wisse man nicht. Aber die Malariatests, die heute wiederholt wurden, seien wieder negativ gewesen.

Ich frage ihn, ob er einschätzen kann, wann ich meinen Bruder wiedersehen kann und wir weiterfahren können, immerhin läuft das Russlandvisum in ein paar Tagen aus. Er wisse es nicht, antwortet er. Er tippt die Spitzen der beiden Zeigefinger zusammen und schaut mich dabei nachdenklich an: »*Your brrrother can go, when I finished my testing*« – in seinem James-Bond-tauglichen Ganovenenglisch hört es sich an, als würde er Tierversuche an meinem Bruder vornehmen.

Ich frage ihn, ob er Hansens Krankenkassenkarte braucht. »*No, no, no.*« Er schüttelt den Kopf. Die Behandlung sei in diesem Krankenhaus kostenlos.

»Alle Tests gestern negativ, und heute geht's mir schon viel besser. Könnte Bäume ausreißen ;-)«, schreibt mir Hansen am nächsten Morgen um sechs Uhr.

Soll das etwa heißen, er ist wieder gesund? Wird er entlassen? Ich rufe Hansen an, und der erklärt mir, dass es noch nicht ganz so weit sei: Zuerst würden Röntgenaufnahmen von seinen Atemorganen gemacht, er muss den ganzen Tag über alle 30 Minuten eine Flüssigkeit gurgeln und wird an den Tropf gehängt. Der Arzt will versuchen, Hansen bis morgen reisetauglich zu machen. Das klingt nach Turbosymptombekämpfung. Nicht mehr und nicht weniger.

»Ist das denn vernünftig? Heute noch am Tropf, morgen auf die Straße?«, frage ich vorsichtig. Natürlich weiß ich, dass es alles andere als ratsam ist, jemanden reisen zu lassen, der eben noch mit einem unbekannten Virus auf der Quarantänestation lag. Aber was bleibt uns anderes übrig? Das Visum läuft aus, uns droht Ärger mit den russischen Behörden …

Ich mache mir Sorgen, aber Hansen ist fest entschlossen: »Ich will einfach nach Hause, Paul. Und mir geht es gut heute, wirklich!«, versichert Hansen.

Ich kann nur hoffen, dass das so bleibt.

Ich verbringe den Tag damit, den weiteren Verlauf zu planen, ohne überhaupt zu wissen, ob Hansen wirklich entlassen wird, und falls ja, ob er dann überhaupt in der Lage ist zu reisen. Kann er fliegen? Autofahren? Trampen? Busfahren? Wie viel Kraft wird er haben, wie viel kann er tragen? Muss er weiter Medikamente nehmen? Abends bekomme ich endlich die erlösende Nachricht, dass es Hansen etwas besser gehe. Wenn der Arzt morgen früh bei der Visite sein Okay gebe, könne ich ihn abholen.

Auch ich habe inzwischen einen Trumpf in der Tasche, mit dem ich meinen Bruder überraschen will. Ich habe eine Mitfahrgelegenheit aufgetrieben. Ein Typ, der uns kostenlos bis nach Litauen fährt – wenn Hansen fit ist. Und wenn der Arzt ihn wirklich gehen lässt …

Am nächsten Morgen um sechs stehe ich vor dem riesigen Stahltor, hinter dem sich die graue Krankenhausbaracke befindet, und warte darauf, dass das Tor aufgeht und Hansen herauskommt. Fünf Minuten vergehen, zehn, fünfzehn. Ich werde nervös. Ob sie ihn doch dabehalten? Ob sich sein Zustand heute Nacht wieder verschlechtert hat? Ich fühle meinen Mut schwinden.

Doch kaum ist der Gedanke zu Ende gedacht, bewegt sich das mächtige Tor, und mein Bruder läuft mir entgegen, als hätte man ihn gerade aus dem Knast entlassen. Nur mit weniger Elan. Er sieht so schwach aus, dass mir das Herz in die Hose rutscht.

Wir umarmen uns. »Schaffst du das?«, frage ich ihn vorsichtig und meine die Reise.

»Und ob ich das schaffe!«, antwortet er. »Wir fahren nach Europa, Paul! Du kannst dir gar nicht vorstellen, wie viel Kraft mir allein schon der Gedanke daran gibt.«

Wir laufen zum Bus, der uns zu dem Abfahrtsort der Mitfahrgelegenheit bringen soll. Wir müssen uns beeilen und zugleich Hansen schonen. Er ist viel langsamer unterwegs als sonst. Am Ende sind wir fast 30 Minuten zu spät, aber glücklicherweise wartet Dima auf uns. Er fährt einen schwarzen Toyota Camry, ein sehr schickes und bequemes Auto, das wird ein *joyride* nach Litauen.

Als wir an der lettisch-russischen Grenze ankommen, die wir vor drei Jahren in umgekehrte Richtung mit dem Fahrrad passiert haben, fühlt es sich so an, als hätten wir die letzten große Aufgabe erledigt. Und tatsächlich läuft alles ganz einfach. Wir sind in der EU! Endlich kann ich auch mein Roaming wieder nutzen und Isabel die gute Nachricht übermitteln. Seitdem ich sie schon 20 Tage lang immer wieder vertröste, kaum Zeit zum Telefonieren habe, glaubt sie wahrscheinlich kaum mehr daran, dass ich überhaupt noch wiederkomme. Und ich muss beinahe befürchten, dass sie mich nicht mehr zurücknehmen will. Sie ist sauer, was total verständlich ist. Aber jetzt ist es nur noch eine Sache von wenigen Tagen, bis wir zu Hause ankommen. Wenn wir großes Tramperglück haben, vielleicht sogar morgen schon!

Gegen acht Uhr abends kommen wir in Zarasai, einem kleinen Ort hinter der litauischen Grenze an. Dima schenkt uns zum Abschied noch ein paar Brote, Kekse und Wasser, und wir suchen uns einen Zeltplatz in Nähe der Brücke über die Schnellstraße, die uns morgen weiter in Richtung Heimat führt. Hansen ist ein bisschen schwach, aber ich hoffe, dass es nur die Anstrengungen des Tages sind und es ihm morgen wieder besser geht.

Die Nacht ist angenehm kühl, die Luft herrlich frisch, und über dem See liegt ein flacher Nebelschleier. Unter unserem Zelt haben wir gemähtes Gras gesammelt, um eine besonders weiche Unterlage zu haben, und so dauert es keine zehn Minuten, und ich falle in einen tiefen Schlaf.

Geweckt werde ich in den Morgenstunden von einem tiefen Donnergrollen. Auch Hansen hat es gehört. Ein Blitz schlägt am gegenüberliegenden Ufer ein. Noch ist unser Zelt trocken, also springen wir schnell auf und tragen es unter die Brücke. So plötzlich sind wir selten aufgestanden. Jetzt stehen wir in Unterhose da, während um uns herum ein kleiner Weltuntergang stattfindet. Es blitzt, donnert und gießt. Kurz überlege ich, ob ich die von der Brücke stürzenden Wassermassen als eine kostenlose Dusche nutzen will, aber dazu ist es mir dann doch zu kalt.

Wir warten den letzten Regenguss ab, bevor wir uns an die Straße stellen. Wenn wir an den Richtigen geraten, könnten wir es heute, am hundertsten Tag bis nach Berlin schaffen. Nur noch 1150 Kilometer trennen uns. Nachdem lange nichts passiert, hält endlich ein Ford Mondeo Kombi, darin eine urkomische Gestalt. Der Mann ist sicher weit über zwei Meter groß und sehr kräftig gebaut. Vadim, so heißt der Riese, spricht nur wenig Englisch und schaltet zur Unterhaltung den Kassettenrecorder seines Autoradios ein. Er erklärt uns, dass er zwei Töchter habe und er sich mittlerweile so an deren Lieblingsmusik gewöhnt hat, dass er sie selbst gern laufen lässt.

Kinderlieder beschallen das Auto, der Gigant wippt dazu fröhlich mit dem Kopf hin und her. Ein skurriles Bild. Wenn meine Mutter das jetzt sehen könnte, die würde sich kugeln vor Lachen. An einem Einkaufszentrum kurz vor Utena lässt uns der große Kindskopf aussteigen.

Hansen ist verdächtig stumm seit einer Stunde, ich traue mich gar nicht zu fragen, wie es ihm geht, da ich Angst vor seiner Antwort habe. Wenn er wieder hohes Fieber bekäme, müsste er sofort zurück ins Krankenhaus. Das mussten wir dem Arzt in Moskau zum Abschied versprechen.

Aber ich muss ihn fragen. »Hansen, alles klar?«, versuche ich es vorsichtig.

»Geht so. Ich habe Kopfschmerzen, ich glaube, das Fieber kommt zurück.«

»Okay, keine Panik jetzt«, sage ich, auch um mich selbst zu beruhigen. In Wahrheit hat mir Hansens Antwort gerade einen Schlag versetzt. Wenn sein Fieber wirklich zurückkommt, ist das eine Katastrophe. Ich versuche, konstruktiv zu bleiben: »Lass uns in die Pizzeria da drüben gehen, du musst dich aufwärmen und Tee trinken. Vielleicht geht es dann schon besser.«

»Wir sind so kurz vorm Ziel!«, Hansens Stimme ist schwach.

Leider hat die Pizzeria noch geschlossen, und es fängt wieder an zu regnen.

»Paul, wir müssen wir den Tatsachen ins Auge sehen und hier einfach abbrechen«, sagt Hansen. »Geld abheben und einen Zug nehmen …«

Er ist genervt, genervt von sich selbst, von seiner Krankheit, und das lässt er jetzt an mir aus. Ich verstehe das sogar. Trotzdem bin ich natürlich enttäuscht. Warum muss das jetzt passieren? Aber wenn es eine Regel für unsere Reisen geben sollte, dann die, dass wir unsere Gesundheit nicht aufs Spiel setzen. Wir sind schon viel zu viele Risiken eingegangen. »Okay, dann machen wir das. Lass uns schauen, wie wir schnell nach Hause kommen«, sage ich schließlich. Ich muss all meine Kraft zusammennehmen, um das auszusprechen.

Kaum habe ich das Ende der Tour mit diesem Satz besiegelt, kommen zwei junge Männer auf uns zu: »Seid ihr nicht die …?!«, sagen sie auf Deutsch. »Die Fahrrad-Zwillinge?«

Stumm nicken wir und schauen uns überrascht an.

Die beiden erzählen uns, wie begeistert sie die TV-Dokumentation verfolgt haben und was für ein irrsinniger Zufall es sei, dass sie uns hier, auf einem Parkplatz in Litauen, treffen. Inständig hoffe ich, dass sie als Nächstes sagen, dass sie auf dem Rückweg nach Berlin sind und uns mitnehmen können, aber leider sind die beiden geschäftlich hier und müssen auch die nächsten Tage bleiben. Sie lassen es sich jedoch nicht nehmen, uns zu einer Pizza und jeder Menge Tee für Hansen einzuladen.

Immer wieder kommt uns das Schicksal in die Quere, wenn wir gerade daran denken aufzuhören, ist es nicht so? Als ob jemand sagen wolle: Denkt einmal ganz scharf nach. Ist es wirklich das, was ihr wollt? Gibt es nicht doch noch einen anderen Weg?

Tausend Kilometer vor Berlin

13. AUGUST, TAG 100, KAUNAS, LITAUEN, KONTOSTAND: € 8,12

Hansen

Wir sitzen in einer Pizzeria in Utena, und ich trinke schon die fünfte Tasse Tee in der Hoffnung, dass das Parainfluenzavirus keine heißen Aufgussgetränke mag. Lass mir doch noch einen Tag Pause! Von mir aus kannst du wiederkommen, wenn ich zu Hause bin, wenn es unbedingt sein muss. Aber nicht hier und jetzt, nur tausend Kilometer vor unserem Ziel.

Die beiden Deutschen, die uns zu Pizza und Tee eingeladen haben, erkennen die Lage und überlegen, wie sie uns helfen könnten. Thomas, der Boss, erklärt kurzerhand, dass er uns 150 Kilometer nach Kaunas bringen wird.

Wir liefern seinen Kollegen im Hotel ab und los geht die Fahrt. Ich bin mal wieder fasziniert davon, wie hilfsbereit die Menschen sind. Thomas ist der bisher Letzte in einer Kette von freiwilligen Helfern, die es uns ermöglicht haben, um die ganze Welt zu kommen. Nur noch ein winzig kleiner Schritt fehlt auf diesem großen Trip. Ich spüre, wie meine Augen feucht werden. Einerseits, weil ich gerührt bin, andererseits, weil ich frustriert bin, dass ich wieder so geschwächt bin. Es lässt sich nicht aufhalten. Eben habe ich Fieber gemessen, und es ist schon wieder bei 38 °C. Als wir in Kaunas ankommen und uns Thomas an einer Raststätte rauslässt, ist es schon auf über 39 °C gestiegen. Ich zittere vor Kälte, obwohl Paul in kurzer Hose und T-Shirt sogar im Schatten noch schwitzt. Ich entscheide mich trotz den negativen Malariatests Malarone und noch eine Ibuprofen einzunehmen. Letztere braucht ewig, um zu wirken, und selbst die mittlerweile brennende Sonne und der Windschatten eines Stromkastens können mich nicht am Frieren hindern.

Paul spricht jeden Autofahrer an, der auf die Raststätte fährt. Zu unserem Unglück sind wir nicht die einzigen Tramper. In der Gegend muss ein Festival stattfinden, die Straßen sind voll von jungen Leuten, die den Daumen raushalten. Im Gegensatz zu uns haben sie kein sperriges Gepäck dabei.

Da, ein Van mit Potsdamer Kennzeichen! Ich fuchtele wild mit den Armen in der Luft und versuche Paul darauf aufmerksam zu machen. Der sprintet auch sofort los, aber daran, wie sein Oberkörper zusammensackt, nachdem der Beifahrer ihm etwas gesagt hat, kann ich erkennen, dass wir kein Glück haben. »Sie fahren nach Osten«, ruft Paul mir zu.

Wir beschließen, es noch 20 Minuten zu versuchen und andernfalls abzubrechen. Doch plötzlich geht alles ganz schnell. Alexej, ein junger Ukrainer aus Donezk, gibt uns zu verstehen, dass er uns mitnimmt, wenn wir uns beeilen. Er wolle seine Freunde nicht verlieren, die vor ihm herfahren. In Nullkommanix hat Paul die Koffer verstaut, schiebt mich auf die Rückbank und setzt sich neben Alexej, den Fahrer.

Der gibt ordentlich Gas, aber nicht nur im Rahmen einer Geschwindigkeitsübertretung. Nein, Alexej kennt keine Spuren mehr, er überholt links und rechts oder auf dem Standstreifen, drängelt sich zwischen Autos durch, indem er die dritte Spur in der Mitte eröffnet, und das Ganze bei etwa 140 Stundenkilometern. Sein alter Renault Megane, den er mit seinen Kumpels von Litauen nach Moldawien überführt, um ihn dort zu verkaufen, scheint seinen rabiaten Fahrstil allerdings ganz gut mitzumachen.

Mir ist gerade alles egal, Hauptsache, wir kommen schnell nach Warschau. Ich will in die nächste große Stadt, um sicher zu sein, für den Notfall ein Krankenhaus in der Nähe zu haben. Das Fieber steigt schon wenige Stunden nach der Ibuprofen wieder an, genau wie in Moskau.

Wohin genau Alexej muss, weiß er noch nicht. »Je nachdem, wo ich gebraucht werde«, sagt er uns. Er habe keinen festen Job, überführe Autos von A nach B. Dieses solle eigentlich nach Moldawien, aber ein Kunde aus Berlin hat Interesse, es zu mieten.

»Berlin«, frage ich ungläubig?

»Yes«, lacht er und weiß natürlich, dass das unser Ziel ist. »Aber das ist alles noch nicht sicher, erst mal fahre ich einfach in Richtung Polen.«

Die Info macht das Ganze noch unerträglicher. Was wäre das denn für ein Glücksgriff? Das würde uns retten! Es muss einfach klappen. Ich bete, dass dieser Interessent Alexej anruft.

Tatsächlich klingelt sein Handy. Nachdem er fast eine halbe Stunde in sein Handy gequatscht hat (während er mit der anderen Hand steuert, natürlich), sagt er »Warschau«. Schade. Nicht Berlin. Aber Warschau ist immerhin unsere Richtung. Und wenn dieser Herr weiter so einen Bleifuß hat, sind wir vielleicht schon in drei Stunden da.

Es kommt anders. Irgendetwas mit dem Getriebe des Autos scheint kaputt zu sein. Erst funktioniert der erste Gang nicht mehr, dann weitet sich das Problem auf alle Gänge, bis auf den vierten aus. Mit schleifender Kupplung und krachendem Getriebe schleppen wir uns zu einer Werkstatt. Ich weiß nicht, wem es schlechter geht, mir oder dem Auto, nur eins ist klar: Wir sind beide am Ende.

Die Werkstatt liegt weit ab von der Schnellstraße. So richtig offiziell sieht das hier nicht aus. Es ist ein kleiner Hof, auf dem viele getunte Autos stehen. Wir werden von einer Gruppe skeptisch dreinblickender Männer um die dreißig empfangen. Die Jungs vermitteln zwar den Eindruck, sich auszukennen, aber sie scheinen keine große Lust zu haben, uns Schiffbrüchigen zu helfen. Sie stellen sich mit vor der Brust verschränkten Armen im Halbkreis um unser Auto. Alexej demonstriert das Problem und da er selber auch kaum Polnisch spricht, wird mit Russischfetzen kommuniziert. Der Motor macht beim Gangeinlegen ein schrecklich schleifendes Geräusch. Das sieht gar nicht gut aus. Der Mechaniker lacht nur, als er es hört. Nach dem Motto: »Die Schrottkiste kannst du vergessen«.

»Der könnte einfach nur Getriebeöl brauchen«, sagt Paul, der den Fahrzeugtyp und das Problem gegoogelt hat. Aber davon wollen die Mechaniker nichts wissen. Die Kupplung sei schuld.

»Drei Tage, 500 Euro«, sagt der eine, dem die Werkstatt zu gehören scheint.

Alexej lächelt verzweifelt »So viel hat das ganze Auto gekostet!«, sagt er, und die Polen wollen sich schon schulterzuckend wieder ihrem Feierabendbier widmen, da bittet Alexej sie noch um etwas Altöl. Probieren kann man es ja mal.

Sie schauen sich lachend an, und durch eine aufgeschraubte Fettspritze wird aus einem Kanister nun das zähflüssige schwarze Öl in das von Paul ausfindig gemachte kleine Loch am Motorblock gegossen. Der Motor startet, das Gelächter ist groß, als die Gänge noch immer krachen und ein Strahl der schwarzen Brühe zur Nachfüllöffnung wieder rausspritzt.

Der gute Alexej scheint nun auch die Schnauze voll zu haben und drückt den Jungs einen symbolischen Zehner in die Hand. Das soll heißen: »Danke für eure Hilfe, ihr Affen.« Euer Altöl hab ich gerne entsorgt.

Ich sehe uns schon hier das Zelt im Garten aufschlagen und habe Angst, dass mein Zustand sich noch verschlechtern könnte. Was, wenn ich hier einen Krankenwagen brauche? Das dauert dann sicher Stunden, bis der in diesem abgelegenen Eck ankommt. Langsam werde ich panisch. Ich fühle mich in der Falle. Ich habe Angst, dass der Rückfall heftiger werden könnte und durch das lang anhaltende Fieber meine Organe Schaden nehmen. Alexej scheint die Situation zu begreifen und tut etwas für mich in diesem Moment Unbegreifliches. Es ist, als blickte er mit seinen gutherzigen Augen tief in mich hinein. Zwei, drei Sekunden stehen wir so ruhig da, dann sagt er: »Scheiß drauf. Dann fahren wir eben im vierten Gang nach Warschau!« Sagt's und steigt ein. Das ist zwar komplett verrückt, aber natürlich machen wir mit. Alexej ist ein Mensch der allerfeinsten Sorte. Ich mache mir allerdings große Sorgen, wie lange der vierte Gang noch durchhält. Die ersten drei sind innerhalb von 50 Kilometern ausgefallen, warum sollte es der letzte noch 250 schaffen?

Der Wagen fährt, gruselige Geräusche von sich gebend, vom Hof. Langsam tuckern wir über die Landstraße zurück zur

Schnellstraße. An jeder Kreuzung muss Alexej die Kupplung ewig schleifen lassen, bis das Auto auf Touren kommt und der vierte Gang greifen kann. Aber plötzlich schaut er Paul an. Es ist weg. Das schleifende Geräusch beim Schalten ist nicht mehr da. Es ist wie ein Wunder, Alexej trommelt mit beiden Händen auf das Lenkrad ein und bricht in Jubel aus. Um es noch mal zu testen, hält er an, schaltet in den ersten Gang und fährt an. Und tatsächlich, das Getriebe funktioniert wieder!

Ich weiß nicht, ob es Pauls erste Autoreparatur war, aber er hat sicher noch nie einen Fahrer (und mich!) so glücklich gemacht. Alexej, der sich schon mit einem schrottreifen Wagen und Hunderten Euro Verlust abgefunden hatte, ist extrem erleichtert und sagt immer wieder, dass es ein Wunder sei und Paul sein *hero*.

Das Auto ist wieder fit, mir geht es leider zunehmend schlechter. Wenn mir doch auch nur etwas Öl fehlen würde. Ich liege mittlerweile auf der Rückbank und bin eingewickelt in Jacken und Decken, während Paul und Alexej noch im T-Shirt dasitzen. Als hätten wir nicht schon genug Härteproben erlebt, reiht sich nun noch ein Stau an den anderen. Paul navigiert uns so gut es geht über Landstraßen um diese Hindernisse herum, aber die Fahrt scheint niemals enden zu wollen. Es ist fast so, als hätte irgendein Gott beschlossen, dass wir nicht nach Berlin zurückkommen sollen.

Mittlerweile ist es dunkel geworden, und ich liege im Fieberdelirium auf der Rückbank. Ich bekomme nichts mehr von den Gesprächen der beiden mit, hoffe nur noch, bald anzukommen. In meinem Kopf drehen sich wirre Gedanken umeinander und vermengen sich im Halbschlaf mit fiebrigen Träumen. Soll ich noch eine Ibuprofen nehmen? Da fliegt gerade eine vorbei. Ganz schön kalt hier in Indien, wann kommt Anka mich endlich holen? Der Schüttelfrost weckt mich immer wieder brutal.

Plötzlich ist es ganz klar. Es geht nicht weiter. Ich kann nicht mehr, ich bin am Ende. Ich werde es nicht schaffen, an der Straße zu stehen und weiterzutrampen. Ich werde es nicht mal mehr schaffen, in einen Zug zu steigen. Die Angst vor einem Langzeitschaden an meinen Organen ist im Moment noch größer als die Angst, der Tatsache ins Gesicht zu sehen, dass wir hier, 570 Kilometer vor Berlin, die Tour beenden müssen.

»Ich muss ins Krankenhaus«, presse ich, den Tränen nahe, hervor. Paul scheint damit gerechnet zu haben, denn er nickt nur stumm und erklärt Alexej die Lage. Der ist fassungslos, als er hört, wie hoch mein Fieber ist. Und schon wieder geht es nur noch darum, möglichst schnell das nächste Krankenhaus zu finden.

Ich fange an zu weinen. Leise schluchze ich auf der Rückbank vor mich hin. Das ist das Ende der Tour. Diesmal gibt es keinen Zweifel.

In dem Warteraum der Notaufnahme sitzen elende, blasse Gestalten und starren Löcher in die Luft. Das Neonlicht macht die Sache nicht erträglicher. Zuerst hat mir die Schwester die Tür vor der Nase zugeknallt, als ich fragte, ob sie Englisch versteht, jetzt versuche ich es noch mal und halte ihr einen Text auf meinem Handy vor die Nase, den die Übersetzungs-App in polnische Sprache verwandelt hat: »Ich habe seit fast einer Woche eine Viruserkrankung, war bis vorgestern in Moskau in Quarantäne, habe jetzt einen Rückfall und hohes Fieber.«

Nun scheint sie den Ernst der Lage zu begreifen und ruft sofort eine Ärztin aus dem Nebenzimmer. Diese bittet mich, in einem Untersuchungsraum Platz zu nehmen. Als sie gerade anfangen will, mich zu befragen, breche ich in Tränen aus. Ich schluchze laut, mein ganzer Körper bebt, ich kann mich nicht mehr stoppen. Meine Nerven liegen blank. Ich bringe kein Wort heraus.

Ich denke an die letzten Monate, die schöne Zeit mit Paul, all die unglaublichen Situationen, die wir gemeistert haben, und jetzt das. Es ist einfach so gemein.

Die Ärztin streichelt mir die Schulter und lässt mich geduldig ausheulen. Nach etwa zehn Minuten kann ich endlich ihre Fragen beantworten.

Erst scheint sie sich nicht sicher zu sein, ob ich nicht besser beim psychiatrischen Notdienst aufgehoben wäre, doch nachdem ich ihr meine Geschichte erzählt habe, versteht sie meine Traurigkeit, hängt mich an einen Tropf und testet mein Blut auf die einschlägigen Tropenerkrankungen. Ich bin schwach, kann mich fast nicht auf den Beinen halten. In dem kleinen Spiegel über dem Waschbecken an der Wand des Untersuchungszimmers sehe ich mein Gesicht: Es ist eingefallen, darin kleine rote Augen und ein tieftrauriger, leerer Blick, wie ich ihn noch nie bei mir gesehen habe. Ich schaue wie durch mich selbst hindurch. Die Reise, die Erlebnisse, die Höhepunkte und die Tiefpunkte, alles liegt jetzt hinter mir, und alles war umsonst.

Die Ärztin besteht darauf, mich von einem Pfleger in einem Rollstuhl auf mein Zimmer bringen zu lassen. Ohne ein Wort zu wechseln, rollen wir durch die langen Gänge, die Lichter tun flackernd ihren Dienst, Schwingtüren öffnen und schließen sich lautlos. Dieses Krankenhaus ist gerade der perfekte Spiegel meines Inneren. Außer mir und dem Pfleger ist hier niemand.

In der Nacht träume ich viel wirres Zeug von unserer Tour, dass ich die letzten 500 Kilometer einfach laufe, dass ich doch plötzlich in Berlin bin und meine Freundin umarmen kann, die ich so sehr vermisse.

Als ich aufwache, ist es schon helllichter Tag. Ich befinde mich in einem länglichen kargen Vierbettzimmer. Außer mir liegt ein alter Mann im Bett hinter meinem Kopfende und hört grauenhafte Musik. Ich muss mehr als zwölf Stunden geschlafen haben. Paul kommt und erzählt mir, dass er gestern noch mal da war und sich von mir verabschiedet hat. Ich kann mich an nichts erinnern. Mein Bruder erzählt mir, dass er im Park nebenan geschlafen hat. Das bedeutet, dass er noch nicht aufgeben wollte gestern Nacht. Das rührt mich so sehr, dass mir fast schon wieder die Tränen kommen.

Bulettenbude

14. AUGUST, TAG 101, WARSCHAU, POLEN, KONTOSTAND: ZŁ 29,87

PAUL

Als ich in dem kleinen Park aufstehe, in dem ich heute übernachtet habe, sehe ich, warum der Grünflecken so verlassen ist: Überall liegen Spritzen, Müll und sonstiger Dreck. Vorsichtig packe ich meine Sachen zusammen, um mich nicht an einer der Nadeln zu stechen. Ich fühle mich dreckig. Duschen kann ich hoffentlich bei Hansen im Krankenhaus. Nach einem Brot mit Tomatenmark zum Frühstück mache ich mich auf den Weg zur Klinik.

Als ich in seinem Zimmer ankomme, war die Ärztin gerade bei Hansen. Die Ergebnisse des Tests sind da, und die Ärztin ist sich nun sicher: Es ist das Denguefieber. Wahrscheinlich hat er es aus Indien mitgebracht. Einerseits ist es erleichternd, eine Diagnose zu haben, andererseits sind Hansens Blutwerte so schlecht, dass er noch mindestens bis Montag bleiben muss. Hansen schaut mich entschuldigend an, als sei das sein Fehler. »Du kannst fahren, wenn du willst«, sagt er niedergeschlagen.

»Nein, werde ich nicht. Zumindest nicht, wenn du tatsächlich nur bis Montag bleiben musst. Ich habe jetzt das Wochenende Zeit, irgendwie Geld zu verdienen, und dann kaufe ich uns für Montag ein Zugticket.«

»Ja, klar, Paul. Das sind doch mindestens 200 Euro! Und du bist allein. Du kannst doch nicht mal richtig Ringe schmieden.«

»Lass das mal meine Sorge sein. Sieh du lieber zu, dass du gesund wirst!«

Nur noch schnell duschen. Hansen findet die Idee nicht so toll, lässt mich aber machen. Das Bad im Krankenzimmer kann man nicht abschließen, ich schaffe es, mich in Rekordzeit von kaum zwei Minuten zu duschen, aber gerade, als ich rauskommen will, höre ich die Krankenschwestern mit Hansen reden. Ich bin gefangen, wenn ich jetzt rauskomme, ist klar, was ich hier gemacht habe. Also warte ich, und höre, wie Hansen abgeholt und zum Ultraschall gebracht wird. Als er weg ist, nutze ich die Gelegenheit, packe meine Sachen und verschwinde. Endlich mal wieder richtig frisch, auch wenn die Klamotten nach wie vor einige Tage alt sind.

Ich ziehe los und weiß nicht, wohin. All der Optimismus, den ich eben gegenüber Hansen aufbringen konnte, ist mit einem Mal verschwunden. Wie soll ich das schaffen? Ich allein in einer mir fremden Stadt, und mein Zwillingsbruder liegt mit Denguefieber im Krankenhaus. Ich setze mich vor einen Lidl und zähle das verbliebene Geld. 7,21 Euro. Heute ist Freitag. Wie soll ich mich davon bis Montag ernähren, geschweige denn ein Zugticket kaufen?

Vor mit hält ein roter Grand Cherokee 80er-Baujahr. Der Typ der aussteigt, schaut mich interessiert an, geht einkaufen, und kommt wenige Minuten später voll bepackt wieder. Er fährt weg. Irgendwie habe ich den Arsch nicht hochbekommen, ihn anzusprechen, er wirkte sehr nett, und ich wette, er hätte mir geholfen. Aber allein fehlt mir mehr als nur die Hälfte unserer Energie. Ich starre weiter Löcher in die Luft, als auf einmal hinter mir eine Frau steht. *»Hey, are you really doing this?«*, fragt sie und deutet auf den Schriftzug auf dem Anhänger.

»Ja, wir sind sogar fast am Ziel. Nur noch 500 Kilometer bis Berlin.«

»Wir?«, fragt sie erstaunt.

Und so erzähle ich ihr von Hansens Krankengeschichte und unserem Experiment.

»Brauchst du einen Job?«, fragt sie.

»Ja, unbedingt, aber ich weiß nicht, wo ich danach suchen soll. Ich war noch nie in Warschau.«

In diesem Moment kommt der Grand Cherokee zurück und parkt direkt vor mir. »Komm mit, bei uns kannst du das ganze Wochenende arbeiten. Wir suchen dringend jemanden, der helfen kann!«, sagt sie und zeigt auf den Wagen, aus dem nun der Typ wieder aussteigt. Er kommt auf mich zu: »Hallo, ich bin Arthur«, sagt er und reicht mir die Hand. »Und ich heiße übrigens Maria«, stellt sich die Frau vor. »Wir haben einen *food-truck* hier in der Nähe und brauchen Hilfe übers Wochenende. Wenn dich das interessiert, komm mit. Am besten sofort.«

Das ist wirklich wie im Traum. Besser hätte es nicht laufen können, und Arthur und Maria sind mir auf Anhieb sympathisch.

Ich schlage ein, und keine fünf Minuten später stehe ich in einer kleinen, fest installierten Imbissbude, deren Fassade mit Weinkisten dekoriert ist, und verpacke Essenskisten mit Frischhaltefolie. Arthur und Maria haben zusammen mit ihrem Freund Petr vor zwei Jahren ihre Jobs in der Werbebranche hingeschmissen und sich mit diesem *foodtruck* selbstständig gemacht. Er heißt *Pan Szama*, was so viel bedeutet wie »Herr Essen«. Hier verkaufen sie traditionelle Klopse, es gibt auch eine vegetarische Variante, beide in Kombination mit frischem Salat und ausgefallenen Zutaten. Das Konzept ist so erfolgreich, dass sie vor einigen Monaten einen Preis für das beste *streetfood* in Warschau bekommen haben, und seitdem boomt der Laden. Vor der Bude haben sie Liegestühle und Tische und Hocker aus Weinkisten aufgebaut. Es ist ein kleines Hipster-Paradies mit unglaublich leckerem Essen. Jetzt, in der Festivalsaison, haben sie noch einen fahrbaren Truck und müssen die Zutaten für das Wochenende vorbereiten. Dafür brauchen sie meine Hilfe. Leider ist die Arbeit schneller erledigt als gedacht.

Als Arthur am Abend vom Festivalgelände zurückkommt, bietet er mir ein Bier an, und wir reden über alles Mögliche. Er ist ein herzensguter Mensch und unglaublich hilfsbereit. Ich bekomme am Rande mit, dass er sich einen neuen Kompressor für die Klimaanlage des Grand Cherokee gekauft hat, aber nicht weiß, wie er ihn einbauen soll. Ich wittere meine Chance: »Ich kann das für dich einbauen«, sage ich – und ahne noch nicht, dass ich mich mit dem Projekt ziemlich übernehmen würde. Er ist begeistert, und so stehe ich kurze Zeit später vor dem offenen Motorraum des Wagens und schaue mir auf YouTube Videos an, wie der Kompressor fachgerecht aus- und eingebaut wird.

Nach einigem Getüftle bin ich mir nicht mehr sicher, ob ich das wirklich alleine meistern kann. Das Gas, das im Kompressor ist, wird man kaum halten können, und das System neu zu befüllen, ist für mich eine Nummer zu groß. Wenn doch Hansen bloß hier wäre!

Aber entgegen meiner Erwartung ermutigt mich Arthur nach dem Motto »Kaputt ist es sowieso«, weiterzumachen. Mit ein klein wenig Hilfe eines Mechanikers, der nebenan seine Werkstatt hat, schaffe ich es am Ende sogar.

Der Tag ist rum, und wir sitzen hinter dem Truck und trinken Bier und essen Klopse. Ein absoluter Traum, vor allem wenn man bedenkt, in welch auswegloser Lage ich mich heute Morgen noch sah. Der heutige Tag war so ereignisreich, dass ich über die ganze Arbeit vollkommen vergessen habe, Hansen von unserem Glück zu erzählen. Als ich gerade das Handy aus der Tasche ziehen will, kommt Maria und zieht mich in heller Aufregung vom Hocker hoch. Maciej Nowak, ein in Polen sehr bekannter Kunsthistoriker, Theaterkritiker und kulinarischer Experte, der dem *Pan Szama*-Truck den ersten Preis verliehen hatte, kommt zu Besuch. Sofort wird alles für den Ehrengast hergerichtet: Hinter dem Truck entsteht innerhalb von Minuten eine kleine Lounge mit *beanbags*, Sitzkissen und Liegestühlen. Im Truck selbst werden allerhand verschiedene Sorten Klopse frisch zubereitet. Serviert werden die grauen Bällchen auf *Egyptian Sand*, sehr fein geriebenen Zitronen- und Orangenschalen. Jeder gibt sein Bestes, den Kritiker zu begeistern, und auch ich werde in die Zubereitung der Speisen eingespannt.

Zum Essen werden allerlei Drinks aufgefahren, von Whiskey bis Wodka ist alles dabei. Der Abend wird feuchtfröhlich, aber ich bin todmüde, und weil alles auf Polnisch diskutiert wird, klinke ich mich schnell aus.

Vor dem Truck haben Maria und Arthur mittlerweile eine Spendenbox aufgebaut: Ein Schild bittet alle Kunden, Hansen und mich zu unterstützen: »Helft den beiden, nach Hause zu kommen«, steht da und sogar auf der Facebook-Seite des Trucks wird die Bitte gepostet. Tatsächlich kommen schon am ersten Abend etwa 50 Złoty zusammen. Und das ist noch nicht alles.

Später am Abend machen Arthur und Maria mir ein unglaubliches Angebot: Sie wollen, dass Hansen und ich den Grand Cherokee nehmen, um damit nach Berlin zu fahren. Geld für Sprit und Autobahnmaut werde ich in den nächsten Tagen locker verdienen. Die beiden wollen dann in den nächsten Wochen irgendwann mit dem Zug nach Berlin kommen und den Wagen wieder abholen. Sie finden es eine tolle Idee, das Projekt mit dem Auto zu beenden.

Das ist zu gut, um wahr zu sein. Hansen könnte sich bequem auf der Rückbank entspannen, und ich hätte eine wunderschöne letzte Fahrt in dem 27 Jahre alten Oldtimer. Ich rufe Hansen an, um ihm die guten Nachrichten zu überbringen, aber als ich fertig bin, seufzt er nur tief. »Was ist, Hansen?«, frage ich.

»Es sieht so aus, als ob die mich zwei Wochen hierbehalten wollen.«

»Was?«

»Ich halte das nicht aus, Paul. Mein Zimmernachbar dudelt mich Tag und Nacht ohne Pause mit der scheußlichsten Musik voll. Wenn ich das auch nur noch drei Tage durchstehen muss, werde ich verrückt. Hol mich hier raus, und wir fahren einfach schnell nach Berlin.«

»Aber wenn die Ärzte meinen, dass du bleiben musst …«

»Bitte!«

»Das kann ich nicht verantworten.«

Hansen seufzt wieder. Er tut mir so leid.

»Warte doch erst mal ab, wie die Blutergebnisse morgen sind. Vielleicht bleibt es ja doch bei Montag.«

Hansen brummt etwas und legt dann auf.

Die Imbiss-Runde beschließt, heute Nacht auf Matratzen unter dem Vordach des Trucks zu übernachten, es ist schon spät. Die erste Nacht seit Langem auf einer weichen Unterlage.

In den nächsten beiden Tagen mache ich mich überall nützlich, wo ich nur kann. Räume den Truck auf, baue Stühle auf und ab, repariere den zweiten *foodtruck*, der nicht mehr ansprang, und putze ihn am Sonntag so gründlich, dass Maria der Mund offen steht, als sie ihn inspiziert. Später helfe ich beim Kochen, presse Zitronensaft und repariere die Kühlschranktür. Ich drücke mich davor, Arthur auf das Auto oder eine Bezahlung anzusprechen. Es wirkt unangebracht, bei dieser unglaublichen Hilfsbereitschaft über Geld zu sprechen, aber irgendwie muss ich planen. Ich will gleich los, um Hansen ein paar Klopse ins Krankenhaus zu bringen und mit ihm zu besprechen, wie es weitergehen könnte.

Ich finde Arthur beim Kistenpacken. Leider hat er schlechte Nachrichten für mich. Er hat das Auto zur Sicherheit noch mal checken lassen und sowohl die Stoßdämpfer als auch die Bremsen sind total runtergefahren. Damit 500 Kilometer nach Berlin zu fahren, ist viel zu gefährlich. Ich merke, wie enttäuscht ich bin, aber auch, dass ich schon damit gerechnet hatte, dass irgendwas nicht klappt. Das wäre einfach zu schön gewesen.

Ich hatte mich riesig darauf gefreut, im Auto selbst in Berlin einzufahren. Aber Arthur hat recht, es ist einfach zu riskant. Leider ist in der Helft-den-Zwillingen-Box viel zu wenig Geld, um dafür zwei Zugtickets zu kaufen. Als Arthur merkt, wie enttäuscht ich bin, und befürchtet, dass das Projekt damit gescheitert ist, schlägt er vor, mir und Hansen den Rest zum Zugticket dazuzuzahlen. Und Geld fürs Taxi, damit der geschwächte Hansen nicht laufen muss.

»Das hast du dir mit deiner Arbeit doch tausendfach verdient!«, sagt er.

Ich bin so erleichtert, dass er mir dieses Angebot macht. Eben noch dachte ich wieder, alles sei dahin, und schon gibt es eine neue Lösung. Das Ganze klappt natürlich nur, wenn Hansen nicht 14 Tage hierbleiben muss. Gestern hieß es, Blutwerte abwarten und dann entscheiden. Vielleicht gibt es heute Neuigkeiten. Ich mache mich auf den Weg.

Hansen freut sich über die Klopse und ist auch sonst guter Stimmung. Die Chancen, dass er morgen entlassen werden kann, stünden nicht schlecht, sagt er, als ich mich auf den grauen kunststoffbezogenen Stuhl neben sein Bett setze.

Nestor, dem grummeligen alten Zimmergenossen, gefällt es gar nicht, dass Hansen Besuch hat und mehr Aufmerksamkeit bekommt als er. Demonstrativ dreht er das Radio lauter. Daraus tönt Lady Gaga »Alejandro«. Keine Ahnung, ob das seinen Musikgeschmack trifft, aber offenbar ist das hier nicht das Kriterium. »Hauptsache, es ist laut«, sagt Hansen, und in Nestors Richtung: »Und nervt!« Nach drei Tagen Krankenhausdisco ist in diesem schmalen Raum kein Platz mehr für Höflichkeit. Die Schwester kommt und gibt mir zu verstehen, dass die Besuchszeit vorbei sei. Hansen und ich verabreden, morgen ganz früh zu telefonieren und wenn möglich sofort den ersten Zug um neun zu nehmen.

Irgendwie habe ich ein gutes Gefühl. Am Ende hatten wir in den entscheidenden Momenten immer Glück.

Berlin-Warszawa-Express

17. AUGUST, TAG 104, WARSCHAU, POLEN, KONTOSTAND: € 162,15

Hansen

Ich stehe mit gepackten Sachen im Foyer der Klinik und warte darauf, dass Paul mich abholt. Den ersten Zug konnten wir nicht nehmen, aber nach dem Frühstück bekam ich dann endlich die gute Nachricht, dass ich heute rauskann. »Unter Vorbehalt und auf eigene Verantwortung!«, betonte die Ärztin. Zwar bin ich noch geschwächt, aber die zweiwöchige Beobachtung war dann doch nicht mehr nötig. Die Ärztin konnte andere Infektionen ausschließen und das Denguefieber in den Griff kriegen. Ein paar Tage hätte sie mich gerne noch im Krankenhausbett gewusst, entließ mich aber, nachdem ich ihr hoch und heilig versprach, mich in Berlin direkt zur Nachuntersuchung zu melden.

Immer wenn die Tür aufgeht, weht ein sanftes Lüftchen in die Vorhalle. Draußen wird es langsam herbstlich, das ist nicht länger zu leugnen. Diese Jahreszeit macht mich immer ein wenig traurig. Die Tage, an denen man bis nachts im Freien sitzen kann, die Wochenenden am See verbringt, sind gezählt.

Jetzt, wo vor mir auf dem Boden der Einfahrt des Krankenhauses die gelb-braunen Blätter der Birken liegen, wird es mir schmerzlich bewusst: Wenn wir es in 80 Tagen geschafft hätten, wären wir noch pünktlich zum Ende des Hochsommers da gewesen. Stattdessen haben wir den Sommer damit verbracht, die Welt zu umrunden.

Heute Morgen habe ich zum letzten Mal dem Alten ins Gesicht schauen müssen, der jetzt niemanden mehr hat, den er beschallen kann. Da hat er mir sogar auf einmal leidgetan. Die Schwestern haben mich fröhlich verabschiedet und mir alles Gute für unseren letzten Tag gewünscht.

Paul schlendert die Auffahrt hoch und streckt seine langen Arme aus. »Lass dich drücken!«, soll das heißen. Bloß nicht zu fest, ich bin noch ziemlich schwach auf den Beinen.

Wir haben noch etwas Zeit, bis der Zug um 13 Uhr abfährt, und so will mein Bruder mir zeigen, wo er die letzten Tage verbracht hat. Die Stimmung ist ausgelassen, das Einzige, was wir heute tun müssen, ist, in einen Zug zu steigen und 500 Kilometer nach Berlin zu fahren. Es scheint sehr unwahrscheinlich, dass uns jetzt noch mal was in die Quere kommt.

Als wir an einem Lidl vorbeikommen, kann ich mir nicht helfen. Ich habe einen ganz bestimmten Heißhunger: Ich muss mir ein Magnum-Eis kaufen. Paul bekommt natürlich auch eins. Uns bleiben nach dem Kauf der Zugtickets noch 32 Euro, was im Moment verschwenderisch viel wirkt. Davon müssen wir nur noch in Berlin ein Taxi bezahlen. Wir schlendern gemütlich weiter zu Pauls Klopse-Paradies.

Dort angekommen, begrüßen mich Maria, Arthur und Petr so herzlich, als seien wir alte Bekannte. Ich werde in einem der Liegestühle untergebracht und mit der Empfehlung des Hauses verköstigt. Zusammen mit dem dicken Eis hat mein vom Krankenhausfraß geschädigter Magen ganz schön was zu tun!

Langsam müssen wir aufbrechen. Der Zug fährt schon in einer Stunde ab. Außerdem soll ich jeden Stress vermeiden, noch ein Rückfall wäre »garrr nicht gut!«, höre ich die besorgte Stimme der Ärztin in meinem Kopf. Das hätte fatale Folgen für meine Leber, deren Werte aufgrund der vielen Medikamente und der Dehydrierung gruselig schlecht sind.

An Gleis drei fährt er ein, unser Nach-Hause-Zug oder auch Berlin-Warszawa-Express genannt, wie es in großen, blauen Lettern auf den schmutzig-weißen Waggons heißt. Es ist ein älteres Modell, wie ich es noch aus meiner Jugend kenne, aber in sehr gutem Zustand. Als wir in unseren Sesseln sitzen und der Zug sich in Bewegung setzt, werden wir beide ganz euphorisch: »Fünf Stunden und wir sind zu Hause!«, jubelt Paul. »Jetzt kann wirklich nichts mehr schiefgehen …«

Nach ein paar Stunden ändert sich die Landschaft draußen. Alles kommt mir so vertraut vor. Der Zug hält am Grenzübergang bei Frankfurt/Oder. Zollbeamte laufen durch den Zug, beachten uns aber nicht weiter.

»Wir sind wieder in Deutschland, Alter«, sagt Paul zu mir und hat feuchte Augen.

Es ist keine grenzenlose Vaterlandsliebe, die uns die Tränen in die Augen treibt. Vielmehr eine Mischung aus Melancholie, dass es vorbei ist, und Stolz, dass wir es geschafft haben. Nicht in 80 Tagen, nicht mal in 100, sondern in 104. Aber das ist mir im Moment so egal, denn dass wir es überhaupt noch durchgezogen haben, dass Paul noch ganz allein das Geld für diese Zugreise zusammengekratzt und mich nicht im Stich gelassen hat, das alles ist so viel mehr wert als irgendeine Zahl.

Die Sonne scheint, und die spätsommerliche Landschaft Brandenburgs, die sich nach vier Jahren Berlin so langsam wie eine Heimat anfühlt, zieht in regelmäßigem Tempo vorbei. Ich genieße die letzten Augenblicke der Freiheit, die wir in den letzten Monaten erfahren haben. Die Großzügigkeit der Menschen, die uns wie eine Welle um die Welt getragen hat.

Wir passieren das Ortsschild von Berlin und fahren auf bekannten Gleisen, vorbei an der Halle, in der ich meine Werkstatt habe, vorbei am Holzmarkt und am Ostbahnhof. Vor 103 Tagen sind wir gen Westen aufgebrochen und kommen jetzt, nach 40 000 Kilometern, von Osten her wieder zurück. Was für ein einmaliges Gefühl, so etwas habe ich noch nie erlebt.

Wir fahren an einem Werbeschild vorbei, auf dem steht: »Warum in die Ferne schweifen, wenn das Gute liegt so nah?« Der Spruch bekommt eine ganz andere Bedeutung, weil in unserem Fall beides wahr ist. »Wir sind so weit weg wie noch nie zuvor und gleichzeitig sind wir wieder da.«, sagt Paul und schaut mich mit einem breiten Grinsen an.

»Oh, wie schön ist Panama«, erwidere ich. Ein Zitat aus dem Lieblingsbuch unserer Kindheit, und diesmal passt es. Der Zug rollt in den Hauptbahnhof ein, am Gleis stehen Menschen, die auf andere warten. Auf uns warten unsere Freunde ein paar Kilometer weiter in der Friedelstraße, an dem Ort, von wo wir aufgebrochen sind. Paul steigt als Erster aus und hilft mir, den Koffer aus dem Zug zu hieven. Ich bin ein Klappergestell, ich habe bestimmt zehn Kilo auf dieser Tour verloren. Aber Paul sieht auch nicht gerade wohlgenährt aus. Trotz Klopsdiät!

Wir fallen uns in die Arme und stehen so umschlungen eine ganze Weile da. So nah werden wir uns lange nicht mehr sein. Wenn wir gleich ankommen, wird Paul zu Isabel fahren, ich zu Anka, und dann werden wir wieder unseren Jobs nachgehen, in unseren Wohnungen leben, miteinander telefonieren, uns sehen, aber nicht mehr so unmittelbar alles teilen und uns ständig mit dem anderen auseinandersetzen. Das ist erst mal vorbei.

Wir kratzen unser letztes Geld zusammen, um uns ein Taxi zum Hermannplatz zu nehmen. Für S-Bahn und U-Bahn bin ich noch zu schwach. Die letzten 500 Meter wollen wir dann laufen.

Als wir den Fahrer fragen, ob wir die Fahrt filmen dürften, fragt er interessiert, worum es gehe.

Er schaut uns an, als seien wir nicht ganz dicht im Kopf: »Ich seid doch bescheuert. Ihr könntet Urlaub machen, euch entspannen und dann so was? Warum?«

Wir lachen. Er spricht aus, was wir uns während der Tour so oft selbst gefragt haben: Warum tun wir uns das eigentlich an? Jetzt, nur noch wenige Meter entfernt von dem Punkt, an dem wir vor 104 Tagen losgelaufen sind, fällt die Antwort leicht. Für genau diesen Moment hat es sich gelohnt. Jede Strapaze der Tour wird jetzt zur Erinnerung und verwandelt sich in ein wohlig warmes Glücksgefühl.

Noch einmal schnallen wir uns am Herrmannplatz unsere Anhänger an, klappen mit dem Fuß routiniert das Rad aus. Wir laufen ein Stück über den Kottbusser Damm, biegen dann nach rechts in die Pflügerstraße ein, um dann links auf der Zielgeraden namens Friedelstraße einzulaufen. Aus der anderen Richtung natürlich, nicht aus der, in die wir losgelaufen sind – denn bei einer Weltumrundung kommt man nicht zurück, man kommt an.

Im Dunkeln vor der Haustüre erkenne ich eine kleine Gruppe Menschen.

Wenige Meter bevor wir sie erreichen, fangen die für uns noch nicht erkennbaren Freunde an zu klatschen und zu pfeifen. Konfetti fliegt durch die Luft, Sektkorken knallen, und schon verschwinde ich in einer Wolke aus Schulterklopfern und Umarmungen. Ich sehe, wie Paul Isabel fest an sich drückt. Kurz bevor Anka sich ihren Weg zu mir durchgeboxt hat, fange ich für den Bruchteil einer Sekunde den Blick meines Bruders auf. Ohne dass er etwas sagen muss, weiß ich, was er bedeutet: »Ohne dich hätte ich das nicht geschafft.« Ich lächle zurück.

Wir sind wieder zu Hause.

Film ab!

Dank

Hilleberg the Tentmaker:
Wir danken dem Familienunternehmen, das unser Experiment sowohl beratend als auch mit seinem Zeltklassiker unterstützt hat. Mit »Staika« haben wir nach vielen Jahren endlich ein Zelt gefunden, das uns restlos begeistert – egal ob im betonierten Hinterhof, im Dschungel bei Wolkenbrüchen oder in der Steppe bei Staub und Hitze.

Rollei:
Vielen Dank an das deutsche Traditionsunternehmen für die Kameraausrüstung. Mit exzellenten Action-Kameras und Stativen, einer Steadicam und einem Kamerakran aus Carbon sowie vielem weiteren Zubehör hat Rollei dazu beigetragen, dass unsere Dokumentation in dem Umfang und der Qualität möglich war.

B&W International – outdoor.cases:
Die aufwendige, lückenlose Dokumentation unserer Tour hat eine jederzeit einsatzbereite Kameratechnik vorausgesetzt. B&W International stellte uns dafür wasserdichte, schlagfeste und temperaturbeständige Koffer und Cases zur Verfügung – unsere Ausrüstung ist heil zurückgekommen.

Außerdem möchten wir allen danken, die an der komplexen Planung dieses waghalsigen Projekts beteiligt waren. Dazu gehören unter anderen unsere Familie und Freunde, die Visaagentur IVDS aus Berlin und die Kreative Arbeitsgemeinschaft KAOS aus Berlin. Außerdem gilt natürlich ein ganz besonderer Dank jenen, die uns überall auf der Welt selbstlos dabei geholfen haben, unseren Traum zu verwirklichen – sie sind zu zahlreich, um sie alle namentlich zu nennen.

Ganz besonderer Dank gilt außerdem Marie-Sophie Müller, die das Buchprojekt von Anfang an begleitet und aus unseren endlosen Tagebüchern dieses tolle Buch gemacht hat.

Danke!

Film ab!

NORDP
Beaufortsee
Baffin Bay
KANADA
Europä
Nordm
Golf von Alaska
Hudson Bay
Labradorsee
Vancouver
Medicine Hat
Kelowna
nach Osaka, Japan
Rocky Mountains
North Bay
Barrie
Toronto
DEUTS
Saarbr
FRANKREI
SPANIEN
Lissabon
PORTUGAL
ATLANTISCHER OZEAN
Sargassosee
Golf von Mexiko
Karibisches Meer
PAZIFISCHER OZEAN